L'amour par delà la mort

Couverture: maquette de Suzanne Morin
Photo: Phototake The Creative Link, New York

LES ÉDITIONS PRIMEUR INC.
2550, chemin Bates, suite 400, Montréal H3S 1A7
tél.: (514) 738-8820

Distributeur:
Les Presses de la Cité Ltée
9797, rue Tolhurst, Montréal H3C 2Z7
tél.: (514) 382-5950

Ce livre a été publié en France aux Éditions Sand
sous le titre de: *L'amour par-delà la mort*

Copyright Éditions Sand 1983

Copyright 1983, Les Éditions Primeur Inc.
Dépôt légal, 3e trimestre 1983
Bibliothèque nationale du Québec

ISBN 2-89286-001-6

JEANNE DECROIX

L'amour par delà la mort

PRIMEUR
ESOTÉRISME

je dédie ce livre
à ma tendre mère
qui de sa radieuse présence
illumina ma vie

AVERTISSEMENT

Sous le titre : Une mère très particulière, *a été publiée en 1978, la vie d'une femme* **médium,** *Pauline* DECROIX, *racontée par ses deux filles Anne et Jeanne* [1], *d'après les souvenirs de nombreux témoins et les documents que leur mère leur avait légués.*

Le succès de cette biographie dont 7 000 exemplaires avaient été vendus pratiquement sans publicité, et donc à un public de connaisseurs, nous a incités à préparer l'édition de ce second volume des multiples enseignements de Pauline DECROIX *sur les réalités médiumiques et parapsychologiques. Le père Humbert* BIONDI, *prêtre de Paris, conseiller religieux des magnétiseurs et guérisseurs, l'un des meilleurs analystes actuels de ces questions, que le goût de ces recherches et l'amitié ont rapproché de cette famille, a bien voulu préfacer cette œuvre qui ne manquera pas de provoquer des réactions aussi bien d'incrédulité que d'enthousiasme!*

---

1. Le lecteur trouvera dans l'introduction une rapide biographie de Pauline DECROIX, et en appendice, à la fin du livre, l'étude de son thème natal astrologique par Marie-Thérèse BIENFAIT.

La médiumique : science très particulière

Dès que nous énonçons un titre de ce genre, au cours de nos conférences, des regards interrogateurs nous scrutent : d'étranges soupçons s'éveillent dans l'esprit de ceux qui nous écoutent. Dès l'abord, ce langage, souvent inattendu, les trouble : les **médiums** n'ont pas meilleure presse parmi les gens d'Église que chez les hommes de science. Le terme « médium », et ses dérivés [1], semble évoquer on ne sait quels charlatans. On imagine les accessoires des voyantes, la boule de cristal, et sur l'armoire un oiseau funeste empaillé ou aussi bien quelque grimoire de recettes magiques aux champignons hallucinogènes.

Et pourtant les textes sacrés des grandes religions ont toujours fourmillé d'exemples d'états de conscience surprenants pour le

1. Le mot « médium » a donné des dérivés fréquemment usités par les parapsychologues : médiumnique, médianimique, médiumnité, médiaminité et autres... Nous proposons de simplifier ces diverses étrangetés en médiumique et médiumité, plus faciles à prononcer. Ce qui s'énoncera plus clairement en sera peut-être plus nettement conçu. Insensiblement la médiumique, science de la médiumité, acquerra le statut de science à part entière.

rationaliste qui sommeille en chacun de nous. Dans les récits des épisodes merveilleux de la vie des Saints se manifeste leur maîtrise de l'espace et du temps. Transferts, actions et visions à distance leur permettent de connaître des événements qui se passent au loin. Ils manifestent leur présence quelque part, tandis que leur corps physique semble dormir : c'est le phénomène de **bilocation**. Ils pénètrent les secrets des cœurs et la vie passée de leurs interlocuteurs – c'est ce qu'on appelle la **clairvoyance** – comme ils sont capables de les éclairer sur leur avenir, leur vocation professionnelle ou religieuse (précognition). Sans parler des saints d'autrefois dont la légende pourrait avoir embelli la vie, plus récemment, le curé d'Ars, Don Bosco, Padre Pio, ont associé à leur ministère sacerdotal presque tous ces pouvoirs à la fois! Tels sont les faits : les témoins existent encore et les attestent. Alors se lève celui qui sait : sa réputation de scientifique garantit qu'il ne prendra pas des vessies pour des lanternes. De grands titres, voire un prix international auréolent son prestige. Et du haut de ses expériences particulières, il va croire pouvoir décider dans un domaine qu'il n'a jamais étudié : « **ces faits n'existent pas** », déclare-t-il, parce qu'ils n'ont pas eu lieu sous son contrôle, dans son laboratoire par exemple! N'a-t-il pourtant jamais subodoré que les états de conscience rares, qu'on les qualifie de mystiques, extatiques, ou tout simplement de médiumiques, existent, ont toujours existé et appartiennent, quoi qu'on en veuille penser, à l'ensemble de ces faits dont la répétitivité est telle que dans les couvents, ashrams, lamaseries, lieux de méditation et de prière du monde entier, ils ont été codifiés, et par suite enseignés et pratiqués.

D'autres scientifiques pourtant, mus par des mobiles où l'espionite a remplacé la passion mystique, aux États-Unis comme en Russie Soviétique, ont entrepris d'approfondir ces états de conscience rares. Ils n'en contestent évidemment plus l'existence. Ils pensent que les phénomènes de télépathie sont incontestables et qu'à cause de leur inviolabilité par les appareils d'écoute, ils sont fort propres à suppléer tous les moyens de transmission qui peuvent être décryptés presque sans effort par un ennemi éventuel. Même pour ces motifs plus ou moins secrets, **la médiumité acquiert de plus en plus droit de cité.**

Des expériences de contrôle sont en cours : d'abord parascience puis science à part entière, **la parapsychologie** devient matière universitaire. De plus en plus de livres en traitent. Elle a ses experts, ses congrès : bref, il faut commencer à réviser les jugements *a priori* que l'on formulait sur son compte.

Bien plus, même si sa théorie n'est pas encore complètement élaborée, elle a depuis longtemps, pour ne pas dire depuis toujours, ses **praticiens,** magnétiseurs et guérisseurs dont les effets curatifs souvent manifestes relèvent aussi de la parapsychologie. Même si certains d'entre eux, dans leur candeur, ne se préoccupent pas d'en approfondir la théorie, car leur don les accapare et ne leur en laisse pas le loisir, la plupart veulent accéder à une conscience de plus en plus totale de l'enchaînement des effets et des causes, comme de toutes les conditions de leur efficacité.

Mais alors, étant donné que les phénomènes parapsychologiques en question : précognitions et voyances, actions à distance et bilocations, guérisons et miracles, apports de substances apparemment créées de toutes pièces ou « empruntées » ailleurs instantanément, existaient dans la vie non seulement des prophètes et des saints de toutes les religions, mais dans la quotidienneté de ces experts du paranormal que sont, parfois à leur insu, spirituels, guérisseurs et médiums, **cessons de considérer ces faits comme exceptionnels!**
Examinons-les comme des effets de causes encore mal connues **du point de vue théorique,** bien qu'utilisées **habituellement** par ces **praticiens** dont par rationalisme, nous croyons bon de nous méfier...

Honnêtement posons-nous la question : nous sommes-nous assez méfiés? Nous sommes-nous assez méfiés de nous-mêmes et de nos préjugés, du haut de ce que nous estimions avoir été notre formation scientifique, quelle qu'ait été son niveau? Avons-nous vraiment cherché à vérifier les faits allégués par les parapsychologues au lieu d'en refuser *a priori* la possibilité? A l'égard des techniques de guérison, avons-nous essayé de contrôler s'il existait des états magnétiques de notre corps, de nos mains en particulier. En avons-nous recherché la polarité et les effets sur nous-même et sur d'autres personnes des deux sexes et d'âges différents? Quand nous aurons fait quelques expériences, même partiellement ratées, nous commencerons à comprendre la complexité de ces questions. Déjà nous regarderons d'un autre œil, les praticiens plus avancés que nous dans des techniques difficiles à maîtriser. Que serait-ce si nous avions entrepris de contrôler en famille ou entre amis quelques tentatives de télépathie, même sur de petites distances!

Ensuite, répétons-le, nous nous rappellerons ou nous découvrirons que la parapsychologie a toujours existé dans les activités dites spirituelles des religions. Puisque, en majorité, nos lecteurs ont été élevés dans la tradition chrétienne, ils ont tenu **pour vrais** des faits miraculeux attestés par les « saintes » Écritures, les récits hagiographiques anciens comme modernes. Bref nous avons accepté que **LA PREUVE DE LA SAINTETÉ SOIT LE MERVEIL-LEUX** plutôt que l'expérience spirituelle, car malheureusement cette qualité d'âme demeure invisible!

Nous aurions g o b é n'importe quoi en fait de manifestations extraordinaires dont la Foi aurait été l'explication mais nous nous montrons incrédules devant les phénomènes parapsychologiques car ils ne sont pas opérés par des saints patentés qui leur conféreraient la garantie de la religion. Il est vrai que la mode, en ces matières, peut évoluer : actuellement, certains croyants, prêtres, exégètes, seraient tentés de réduire la part du merveilleux dans les textes de la Bible en expliquant les miracles anciens par des causes **naturelles.**

Au contraire d'autres, ex-croyants, ayant quitté l'Église avec l'espoir de la dépasser, aussi bien que des incroyants, font la démarche inverse : ils n'acceptaient pas que les faits attestés dans les textes sacrés fussent vrais, ils sont en revanche, avec tant d'autres, à l'affût de toutes les nouvelles, lorsqu'il s'agit du supposé débarquement de quelques petits bonhommes verts, extra-terrestres descendus de soucoupes volantes, voire d'enlèvements à bord de ces machines... La source de cette crédulité relève de la psychanalyse : au nom de ce qu'ils estiment être leur nouvelle objectivité, leur indépendance d'esprit, ceux qui ont osé dépasser leurs anciennes habitudes de penser, acceptent alors sans contrôle, non seulement l'invraisemblable, mais ils tombent encore plus que tous autres dans la naïveté. Comme le disait Carl JUNG : **« Le besoin du merveilleux est si impérieux que les**

O.V.N.I.(S) répondent à un appel implicite lorsqu'on a refusé d'accorder l'existence au merveilleux d'origine religieuse. »

Interrogeons-nous maintenant sur cette genèse du **merveilleux**. Est-il d'origine religieuse ou surgit-il d'une fontaine de conscience qui risque de devenir concurrentielle avec la religion?

La défiance éprouvée autrefois par les Églises pour les sciences en général, pour les sciences d'analyse psychologique et pour les sciences occultes en particulier, provenait de ce que les théologiens voyaient dans la psychanalyse, la parapsychologie, le spiritisme, les techniques de concentration ou de relaxation orientales (yoga, zen et autres) une **menace pour le privilège** qu'ils croyaient posséder dans et à travers leur Christianisme : le pouvoir d'introduire les êtres dans les sphères supérieures de l'esprit. Traditionnellement les plus autoritaires des gens d'Église (aussi bien catholiques que protestants) se sont crus propriétaires et distributeurs exclusifs de toute vérité spirituelle. Le « Qui vous écoute m'écoute » n'interdit pas à d'autres de parler aussi et l'Évangile affirme même l'opportunité des prédicants sans mandat! Lorsque les sciences conquirent leur autonomie et imposèrent progressivement leurs méthodes et leurs conclusions à tous les penseurs, le monde scientifique s'est prétendu exactement de la même façon et pour des motifs analogues juge de toute vérité. Si bien que même actuellement, en bien des occasions, l'inquisition rationaliste a ressuscité l'inquisition autrefois ecclésiastique! Certes on n'interne pas les dissidents en France, mais c'est pratique courante derrière le rideau de fer. Là-bas, la fantaisie métaphysique relève du psychiatre!

Les théologiens soupçonnent spirites, médiums, experts du dédoublement de vouloir se passer de Dieu en proposant aux hommes de trouver artificiellement pour ne pas dire artificieusement, les moyens de se libérer de la condition terrestre et de ses limites d'expériences et de connaissance, de se béatifier, voire d'accéder à l'extase **par leurs propres forces**. Et les scientifiques? Ils soupçonnent ces mêmes parapsychologues, spirites et médiums de vouloir se passer d'eux, de leurs méthodes et de leurs certitudes... et surtout de vouloir **réintégrer l'irrationnel**, foi et transcendance, là où l'effort des rationalistes a cherché à l'exclure. Pour qui a suivi depuis 1979, l'agitation mentale rationaliste à propos et contre le **Colloque de Cordoue** [2], il s'agit même de refuser les conséquences philosophiques et métaphysiques qu'impliquent les résultats de quatre années d'expériences au C.N.R.S. sur la réversibilité des phénomènes (et donc du temps) au niveau des particules. Que l'on puisse dans la série causale : telle cause engendre tel effet, rétroagir sur la cause en agissant sur l'effet, bouleverse complètement la notion de causalité, donne à la finalité autant de valeur qu'à la causalité, ruine les bases du matérialisme et légitime en les expliquant comme un renversement du temps et de l'espace les précognitions et actions à distance par exemple!

On peut donc dire que le spiritisme et la médiumité, jusqu'ici hypo-sciences, s'acheminent vers la reconnaissance de leur statut de sciences. Tout enregistrables que soient leurs effets, ils impliquaient essentiellement une sorte de **pré-mystique**. Nous allons découvrir que la mystique n'est accessible qu'à celle ou celui qui possédait dès sa naissance, les caractéristiques du tempérament médium dont nous parlerons plus loin. Les saints à miracles, peut-être jusqu'en leur sainteté, mais à coup sûr dans leurs miracles, étaient des **médiums qui s'ignoraient**. Là où l'Église, à travers les médiums, imaginait une sorte de fabrication artificielle de l'esprit, voire de l'Esprit, où les scientifiques voyaient des manifestations imprégnées de subjectif, nous en sommes à nous apercevoir qu'il s'agit en fait d'états hyper-vitaux. Loin d'avoir affaire à des esprits de catégorie inférieure ou bornés, les expérimentateurs actuels considèrent les médiums comme des surdoués, qui évoluent dans la région supérieure de l'esprit, là où les vivants (et sans doute aussi les morts) sont incomplètement séparés les uns des autres. Ces états de conscience jusqu'ici mystérieux, que l'on peut

2. Le Colloque de Cordoue, organisé par France-Culture en 1979, réunit une quarantaine d'experts de tous pays : physiciens et astro-physiciens, psychiatres et neuro-physiologistes, spécialistes des religions orientales, du soufisme et des diverses voies : yoga, zen... Le père Biondi y représentait le monde chrétien mais la Direction du Colloque lui déconseilla de prononcer sa conférence sur les corrélations entre la mystique et la médiumité. Cette préface en reprend les pages essentielles. En 1980, France-Culture a consacré 25 heures d'émission à rendre compte du Colloque. La publicité des *Actes du colloque* (Stock) a été faite bien involontairement par l'Union Rationaliste qui a tenté de réduire les thèmes étudiés à la seule parapsychologie.

certes classer parmi les degrés inférieurs de la vie spirituelle, ont d'autant plus d'intérêt à être connus qu'ils sont la racine d'où a surgi l'inspiration prophétique, le regard qui discerne l'une ou l'autre des énigmes de l'avenir, le don des miracles, etc. **En somme plus la médiumité sera étudiée et connue, plus les forces religieuses auront de point d'appui pour soulever le monde!**

Bien plus, si nous considérons la recherche scientifique, commencée par la chimie, la physique, la biologie, poursuivie par la psychologie et la psychanalyse, la science tend dans son projet à réaliser la synthèse de toutes les synthèses. Elle ne pourra plus longtemps négliger la synthèse spirituelle qu'ont réalisée (qu'on me pardonne de les mettre dans le même groupe, mais il s'agit bien de spiritualité), les spirites, les médiums et les religions! Mieux encore, nous reconnaîtrons aux chercheurs de ce dernier groupe, le titre d'ouvriers de la synthèse biologique, car ils placent l'homme dans les conditions d'accéder aux derniers perfectionnements de son système nerveux, jusqu'à l'ultime captation des énergies spirituelles... quelles qu'elles soient.

J'entends de bonnes âmes se récrier, car le surnaturel se doit de demeurer gratuit, inaccessible autrement que par grâce, car ces propos frisent l'hérésie, fleurent le pélagianisme... Avons-nous oublié que déjà la médecine, en tant qu'art de se guérir soi-même, ou de soigner les autres, avait paru porter atteinte aux droits du Créateur? Le fait de chercher les moyens de guérir autrement que par la prière, n'était-il pas la preuve d'un manque de foi? Notre surprise, quand des partisans de sectes refusent le secours du médecin, ne provient-elle pas d'un rationalisme inconscient? Jung lui-même ajoutait à sa cure d'analyse psychologique, le conseil de prier à ceux de ses clients qui lui déclaraient croire encore quelque peu... De même, sans avoir atteint des niveaux quasi surhumains de conscience, tout guérisseur peut enseigner et démontrer l'efficacité de l'imagination dans la guérison : la projection mentale d'un effet désiré engendre des automatismes inconscients qui accomplissent à leur façon des opérations de cicatrisation par exemple que nous n'aurions jamais su déclencher par un acte volontaire direct. Et pourtant la plupart des centres officiels de recherche se tiennent à l'écart de toute discussion ou vérification.

De temps en temps, un « Grand » des sciences déclare à la Presse qu'il va, Lui, créer enfin un centre de vérification des phénomènes parapsychologiques. Comme si jamais personne avant lui n'avait commencé et poursuivi ce type de recherche, comme si les expériences sur ce qu'on appelait alors la **métapsychie** ne s'étaient multipliées depuis plus d'un siècle. Le Professeur RICHET, Prix Nobel de médecine, et tant d'autres y consacrèrent une grande partie de leur activité scientifique. Pourquoi négliger le contrôle de l'Église pour la canonisation des Saints : en fonction de la science de chaque époque, se posait la question de savoir si les effets merveilleux associés à la sainteté de l'homme ou de la femme dont on examinait la vie relevaient de causes naturelles ou surnaturelles? Avec l'avènement de la parapsychologie comme « presque science », nous nous trouvons devant une situation nouvelle : appliquer les méthodes et le langage des sciences pour examiner et répertorier les effets « miraculeux » reviendrait à restreindre progressivement la zone où tout est miracle, au profit de celle où l'extraordinaire trouve une ou plusieurs explications plus « naturelles », même s'il s'agit d'une qualité spéciale de la nature à englober dans les phénomènes de conscience dits « médiumiques ».

Le langage des sciences applique son matérialisme méthodologique à toutes sortes de faits, sans préjuger de la signification spirituelle de certains d'entre eux que l'on s'accordait à appeler « miracles ». Le miracle est une lecture des phénomènes dans le langage religieux, mais ne peut-on pas le lire aussi dans un autre langage? Le miracle est signe, révélation d'une présence ou conscience universelle derrière les faits, une signification au niveau du pour quoi et même du pour qui, qui laisse presque entièrement libre le jeu ou l'analyse du comment par les sciences. Restera-t-il un jour des phénomènes irréductibles à des effets d'énergies de conscience nouvelles, car mieux connues, objet nouveau de sciences approfondies des états de conscience? Dictionnaires et encyclopédies vont devoir remettre à jour leurs colonnes où le miracle est considéré comme une violation des lois de la nature, alors qu'il ne devrait être que la perception numineuse, le clin d'œil des dieux, d'une intention providentielle, voire aimante, à l'égard d'une personne donnée. Car c'est dans la coïncidence entre le besoin que nous en aurions et l'irruption de l'énergie guérisseuse par exemple, que résiderait le miracle. Il est moins dans les mécanismes suractivés à temps pour guérir que dans l'intentionnalité perçue par celui qui a « l'œil de la Foi ». Naturellement cette perception d'une intentionnalité, comme surdétermination des phénomènes, peut s'étendre à des manifestations considérées comme subjectives par d'autres, ou même à des effets catalogués comme naturels par des observateurs qui ne seraient pas dans la confidence. Quoi qu'il doive en être dans l'avenir, jusqu'ici, faute d'avoir claire conscience de la nature intentionnelle du miracle, des évêques continuent à reconnaître canoniquement des guérisons miraculeuses constatées à Lourdes par exemple. A leur connaissance et à celle de scientifiques consultés à un moment donné, il n'y a pas d'explication suffisante au niveau du comment de ces phénomènes, qui se sont produits à Lourdes ou ailleurs en relation avec la prière de quelques-uns.

Chez les primitifs et aussi dans les âges de Foi, on voyait du surnaturel partout. On raisonnait à partir du surnaturel, on trouvait ses raisons de vivre – et de mourir – à partir du surnaturel : la vie pouvait sembler aussi exaltante que de nos jours, même si la destinée n'était pas sentie de la même façon. Ensuite le naturel s'est conquis un espace au milieu du surnaturel, l'éliminant progressivement et supprimant du même coup des raisons de vivre, d'être malade, de mourir qui ne valaient peut-être pas grand-chose, mais qui suffisaient pour être un Homme et parfois un Héros. Mourir pour un cancer, pour du tabac, pour qui ne cherche pas plus loin, n'est-ce pas plus désolant que de mourir, comme Norbert Segard, avec les forces qui nous ont voulu au monde et nous reprennent pour nous transformer, qui nous transplantent pour nous métamorphoser, pour nous « agir » dans une autre phase de notre vie?

Mais pour pouvoir intervenir dans un destin, sur le sien propre ou celui d'un autre, pour être la « cause occasionnelle » du miracle dont nous cherchions à l'instant le secret du déclenchement, et même pour percevoir l'harmonie du destin avec l'Harmonieux Universel, il faut des qualités particulières, qui sont l'apanage de ces êtres qu'on appelle les médiums et dont il nous reste maintenant à étudier les caractéristiques fondamentales.

Qu'est-ce donc qu'un médium?

C'est un être dont la synthèse de la structure physique mentale et spirituelle présente une anomalie, voire une morbidité : celle de pouvoir soit accidentellement, soit volontairement modifier (et débrayer) son unité psychique. Il peut projeter sa conscience à un niveau différent de celui du commun des mortels. Le jargon des spirites et médiums qualifie cet état d'âme, d'accession à la sphère du double ou de l'astral. Cet état de conscience particulier peut être induit par le magnétisme d'un autre praticien, par la prière d'un groupe, ou même par la relaxation complète qu'obtient très rapidement celui qui en a l'habitude. A partir d'énergies qui le chargent ou le déchargent, le corps s'abandonne à un sommeil apparent, sans que l'activité intellectuelle ni spirituelle ne soient abolies. La personne semble seulement ne plus assumer ses fonctions propres. En revanche, une autre personne, vivante ou « morte », va s'exprimer, faire agir ce composé humain qui semble ainsi déconnecté de son propriétaire légitime.

Tout le monde a aperçu l'étrange situation où se trouvaient, sur une scène, des hommes et des femmes qui avaient accepté d'être « endormis » par un hypnotiseur célèbre. Leur « moi » superficiel était si bien débrayé que les suggestions du meneur de jeu déclenchaient des effets spectaculaires, à la limite du voyeurisme pour les spectateurs ou téléspectateurs. D'une certaine façon, nous pourrions déjà dire que ces hommes et femmes, comme robotisés, étaient en fait parasités par l'hypnotiseur, qui se substituait à chacun d'eux pour engendrer des actes réflexes, d'autant plus spontanés qu'il prenait soin de ne pas même affronter le risque de violer l'intégrité du secret de leur personne, en tentant par exemple de leur faire accomplir des actes inacceptables. L'incubation sacrée des religions anciennes, les voyages « pour aller et revenir du Royaume des morts » des Textes égyptiens relèvent assurément de techniques de dédoublement. Au cours de la transe ainsi obtenue, l'initié voyait ou recevait l'ordre d'avoir cru voir, le monde inaccessible et interdit à qui n'est pas encore mort.

Cet état de conscience, propre à l'hypnotisé, ressemble beaucoup à celui du médium en transe. En effet le médium peut « incorporer », une autre personne qui va alors s'exprimer par sa bouche avec toutes les caractéristiques de liberté, de spontanéité d'une personne éveillée. Le médium répondra aux questions, fera état d'une mémoire des choses, des lieux, de langues, de livres dont tout lui aurait été étranger quelques minutes auparavant. Il est en quelque sorte habité, possédé, en tout cas parasité par des idées et des sentiments qui peuvent n'avoir aucun rapport avec les siens. La personne qui s'exprime pourtant bien par sa bouche peut même lui communiquer son timbre de voix, sa façon de rire...

Tout devient encore plus compliqué lorsqu'on s'aperçoit que celui qui parle par le haut-parleur que constitue l'organisme du médium donne des détails sur les circonstances de sa mort, le lieu de sa tombe ou son état d'âme actuel. Qu'il soit spirituel ou matérialiste, qu'il ait espéré l'au-delà ou l'ait nié, il fait partager son expérience, sa joie ou ses larmes! Nous avons donné des exemples autrement bouleversants, tirés de toutes les cultures et religions, au cours de nos conférences, pour qu'on ne puisse plus mettre en doute la réalité d'un contact avec une autre réalité que le psychisme propre du médium.

Naturellement la plus simple des objections théoriques c'est la formule : « C'est son subconscient qui sait et parle... » D'abord comme le disait un jeune officier tué en 1915, Pierre Monnier [3], en réponse à cette affirmation pseudo-explicative : « Votre subconscient c'est Nous! » Les médiums en sont agaçants : ils voient presque plus facilement les morts que les vivants! Mais l'objection aurait encore sa valeur si dans les paroles et faits attestés par le médium, n'entraient en compte que les choses du Passé. Au niveau de conscience où se meut le médium, le passé certes est visitable à volonté, mais même le futur est déjà déroulé. La seule difficulté réside dans la datation des choses futures : les prophètes

---

3. Pierre MONNIER : Officier, mort au Champ d'honneur à 23 ans, le 8 janvier 1915. Sa mère, en communion avec lui dans la prière, recevra de multiples communications pendant 19 ans : 7 volumes publiés, près de 3 000 pages. Pierre, à travers sa mère qui lui sert de médium, déclare avoir mission d'enseigner la communion dans l'Amour entre les vivants et les morts. Il réclame des modes nouveaux d'évangélisation et une réforme profonde de la doctrine, de l'enseignement comme de la pratique de toutes les Églises. Il préconise entre elles un extraordinaire super-œcuménisme (avant 1920!)...

bibliques eux-mêmes entremêlent souvent les plans successifs du temps de leurs visions pourtant inspirées!

L'étude de cet effet temps de la médiumité a motivé depuis des années nos recherches de groupe. Sans sortilège, ni diablerie – on aurait été brûlé pour moins que cela –, une pratique prudente, menée avec des médiums de haute probité intellectuelle et morale, nous avait accoutumés à cette idée peu traditionnelle, que le temps comme l'espace peut être visité. C'est surtout par la vérification d'événements passés que nous avons découvert les possibilités de cette technique. En l'appliquant par exemple à ces êtres exceptionnels qu'on appelle les stigmatisés, nous percevons la pauvreté de l'explication « psychologique » qui voit dans le stigmatisé un obsédé de la Croix et des plaies du Christ, jusqu'au moment où joue la suggestion, la projection mentale : les plaies se formeraient quasi infailliblement sur les membres de méditants... amoureux de Jésus mais masochistes! En fait l'étude de la médiumité nous a fait percevoir que le stigmatisé, parce qu'il est un médium qui s'ignore, mais médium tout de même, voyage dans le temps : il aurait pu percevoir la Gloire du Christ ou de la Fin du monde, en allant vers l'avenir. Sa quête spirituelle l'a conduit vers le Passé. Là il se trouve au Calvaire en même temps que le Crucifié, il l'entend comme Thérèse NEUMANN parler araméen, ressent l'avanie du Rédempteur, sa solitude, et reçoit en même temps que Lui, en Lui, sur son corps spirituel les plaies sous l'effet des clous. Que les blessures impriment sur la chair du stigmatisé des formes différentes proviennent des projections mentales associées au phénomène. Qui peut vivre de tels moments sans en éprouver ne serait-ce que de façon réflexe, quelque chose qui se traduira de façon visible pour tous ensuite?

Le temps qui régit la sphère de l'astral ou du double n'est donc pas le temps de nos pendules, qui ne concerne que le système matériel des astres et gouverne l'évolution dans cette durée, de la matière, vers la vie, vers l'esprit. Ce temps psychique connaît pourtant des attentes et donc des futurs relatifs les uns par rapport aux autres. Comme en cet état de conscience, le futur est, dans la mesure où nous pouvons le comprendre, déjà déroulé, la précognition devient aussi simple que de regarder par la fenêtre (du temps bien sûr).

L'enjeu du Colloque de Cordoue consistait à recenser plus qu'à découvrir, par une discussion entre experts, ce que les sciences pouvaient bien dire des états de conscience rares. A travers les travaux des neuro-physiologistes, outre qu'ont été découvertes les particularités fonctionnelles du cerveau droit et du cerveau gauche, ont été également clarifiées les spécifications anatomiques et physiologiques du cerveau animal, ancestral, reptilien ou limbique et du néo-cortex, proprement humain. La dissociation entre le cerveau réflexe qui reste actif chez le médium en transe, et le cerveau humain dont la plupart des fonctions sont débrayées, éclaire assez bien les étrangetés par rapport à la norme, que nous apercevons dans le comportement des médiums.

Soulignons tout de même que cette dissociation ne va pas sans risques. Au réveil, surtout pour un débutant qui se serait lancé dans l'aventure du dédoublement médiumique par avidité de pouvoirs mirifiques, qui n'aurait pas de guide pour assurer son évolution dans la transe, et son propre retour aux conditions normales, le risque de ne pas récupérer correctement sa pleine unité psychologique n'est pas négligeable. Souvent après la transe, mais aussi bien après un coma, qui est une transe accidentelle (qui peut aussi survenir par surdose de drogue), subsiste un parasitage inconscient qui fait alterner dans la conscience les phases personnelles proprement dites avec des phases d'altérité... qui évoqueront, qu'on y pense ou non, la schizophrénie. Risque d'autant plus grand qu'un homme en état de coma ne présente aucune sorte de barrage à la suggestion et au parasitage par quelque autre esprit vivant en notre dimension et qu'il se trouve être « vacant », occupable même par un mort!

Combien de personnes tentées par des expériences de régression « vers des vies antérieures » en restent traumatisées. En fait elles ont parlé du passé et évoqué une autre existence. Mais qui parlait par leur bouche? Dans presque tous les cas, ces curieux de leur destin « avant la vie » ont été simplement parasités par des esprits avides de tenter de revivre à travers ce haut-parleur naïf leur propre existence, trop tôt terminée à leur gré. La vulgarisation incroyable de l'idée de réincarnation en Occident provient en grande partie de ces régressions sous hypnose : ces réincarnés sont des parasités! Haut-parleur d'un esprit-locataire de leurs actes réflexes, ils se croient cet esprit : il y a erreur sur la personne qui parle. Quoi qu'on en pense, il est plus que jamais urgent de réviser le concept de personne, la notion d'unité psychologique, bref l'anthropologie. Si des centaines de millions d'humains vivent avec l'idée de réincarnation dans leur bagage mental, il vaudrait mieux l'étudier sérieusement que de la traiter d'erreur, sans examen. Les médiums nous enseignent l'incroyable extension du parasitage : tenons-en compte dans nos hypothèses de travail.

Pas plus que celle de l'hypnose, la théorie de la médiumité n'a été totalement établie. Aucune théorie n'est arrivée à éclaircir toutes nos questions. Il serait trop long de vouloir ici préciser comment on naît médium, et les signes auxquels se fier pour le discerner, comment on peut développer cette médiumité par l'exercice, la relaxation et cette sorte de prière qui est ouverture aux êtres spirituels de l'autre monde, dont l'Église ne veut connaître que les plus élevés, les Saints du Panthéon chrétien. Parce qu'elle a trop parlé des âmes du Purgatoire, la mode semble en être passée. C'est dommage pour les « foules innombrables » de ceux dont l'évolution spirituelle dans l'autre monde n'est pas terminée. N'y aurait-il plus que des féticheurs nègres et des spirites pour croire aux esprits, frayer avec eux et chercher soit à les aider, soit à les conjurer? Les médiums nous donnent de l'autre monde une idée réaliste, après tout bien concordante avec les textes égyptiens, par exemple du *Livre des Portes,* et avec ceux du Bardo Thodol tibétain. La suffisance des gens d'Église, encore plus protestants que catholiques en ces matières, procède de leur refus même d'étudier la question, et donc d'une ignorance coupable! Notre seule excuse c'est que nous n'avions pas le temps de tout savoir...

Car il s'agit bien de science

D'abord cherchons à reconnaître les faits. Supposons que dans les phénomènes spirites, il y ait absolument autre chose que la communication du médium avec son subconscient ou avec la région où, comme nous l'expliquions plus haut, les êtres sont incomplètement séparés les uns des autres. Acceptons comme hypothèse à vérifier que le médium rencontre au cours de ses voyages certains esprits autres que ceux des assistants. Il serait difficile à des ecclésiastiques de nier cette rencontre sans compromettre la croyance des Églises aux apparitions d'anges, du Christ de la Bible... Ensuite reconnaissons la nature médiumique des dons trop facilement classés dans la catégorie du surnaturel, que présentent bien des saints que la dévotion catholique encense encore. Découvrons la connivence mystérieuse qui relie la date d'un événement, son heure même, et le commun destin d'un voyant, comme Don BOSCO ou Padre PIO, comme Bernadette ou les enfants de Fatima et de Garabandal... Ils présentent toutes les caractéristiques des médiums.

Enfin en ce siècle informatique, approfondissons l'idée que tout transfert d'information est un transfert d'**êtres,** et par quelque côté un parasitage. L'intercommunication est une intercommunion, mieux c'est une intergravitation des esprits entre eux. Comme les particules, aussi bien que les astres, les esprits sont en état de corrélation : ils ne sont ni « séparés » dans leur être, fondés qu'ils sont dans l'Unique Être, ni liés seulement par les informations spontanément échangées à notre insu ou émises volontairement en direction d'un autre être. Finalement ce sera la physique qui aura le dernier mot, car tout bien considéré, la fréquence spirituelle du médium, c'est de l'ultra-physique!

Terminons par une anecdote qui évoque l'impression que provoquaient, en Chine, les idées scientifiques et religieuses de l'Occident. Elle figure dans une lettre du père TEILHARD DE CHARDIN à l'abbé BREUIL, le préhistorien (30 décembre 1923). Après une discussion cordiale avec un lama sur le renom et les mérites de la science et de la religion occidentales, l'oriental laissa seulement tomber ces deux mots : « Trop simple! »

— Prenons garde qu'à force de trop simplifier par radicalisme ou rationalisme, d'expurger la science et la religion de tout ce qui est « médiumique », nous ne méritions le même qualificatif : « Trop simple »...!

Quelque lecteur de cette préface pourrait trouver bien étrange qu'un prêtre catholique ait pu signer ces lignes... Plus nombreux seront ceux qui, après la lecture du livre, s'interrogeront sur les

23

corrélations possibles entre ces faits médiumiques ou la façon dont ils sont ici rapportés et les contenus ou le langage de la foi chrétienne.

Disons-leur que la réponse leur viendra comme une expérience spirituelle. Intuitions, paroles intérieures, inspirations ont toujours existé. Nous avions seulement cru qu'elles étaient réservées aux prophètes, aux mystiques et aux saints... Elles sont en principe destinées à tous, mais surtout perceptibles aux êtres sensibles, ouverts, doués pour ressentir cette sorte d'intergravitation entre les esprits, qu'on appelle la médiumité. Même s'il y a dans cet ouvrage des manières de voir et de dire maladroites par rapport à la doctrine traditionnelle, il serait plus utile désormais de diffuser ce message que de le taire.

Chacun, en fonction de ses propres convictions, saura discerner, dans l'enseignement qui lui est ici proposé, la part qu'il peut prendre à ce jaillissement de faits, d'idées, de propositions de vie. Il n'est plus temps de se boucher les yeux sur les réalités des phénomènes médiumiques dont ruisselaient depuis toujours les Écritures sacrées de toutes les religions. Elles recelaient toutes aussi des manières de voir et de dire maladroites... par rapport à ce qu'elles auraient dû et voulu dire de Dieu ou de notre destin. C'est pourquoi l'Église, pendant longtemps, n'a ouvert la Bible qu'aux plus savants des siens : maintenant le texte inspiré est proposé à tous, croyants comme incroyants. Toutes proportions gardées, la révélation médiumique, origine, suite et complément des Écritures, doit désormais passer aussi des mains de quelques initiés à celles de tous ceux qui sont capables de se nourrir et de penser librement.

L'heure est en effet venue de passer de la foi aveugle à la Lumière, de ce qui est pour la plupart de nos contemporains, la foi comme hypothèse à la foi comme science. Nous sommes nombreux à souhaiter que se lève dans nos cœurs, un peu grâce à ce livre, parmi quelques autres, *l'Amour par-delà la mort* [4] sur

4. Avec grande délicatesse, Pauline DECROIX sentait notre époque à « l'aube des certitudes » : époque où se découvrent progressivement, à travers la médiumité de quelques-uns, les réalités spirituelles qui étaient demeurées jusqu'alors invisibles.

notre passé et notre avenir : sur l'Amour dont nous étions aimés depuis l'Origine, sur l'Amour dont nous sommes toujours aimés à travers la Survivance par-delà la mort, sur l'Amour enfin qui dilatera notre « moi » aux dimensions du Tout Divin, lorsque, ensemble, nous accéderons à la Gloire des Fils de Dieu!

Humbert BIONDI

Vie de Pauline Decroix

J'ai déserté mon atelier de céramique pour quelque temps, afin de continuer dans le calme de mon bureau l'œuvre qui m'a été confiée : celle de transmettre dans ce second livre les enseignements complets que ma mère, Pauline Decroix, médium, recevait de cet ailleurs, que l'on appelle l'Au-delà, grâce à des facultés psychiques, qu'elle possédait, déjà, petite fille. Ces dons, pourrions-nous dire, étaient en sommeil. Pourquoi? Parce que le temps de leur manifestation n'était pas venu, et aussi parce qu'il fallait un climat familial favorable à de telles révélations. C'est ce qui arriva en 1918.

Mais auparavant, découvrons cette petite fille qui naquit en Vendée en 1877, huitième enfant d'une famille laborieuse et croyante (catholique), et qui fut prénommée Pauline. De ses parents, elle apprit tout ce qu'une épouse et une bonne mère doit savoir. Ils écartaient intentionnellement la musique, la danse, le théâtre, etc., afin d'apaiser l'enthousiasme et de modérer l'imagination de la jeune fille. D'un physique charmant, plus tard jeune femme très jolie, elle était dotée d'un caractère primesautier,

27

souvent distraite, toujours gaie. Très jeune, des rêves prémonitoires l'assaillaient quelquefois, dont son entourage ne tenait aucun compte, malgré leur exactitude contrôlée. Ceci, bien entendu, pour lui conserver les pieds sur la terre ferme.

Un jour, comme elle était tombée très malade, le docteur appelé en hâte déclara après examen craindre un érésipèle charbonneux. Les jours qui suivirent confirmèrent ce diagnostic. Le mal empira. Le docteur venait chaque jour, mais ne gardait que peu d'espoir.

A la suite d'une de ses visites, Pauline fit un rêve. Après avoir somnolé un moment, elle s'éveilla et dit à ses sœurs : « Je viens de rêver que j'étais guérie, je jouais et courais avec vous dans un champ fleuri de pâquerettes, bordé de grands arbres. » Elle retomba dans la même somnolence qui ne rassura guère ses parents. Ceux-ci mirent ces paroles au compte du délire. Vers 11 heures du soir, une brave femme du village voisin, sonna à la grande porte de la maison. Elle venait proposer à mon grand-père, ayant appris la grave maladie de sa fille, un baume dont elle avait le secret et qui opérerait un miracle, selon elle. Le premier réflexe de mon grand-père fut de refuser le secours de cette inconnue qui se disait capable de faire des miracles! N'était-ce pas de la sorcellerie? Mais très vite il se ravisa : il fallait tout tenter. Alors on enduisit de ce baume une partie de la tête et du corps de la jeune enfant. La nuit fut très agitée pour la malade. Les parents veillaient à son chevet et craignaient le pire. Le lendemain, lorsque le docteur revint, il ne comprit pas pourquoi la jeune fille, soutenue par ses oreillers, encore faible cependant, lui souriait, le teint clair, les taches sombres sur son visage ayant disparu. Quelques semaines plus tard, Pauline jouait et courait avec ses sœurs dans un champ fleuri de pâquerettes. Le rêve prémonitoire s'était réalisé.

Malgré ses dons étranges, elle demeurait une jeune fille en tous points semblable à ses sœurs. Un jour elle s'éprit d'un bel officier de vingt ans son aîné, qui se trouvait en garnison à Fontenay-le-Comte. De nombreuses difficultés empêchèrent ce mariage. Un très grand chagrin s'ensuivit de part et d'autre, puis le temps passa et la vie reprit ses droits.

Les parents de la jeune fille firent la connaissance d'une famille originaire de Cognac, dont l'un des fils lui plut. Ce fut réciproque.

Le jeune homme était sympathique, élégant. Il avait reçu une bonne éducation dans un séminaire de Charentes. Le mariage fut décidé rapidement et le couple s'installa d'abord à Barbezieux, ensuite à Paris.

Pauline eut pendant un certain temps quelques visions et fit des rêves prémonitoires qu'elle expliquait à son mari. Celui-ci, peu préparé à de telles révélations, s'inquiétait. Tous deux étaient parfois pris de panique. Si bien que ces manifestations se produisirent de moins en moins.

Les années passèrent. Pauline ne fut guère épargnée. Elle devait connaître bien des difficultés pendant la guerre de 1914. Elle dut seule assumer les charges de sa petite famille (deux filles étaient nées de cette union) et c'est pendant les pires moments de découragement que ses dons psychiques firent de nouveau leur apparition, cette fois sous la forme d'intuitions, de pressentiments. Elle put alors agir, obéissante à cette force invisible, dans certaines circonstances dramatiques, pour sa famille et son entourage. Cette force extérieure à elle-même, Pauline la sentait bénéfique, rassurante; la certitude d'être accompagnée d'une radieuse présence l'habitait. Fervente croyante, sans être très pratiquante, elle l'appelait « la Providence ». Cette « Providence » allait bientôt soutenir les efforts de tous les êtres, visibles et invisibles qui cherchent à se rencontrer, à s'aider, à s'aimer et à se retrouver dans l'unique élan de l'amour fraternel.

Grâce à une table tournante, les premiers échelons de notre initiation spirituelle furent gravis en 1918. Au cours d'une soirée de « table tournante » (expérience jugée peu sérieuse par Pauline qui cependant s'y prêta gentiment), se manifesta le pouvoir qu'elle avait en puissance depuis toujours. La table s'agita, tourna, virevolta et se calma, avant de taper des coups de plus en plus rapides. Les assistants notaient, sans ponctuation, les lettres spécifiées par les coups les unes à côté des autres. Après lecture, le message apparut très compréhensible : *Foi-Confiance-Patience* puis revenaient sans cesse des noms, des adresses, des explications sur la vie des personnes décédées avec des dates précises; tout fut contrôlé et s'avéra exact. Le voile de l'invisible se soulevait pour Pauline Decroix.

La famille un peu perplexe comprit néanmoins l'importance du phénomène et, restant attentive à toutes manifestations, enregistra dès lors tous les messages. L'expérience de la table ne fut que d'une courte durée. Les facultés de ma mère ne demandaient qu'à s'amplifier par des moyens plus directs. C'est par ladite table pourtant que nous avons obtenu les renseignements nécessaires à l'achat d'un oui-ja, dont nous ne connaissions pas l'existence. Nous pûmes dès lors dialoguer plus facilement avec les esprits, que, dorénavant, nous appellerons entités. Quelque temps après, le oui-ja perdit de son utilité.

Un soir, ma mère devint insensible à tout bruit et glissa dans un état second, semblable à un profond sommeil. Un faible instant se passa, ma mère s'empara d'un crayon et écrivit très vite de longs messages. Son écriture changeait selon les entités qui se manifestaient. Parfois, la voix du médium se faisait entendre et nous dictait un poème ou un message sans pour cela que s'interrompît un second message, écrit de la main du médium.

La famille et un groupe d'amis fidèles suivaient avec passion l'évolution de la médiumnité de ma mère. Le groupe accepta le nom de « Puits d'Amour », qui lui fut donné par nos instructeurs (nos « guides »). D'autres jeunes médiums se formèrent au contact de ma mère et se joignirent régulièrement à nous. L'éventail de sa médiumnité s'élargissait. Par imposition des mains, elle soignait et guérissait, dirigée par une entité supérieure, dont elle a dessiné le portrait à la mine de plomb.

Durant la même période, toujours en état second, ma mère se mit à dessiner, la main et toute une partie du bras en catalepsie. Des dessins aux lignes informes étaient tracés maladroitement, mais bientôt ces lignes se transformèrent et petit à petit des personnages de toutes époques apparurent ou encore des dessins ésotériques aux clés très intéressantes à déchiffrer, des paysages inconnus, les uns dessinés à la mine de plomb, d'autres en couleurs, aux teintes fraîches et chatoyantes. Quelquefois même sans l'aide des yeux, dans l'obscurité.

Lorsque survint la manifestation d'une nouvelle forme de sa faculté médiumnique – les apports –, nos guides nous y avaient préparés, doucement afin de ne pas nous effrayer. Celle-ci se présentait sous la forme d'une petite farce qui nous surprenait en nous amusant. Un des premiers exemples, car il y en eut beaucoup, fut une botte de radis comme semée à la volée sur le tapis de la salle à manger. Nous les découvrîmes au moment de nous mettre à table et n'osions pas les manger. Il fallait pourtant s'y résoudre. Puis un autre jour, plusieurs casseroles dansèrent une farandole dans le couloir qui menait de la cuisine à la porte d'entrée. Ces manifestations donnaient le signal du passage de Rateau parmi nous. Ainsi l'arrivée d'un objet étranger à la maison fut reçue par nous, presque comme une chose normale, et ne nous surprit plus. Nous avons alors compris qu'il s'agissait d'un *apport :* un objet dématérialisé dans un endroit se rematérialise dans un autre. Ces phénomènes qui se sont reproduits maintes fois avaient le don de nous rendre joyeuses. Pourtant cette facette des facultés psychiques est très rare chez les médiums.

Nul ne repartait de notre maison sans un mot d'espoir, un conseil, une parole juste qui délivrait du poids souvent trop lourd des déceptions et des peines. En toute simplicité et bénévolement, ma mère faisait le don d'elle-même à ceux qui venaient à elle, de ce monde aussi bien que de l'Au-delà.

Lorsqu'elle nous quitta, en 1954, elle pouvait s'élancer vers la lumière et retrouver tous ceux qu'elle avait servis au nom du Christ Jésus, de son vivant. Elle nous laissait la certitude de notre devenir spirituel.

PREMIÈRE PARTIE

LE DEVENIR SPIRITUEL

CHAPITRE PREMIER

Le rôle du médium et la communication surnaturelle

Un lecteur incrédule, après la publication de mon premier livre, m'écrivait ce qui suit :

« De nature, je suis cartésien et je m'étonne que des êtres chers disparus, s'ils étaient près de moi, ne se manifestent pas, car rien au monde ne peut les empêcher de frapper quelques coups ou de déplacer un objet. »

J'espère que tout ce qui m'est donné de transmettre dans ce second livre lui fera comprendre qu'un état d'esprit, un état de conscience plutôt et une éducation du mental préparent l'être humain à plus de sensibilité psychique. L'intuition, l'inspiration en sont les premières manifestations, sans oublier la lecture de pensée qui, maintenant, est admise par certains savants.

La logique de mon aimable lecteur ne doit pas lui faire oublier cependant que Descartes lui-même n'a jamais rejeté l'existence de Dieu, dont les desseins sont imprévisibles. Ce philosophe a peut-être disparu trop tôt, la mort ne lui laissant pas le temps d'approfondir, de réviser ses théories et peut-être a-t-on dévié le sens de sa méthode, au profit des mœurs du siècle.

Trois cents ans se sont écoulés et nous constatons qu'une seconde réalité, celle-ci invisible, se révèle de multiples façons, ne serait-ce que par la transmission des ondes, aujourd'hui captées, mais qui n'en n'existaient pas moins à l'époque de Descartes.

I. *Les guides*

J'avais quinze ans lorsque, pour la première fois, j'entendis parler de vies antérieures. Ce soir-là, Anne et moi étions auprès de notre mère, la main posée sur la planchette du oui-ja; elle se prêtait complaisamment à notre désir, celui d'obtenir une communication avec Henri Morins, devenu notre ami, notre « visiteur du soir ».

Le oui-ja est la combinaison d'un carton sur lequel sont inscrits les lettres de l'alphabet, les chiffres et autres signes et d'une planchette en forme de cœur dont l'extrémité est munie d'une petite fléchette, permettant à la planchette de pointer vers les lettres ou les chiffres. La main du médium doit être posée à plat sur cette planchette et celle-ci se déplace sous l'influence médiumnique. Le oui-ja est un mode de communication plus rapide et plus sûr que l'utilisation de la table.

Ignorantes encore de tout ce qui allait nous être enseigné par notre mère, grâce à ce don magnifique, jusqu'à ce jour à peine révélé, nous crûmes que l'entité qui se présentait était Henri Morins, premier désincarné qui s'était manifesté à nous et dont nous avions pu vérifier l'identité. Contre toute attente, il ne se manifesta pas. Lorsque la planchette s'anima, le nom de Marie Bashkirtseff [1] fut donné et la phrase suivante se forma, grâce aux lettres désignées par le oui-ja :

> « Nous nous sommes connues dans une vie antérieure, tu as été mon amie. Va voir ma tombe au cimetière aérien, je reviendrai. »

Signé : Moussia

Une seconde preuve nous fut ainsi donnée car, le dimanche suivant, nous contrôlions, au cimetière de Passy, l'existence de

---

1. Peintre, poète et musicienne d'origine russe, morte à vingt-trois ans à la fin du siècle dernier, elle s'est manifestée à moi lorsque j'avais quinze ans et m'annonça la publication prochaine de son *Journal*. Je devais le trouver peu après en librairie, écrit par A. Cahuet.

36

cette tombe. Une vie antérieure signifiait donc un retour sur terre ? Cette perspective laissait supposer que pour retrouver un corps physique il n'était pas nécessaire d'attendre le jour du « Jugement dernier... » On pouvait revenir dans un corps jeune et sain après un séjour dans cet « ailleurs » qui ne nous était pas encore révélé. Chose curieuse, cet avenir possible ne me déplaisait pas, au contraire. Sans bien comprendre, de larges horizons remplis de l'espoir de retrouver des êtres chers disparus m'enthousiasmaient. Nous espérions que les messages que nous allions recevoir permettraient bientôt aux entités séjournant sur les plans différents, de nous donner des enseignements « supérieurs ». Notre espoir fut bientôt comblé.

A cette époque nous ne comprenions pas l'importance que ces messages pourraient avoir dans l'avenir, et nous négligions l'ordre dans lequel ils étaient reçus. C'est après notre seconde installation à Paris, rue de la Rochefoucauld, en 1936, que nous allions commencer un travail plus suivi et plus important. Nous remarquions que nos guides, très souvent, signaient leurs instructions sous un nom d'emprunt, dissimulant ainsi leur personnalité terrestre par humilité. Le nom choisi devait avoir une relation avec un de leurs séjours sur terre :

« Mes amis nous sommes heureux de vous voir de nouveau réunis, ici, plus heureux peut-être encore, de la possibilité qui nous est une fois de plus donnée de venir vers vous en ami et en frère. Nous désirons que vous emportiez toujours de ces réunions, du fait de vos efforts et de votre bonne volonté, une fécondation de générosité, de charité et d'altruisme encore enrichie afin de nous aider par votre action personnelle, de courants bienfaisants et régénérateurs de trésors spirituels. Si, passionnément vous vous élancez à l'assaut du but élevé vers lequel nous cherchons à vous entraîner, vous deviendrez inévitablement, dès ce stage terrestre, et par de successives étapes, des " entraîneurs " d'âmes, porte-voix de la parole de vérité et de consolation. Dans cet élan de tout votre être vers le bien et le bon, votre pensée acquerra une force et une puissance d'irradiation que vous ne soupçonnez pas.

« L'enthousiasme est un puissant levier qui multiplie la vitesse des vibrations et la force attractive de la pensée, laquelle acquiert dans son action des possibilités infinies et peut d'irrésistible façon imprégner des cerveaux et des cœurs, jusque-là incompréhensifs et cela avec une acuité décuplée. Mais ne vous servez jamais, que pour le bien de tous, de cette force active, qui deviendrait un danger si elle était dépourvue d'un but généreux et élevé.

« Dans une foule attentive, une réunion qu'une belle éloquence a su entraîner, il se produit un puissant bouillonnement fluidique que perçoit presque toujours l'orateur, bouillonnement qui s'amplifie, s'enrichit des pensées ambiantes, tendues à cet instant vers le but qu'il sait faire entrevoir, si bien que la pensée de celui qui parle et cherche à convaincre devient comme un moteur puissant qui entraîne l'effort individuel de chacun, vers une réalisation qui doit porter des fruits pour tous.

« Mais, nous vous le répétons, tout mouvement de ce genre qui n'aurait pas pour idéal un but élevé, deviendrait dangereux en raison même des forces mises en jeu, car l'exaltation en commun, dirigée vers un noble but, peut produire un résultat bienfaisant alors que ce même mouvement, cette excitation peut entraîner les foules vers l'ambition déréglée et l'orgueil, si l'orateur a dans le cœur ces sentiments et si, sa parole puissante les déchaîne dans l'âme de ceux qui l'écoutent, ce qui peut alors produire, au lieu de l'éclosion de nobles aspirations, des résultats néfastes et destructifs.

« De ceci, chers amis, vous avez eu, et avez sous les yeux de bien cruels exemples... et criminels sont les responsables, les chefs d'états ou de partis qui ne comprennent pas ou ne veulent pas comprendre la responsabilité morale de leur mission, et impriment un courant funeste aux événements qu'ils dirigent, faute d'un contrôle sévère, éclairé, de leur devoir. Oui, la parole pleine de feu et de foi peut et doit entraîner les foules d'âmes qui l'écoutent et s'en imprègnent. Si nous flétrissons les orgueilleux qui se prennent parfois au piège de leurs paroles, aux extravagances de leur désir, nous aimons et encourageons ceux, dont la persuasion haute et saine, sait se communiquer chaleureusement et entraîner les cœurs vers le beau et le bon. »

Signé : le Lépreux

Dans certaines circonstances, le guide pouvait se manifester sans explication apparente. Ce fut le cas du guide Henri, guide personnel de ma mère. Un après-midi, elle devait se rendre chez des amis qui l'avaient invitée en compagnie de quelques personnes intéressées par sa médiumnité. Elle s'y était rendue plusieurs fois, toujours accueillie avec amitié et sympathie. Ils demeuraient en banlieue, et ma mère devait changer de moyen de transport à la porte de Vincennes.

En sortant du métro, sa mémoire se refusa à elle. Il lui fut impossible de se souvenir et du nom de son amie et pas davantage de l'adresse de cette dernière. Nullement inquiète elle chercha, assise sur un banc, son carnet d'adresses. Celui-ci n'était pas dans son sac. Chose étonnante, elle ne s'impatientait pas; malgré le temps maussade elle se sentait bien. Les minutes passaient, les quarts d'heure s'écoulaient et la mémoire ne revenait toujours pas. Les passants indifférents la distrayaient. Il lui vint à l'idée de s'informer auprès d'un agent de l'heure qu'il était. Plus de deux heures s'étaient donc écoulées, toujours sans se souvenir de l'adresse de son amie. Elle reprit le chemin de la maison, et c'est en arrivant que le nom et l'adresse lui revinrent à l'esprit.

Pourquoi ce manque apparent de mémoire? Pourquoi le carnet d'adresses n'était-il pas dans le sac? Tout simplement parce que maman se serait trouvée, au cours de cette réunion, en contact avec une invitée qu'elle ne connaissait pas et qui aurait été néfaste à sa médiumnité. En altérant sa mémoire provisoirement, son guide l'avait protégée. A son retour maman nous expliqua sa déconvenue et c'est en riant qu'elle nous fit le récit de son aventure. Nous l'imaginions assise sur ce banc attendant... une communication qui ne venait pas. Quarante ans après, en écrivant ces lignes en compagnie de ma sœur, nous pouffons de rire à ce souvenir.

L'intervention des guides prenait différentes formes. Ainsi tout en nous donnant des enseignements, nos instructeurs nous donnaient des rébus à résoudre. Le guide Henri par exemple :

« L'amour survit à la destruction corporelle, d'autant plus ardent, plus puissant et plus pur, s'il n'a jamais eu sa réalisation complète et matérielle, pendant la durée de l'épreuve terrestre et rien ne peut, pas même Dieu, rompre l'union idéale ainsi consommée lorsque la puissance d'un tel sentiment l'a enfin permise. »

Oui, rien, pas même Dieu ne peut en vérité
Faire que ce bonheur n'ait jamais existé.

A la fin de ce poème, le guide Henri a emprunté au poète la citation ci-dessus, en ne changeant qu'un mot, celui de « bonheur ». Il nous dit encore :

Si le poète un jour, parmi vous, fit sa place
De ces deux derniers vers, vous retrouverez trace.

Mais, cette fois, le guide Henri nous rappelle le vers exact du poète qui est ainsi :

Et rien, pas même Dieu, ne peut en vérité
Faire que ces instants n'aient jamais existé.

Le guide nous incite à chercher l'œuvre du poète et il ajoute : « Qui cherche, trouvera. » Mais nous, nous n'avons pas encore trouvé.

*
* *

Tous nos amis de l'invisible n'étaient pas toujours d'une humeur grave. Ainsi, par exemple, en septembre 1938, ma mère voit un esprit un peu fort, qui gambade et fait des gestes désordonnés. Sous son impulsion, elle saisit un papier et un crayon et trace ces mots en écriture automatique, d'une manière saccadée :

« Que diable faites-vous là? Ça vous amuse cette lugubre réunion? On se croirait au musée Grévin! Vive la joie! Ils m'appellent le fou, ici, j'aime mieux la rigolade de par ici, au moins, que vos réunions folichonnes. »

Signé : Éric

Je dois dire qu'à cette réunion, comme habituellement, groupés autour de maman, dans le silence, nous étions recueillis et en méditation. Nous devions paraître à cet esprit, sérieux et figés dans notre attitude, ce qui inspira cette intervention. Aussitôt après, Gaspard, guide instructeur habitué de nos réunions, nous donna en vers cette communication, qui nous paraît faire allusion à celle précitée.

N'est point si fou celui qu'on pense
Sa cervelle s'est libérée
D'obligations de contingences
Il se moque... miserere!

Il peut sans craindre vos coliques
De tous les mets se régaler
Même d'un esprit pacifique
Les écouter vociférer.

Vos dictateurs catastrophiques
Il se moque dorénavant
De leurs discours hyperboliques
Il n'a plus les mêmes tympans.

Pourtant de vous voir pressurés
Bientôt comme mince semelle
Son affection fraternelle
Sa lamente! Miserere!

Miserere Seigneur, Miserere
Gardez-les comme de la peste
De ces tapageurs ou malpeste
Il va falloir nous en mêler.

Or, croyez-vous qu'il soit si drôle
De gambader, d'Espagne au pôle
Ou de Prague, aller à Canton?
Merci, du rôle de tampon!

Si vous deveniez tous plus sages
On pourrait ralentir un peu
Sentir qu'on est mort palsanbleu
De vous voir aussi sourds j'enrage.

La route a ses aspérités
Nous savons qu'elle est très peu sûre
Mais en prenant bien ses mesures
En tournant les difficultés,

En muselant toute cabale
Avant qu'elle puise fermenter
On la décroche la timbale
Cela vaut mieux que de... brailler.

Vous m'accorderez bien que je suis très régence
Car, à l'occasion, j'aurais pu
Aussi bien que brailler, mettre... ce que je pense
Mais vous auriez dit... Qui l'eut cru.

Signé : Gaspard
(Communiqué donné en 1938.)

Cet esprit, qui se manifestait sous le nom de Gaspard, faisait souvent de simples incursions. Il nous instruisait, en vers généralement, tantôt d'une façon profonde, voire sévère, et tantôt nous donnant des poèmes humoristiques, ce qui nous amusait.

Plus tard, nous devions apprendre par nous-mêmes que, sans vouloir nous alarmer, il nous préparait à comprendre et donc à supporter les épreuves qui nous attendaient. Nous avions à peine terminé notre déjeuner que ma mère quitta la table sans raison apparente. J'avais remarqué que son regard changeait car une extériorisation se préparait. J'attendis quelques instants avant de la rejoindre dans sa chambre. Gaspard voulait nous sortir de notre morosité causée par les événements dont nous avions discuté à table. Il fit tracer très vite ces lignes, sur un bloc toujours placé à portée de main de ma mère sur la table de sa chambre :

Souvent, la pensée vagabonde
Vous échappe et puis vous revient
Comme elle, jusqu'au bout du monde
Je m'en vais, mais ne craignez rien

Car je reviendrai, c'est certain
Par la porte ou par la fenêtre
Vous me verrez vous apparaître
Un beau jour, ou bien un matin

Pour tirer, ici, quelque oreille
Ou, pour faire des compliments
Ou même hilare et claironnant
Vous annoncer cette merveille

Que les guerres sempiternelles
Ont disparu dans le néant
Que la loterie qui chancelle
Va mettre au monde un bel enfant

Et que tous vous serez contents
De l'organisation nouvelle...
Que maître Flandin a perdu
Sa faconde vermicellée.
Que traversant la voie lactée,
En courant, ébahi, j'ai vu

Neville Chamberlain [2], *descendus*
D'un coursier un peu trop rebelle
Et les dictateurs devenus
D'aimables moucheurs de chandelles.

Oh! oui, puissé-je, à mon retour
Constater des choses si belles!...
En attendant restez fidèles à la charité à l'amour.

N'oubliez jamais ceux qui pleurent
Ouvrez grands vos bras et vos cœurs
Et que dans vos âmes demeure
Une volonté ferme unie à la douceur.

Ainsi vous ferez bien, et le devoir de vivre,
De vivre courageux, actifs et vigilants
Vous deviendra facile, ainsi que jeux d'enfants
Adieu donc mes amis, pour moi, je dois poursuivre.

Et je m'en vais taquiner ailleurs
Sans pour cela quitter groupe si sympathique
Et par-delà les monts, et ma vieille Baltique
Mon dévouement pour vous restera le meilleur.

Signé : Gaspard

Un dessin était tracé au travers de ces lignes. On distingue par endroits, et comme en transparence, des yeux, puis une sorte d'engin, avion assez incompréhensible; et, dans la signature, des yeux encore.

2. Homme politique britannique (1869-1940); Premier ministre (1937).

« Oui mes amis, votre bon guide Gaspard, appelé vers d'autres devoirs, va pour un temps vous quitter. Comprenez ses conseils, toujours, si vrais et si profitables, pour qui cherche à le bien comprendre, laissez vos cœurs se dilater sous l'action de l'amour, sous la pression toute-puissante de la divine charité. Mais pour cela, il faut vouloir maîtriser passions et sentiments qui vous entraînent bien plutôt, vers le contentement, l'assouvissement de vos désirs et de vos préférences égoïstes. »

P.S. : Cette communication fut interrompue par le bruit d'une porte qui claqua.

En raison de la quantité d'instructions données par Gaspard, je ne peux les mentionner toutes. Elles furent souvent la démonstration des possibilités acrobatiques d'un esprit évolué, incompréhensibles pour nous, et qui nous choisit plusieurs identités pour se moquer gentiment de nous.

*
* *

II. Les apports

La communication médiumnique pouvait aussi prendre une forme matérielle. Tel était le cas de l'apport, *objet qui a été dématérialisé et rematérialisé, grâce aux facultés spécifiques du médium présent.* Dans mon livre *Une mère particulière,* je décris l'arrivée du premier apport, qui fut pour nous, ce jour-là, une révélation. Il devait être suivi, dans les années qui allaient s'écouler, de beaucoup d'autres.

Si nous constations ce phénomène, nous ne le comprenions pas. Aussi, lors d'une manifestation impromptue, les guides ne pouvant pas toujours descendre jusqu'à nous, j'en demandai l'explication à Rateau qui, ce jour-là, servait de commissionnaire [3]. Ma mère

3. Commissionnaire : Commission — car ce jeune esprit est l'intermédiaire entre des esprits de plans plus évolués et le plan terrestre. Il a demandé et obtenu cette mission par reconnaissance envers nous, qui l'avons éclairé pour survivre au trouble dans lequel il était depuis sa désincarnation brutale. Pendant toute la médiumnité de ma mère, après avoir pris conscience de son nouvel état, il fut présent dans beaucoup de circonstances importantes. Nous prévenant par

nous transmit sa réponse dans le langage imagé de Rateau, qui était loin d'être sa façon de s'exprimer :

> « C'est beaucoup plus facile pour nous que pour vous de faire passer les choses à travers les murs. Vous, il vous faut des machines compliquées, moi, aidé des grands (c'est ainsi qu'il désignait les guides) avec beaucoup de vitesse " ça tourne, ça tourne ", et l'objet se sépare " ça tourne, ça tourne " encore et l'objet se rejoint.
>
> « J'peux pas bien vous expliquer, ici tout vibre, moi j'suis qu'un aide, j'obéis à des grands, comme à l'école et j'suis bien content. Maintenant j'comprends plus vite et j'agis. On me montre pour m'apprendre et ça défile comme au cinéma. »

Rateau avait peut-être compris, mais nous, nous restions perplexes. Néanmoins, son « tourniquet » par deux fois manqua son but. Ce fut le cas lorsque, chargée d'aider à l'arrivée du livre de Francis Jammes, ma mère ressentit un violent mal de tête, provoqué par l'absorption d'une tasse de vrai café, dont elle était déshabituée. Ce nectar provoqua une réaction nerveuse qui ne put favoriser l'arrivée précise de cet apport dans l'appartement, et cet objet tomba dans la rue. C'est moi, la première, qui le découvris. En remontant l'escalier, j'avais des ailes.

Nous réalisâmes que ce but n'avait été manqué que d'une distance de six mètres environ du point qu'il devait atteindre, c'est-à-dire la chambre de ma mère.

La deuxième fois, ce fut un peu différent. Mon père, à son tour, devait en subir les effets. Arrivé à un certain âge, celui-ci

exemple de dangers possibles pendant la guerre et surtout pendant l'exode. Il était également présent pendant nos réunions mensuelles, nous savions qu'il était le veilleur, afin d'écarter des forces invisibles que nous appelons *élémentals*. Les élémentals sont des embryons de vie, attirés inconsciemment par certains courants vitaux qui peuvent être positifs ou négatifs. Pendant son séjour terrestre, Rateau avait toujours été un être très pur, un cœur simple et en même temps un titi de Paris, au langage imagé, que du reste il a gardé dans son nouvel état. Ce qui étonnait toujours ma mère lorsqu'à son réveil nous lui disions qu'elle avait donné un message dans le langage de Rateau et surtout quand nous le lui lisions. Les guides, les « grands » comme il les appelle, il les a toujours servis et les sert encore. Ceux-ci l'ont pris sous leur protection, ils l'ont instruit sur le mode de vie astrale. La mission qu'il a acceptée d'aider les humains en toutes circonstances, il y est toujours fidèle. Son action se manifeste encore différemment pour nous, aujourd'hui.

avait pris l'habitude d'utiliser une canne pour circuler dans la rue. Il ne pouvait plus s'en passer.

Un après-midi d'hiver, au moment de se préparer à sortir, il allait chercher sa canne, là où il la rangeait habituellement. Elle n'y était pas. Où pouvait-il l'avoir placée? Il s'interrogeait. Ce matin encore il s'en était servie. Aucun de nous n'y avait touché. La maisonnée en branle-bas de combat chercha dans toutes les pièces sans aucun succès. Il fallait se rendre à l'évidence, la canne avait disparu. Le temps passait...

En désespoir de cause, ma sœur et moi-même allions en informer notre mère lorsque, pénétrant de nouveau dans sa chambre, quelle ne fut pas notre surprise! Au milieu de la pièce, à hauteur d'homme, nous vîmes pour la première fois arriver, en tourbillon, la canne, avec la rapidité de l'éclair; nous entendîmes un bruit de chute, et la canne était à nos pieds.

Presque instantanément, nous venions de comprendre la raison de cette taquinerie qui n'en était pas une, bien au contraire, mais une protection contre lui-même. Il faisait, ce jour-là, très froid et une sortie pour lui devenait une imprudence. La nuit commençait à descendre, le temps s'était écoulé à chercher cette canne. Il était maintenant trop tard pour que l'on pût envisager la promenade.

En 1942, parmi les apports reçus, l'un d'eux m'avait été tout spécialement destiné. Je devais, plus tard, en comprendre la raison. C'était un charmant petit saxe aux couleurs pastel. Le socle, au décor champêtre, supportait deux chérubins. L'un, assis sur une touffe d'herbe, avait près de lui un chevalet et une palette; sur celle-ci des couleurs déjà disposées, semblant attendre l'artiste; les pinceaux eux-mêmes y étaient. A terre reposaient un buste sculpté ainsi qu'un rouleau de parchemin. De la main gauche, il tenait une écritoire et, la main droite levée, il attendait l'inspiration. L'autre chérubin, assis sur un plan plus élevé, s'inclinait vers lui et, le bras tendu vers le ciel, lui intimait l'ordre d'écrire.

C'est en 1956, deux ans après la mort de ma mère, que je devais déchiffrer le symbole de cet apport et comprendre pourquoi il avait été choisi pour moi. A cette époque, mon mari et moi partions toujours en week-end dans notre petite maison « La Veilleuse ». Le jardin était notre grande occupation. Tout en nous fatiguant, cette activité devenait une détente pour nous deux.

Un samedi, mon mari, voulant préparer un nouveau massif,

retourna la terre d'un endroit qui n'avait jamais été travaillé. Il découvrit, à sa grande surprise, une matière gluante. Il m'appela. En la voyant, je compris que ce n'était pas autre chose que de la terre glaise. Je fus tentée d'en malaxer une partie. Sous mes doigts, elle obéissait. Mon mari s'amusait à me voir faire. Petit à petit un personnage prenait forme. J'allais rejeter cet essai lorsqu'il arrêta mon mouvement. « Avec les doigts que tu as, me dit-il, tu dois arriver à faire quelque chose d'intéressant, continue ». En fin d'après-midi, j'avais terminé ce petit personnage. Il commençait à prendre une importance pour moi. Bien des années sont passées. Cette aptitude s'était confirmée.

Je faisais ma première exposition à Paris, au Palais de Tokyo; ainsi je sculptais, dessinais et peignais, tout comme mes chérubins de porcelaine. Devenue veuve, ainsi que ma sœur, je me retirai avec elle à Belle-Isle-en-mer dans sa jolie maison et y ouvris un petit atelier de céramique et dessin qui connut bien vite la faveur du public. Par ailleurs, j'entrepris le récit de la vie médiumnique de ma mère.

Notre installation, rue de la Rochefoucauld, devait être marquée, pour notre plus grand plaisir, par la présence d'une invitée inattendue.

Le jour de notre arrivée dans ce grand appartement, et lorsque les déménageurs eurent placé tous les meubles dans les pièces destinées à les recevoir, nous poussâmes un soupir de soulagement. Nous prîmes un repos bien gagné. La journée avait été fatigante pour tous. Dans ce nouveau décor, on se sentait bien!

Nous étions très occupés à regarder l'ensemble harmonieux favorisé par la distribution des pièces. Chaque meuble avait trouvé sa place. Toutes portes ouvertes, nous n'avions pas remarqué que notre mère fixait, avec attention, un fauteuil resté vide, près du piano. Nous la vîmes tout à coup sourire aimablement et incliner la tête, comme pour saluer un personnage invisible. Sans plus attendre, elle dépeignit ce qu'elle voyait : « je vois, dit-elle, assise parmi nous, une vieille dame aux cheveux blancs. Elle me sourit car elle vient de s'apercevoir que je l'ai remarquée ». J'entends maintenant ce qu'elle me dit :

« Je vous attendais pour vous accueillir, c'est la moindre des politesses, ayant été moi-même locataire de cet appartement pendant de nombreuses années. Je suis contente de vous connaître, vous y serez tous très bien. J'y suis restée seule longtemps ayant perdu tous les miens. Les années vécues en famille dans le bonheur m'ont aidée par leur souvenir à supporter ensuite ma solitude. L'arrangement de vos meubles me plaît. Je ne peux m'attarder aujourd'hui, mais je reviendrai. »

Nous avions vraiment l'impression d'être accueillis par un être vivant, déjà notre amie, qui nous tranquillisait sur l'avenir de notre nouvelle organisation familiale. Nous allions aborder une nouvelle phase de notre existence, qui était pour nous un point d'interrogation.

Cette dame, invisible à nos yeux, revint pendant quelque temps. Elle nous donnait son appréciation sur la couleur des rideaux, des arrangements d'objets. Nous nous étions pris d'affection pour cette charmante vieille dame, qui devait cependant nous quitter bientôt, entraînée par nos guides, l'aidant ainsi doucement à ne plus s'attarder sur le plan terrestre, afin d'atteindre les sphères supérieures, pour être instruite de sa nouvelle vie et de ses nouveaux devoirs.

Son départ laissa un vide dans notre cœur. Nous eûmes la confirmation de l'existence de la précédente locataire, par notre concierge qui, questionnée très discrètement par moi-même, m'apprit qu'elle avait été, pendant de longues années, femme de ménage chez cette « bonne Dame » si généreuse lorsque cette dernière se trouva seule.

Obéissant à nos guides, Rateau avait servi d'intermédiaire pour le choix de cet appartement. Par sa situation même, il devait favoriser, d'une façon intense, le développement de la médiumnité de ma mère et, dans l'avenir, faciliter la possibilité de réunions importantes. Ce lieu nous était destiné, il allait devenir l'écrin où seraient déposés joies, émerveillements, peines aussi, mais où l'amour enseigné par nos guides gouvernerait en maître. Rateau était très content de cette solution, il estimait se trouver comme dans une lanterne bien éclairée par dix grandes fenêtres.

La plupart des immeubles situés rue de la Rochefoucauld dataient de l'époque Napoléon III. Toutes les pièces de notre appartement, et tout spécialement les plafonds à corniches, les cheminées étaient de style Empire. Nos meubles du même style s'harmonisaient parfaitement. La commode, le bureau, le secrétaire, un lit gondole, transformé en divan, rappelait modestement l'intimité de la Malmaison où Napoléon et Joséphine aimaient à se rencontrer.

Pour mon anniversaire, mon mari m'avait offert, rue Bonaparte, deux jolies tasses Empire qui, posées sur le marbre du secrétaire, se trouvaient tout à fait à leur place. Nous admirions ces bibelots et, toute heureuse de mon cadeau, je m'écriais en riant : « Et maintenant, nous attendons l'Empereur! »

Mon mari s'amusa de cette boutade. Ayant quitté la pièce, nous nous préparions à notre toilette du soir. La maison était silencieuse, ma mère, déjà couchée, j'allai lui dire bonsoir. Puis j'éprouvai le besoin de regarder, de nouveau, ce joli présent. En entrant dans la pièce, je fus attirée par un objet que je ne connaissais pas. Une jolie petite boîte, recouverte d'un fin papier vieil or, était posée sur la commode. Un couvercle en verre transparent portait en son centre, collé à plat, un cheval de plomb blanc sur lequel se détachait fièrement un cavalier.

Ce cavalier n'était autre que l'empereur Napoléon Ier. Mon exclamation fit accourir mon mari. Au comble de la surprise et de la joie, nous ne pûmes résister au désir d'en faire part aussitôt à ma mère. Elle s'amusait maintenant de cet apport : « Ah! je comprends pourquoi je ressentais un malaise sans pouvoir me l'expliquer. A présent, je me sens bien! »

Nous réalisions que cet envoi délicat avait répondu à ma plaisanterie. Nos amis invisibles nous prouvaient leur sollicitude constante. Ce gentil commissionnaire Rateau avait été mis, de nouveau, à contribution.

Chaque apport, jusqu'à ce qu'il soit touché par un être humain, reste lié, par un fluide invisible, au plexus solaire du médium, occasionnant un léger malaise. Dès que le contact s'établit le malaise disparaît.

Par un beau jour de printemps, après avoir visité les appartements de La Malmaison, accompagnés de ma mère, mon mari et moi-même nous nous promenions dans le parc. En raison de l'heure avancée, les visiteurs étaient moins nombreux, ce qui nous permettait de jouir plus agréablement du parc et de la pièce d'eau. En longeant celle-ci, ma mère s'étonna de voir un cygne noir :

« Regarde ce beau cygne noir, c'est la première fois que j'en vois un », me dit-elle! Elle me le montrait du doigt. Je regardais attentivement l'endroit désigné. L'eau était calme, limpide, mais je ne voyais aucun cygne noir. Ma mère ne quittait pas des yeux le miroir d'eau, et à ce moment je compris qu'elle voyait quelque chose qui nous échappait. Puis sa voix se transforma légèrement et des paroles, sur le ton de la confidence, furent prononcées avec un léger accent :

> Je suis seul, je viens souvent me promener dans ce parc, dans cette maison que j'ai aimée et que j'ai si souvent abandonnée. Que de regrets, que de regrets! tant de souffrances par ma faute. Mon visage est projeté sur vos dessins, cela m'a aidé. Mon Dieu, que l'on me pardonne, je suis allé de victoires en victoires, jusqu'à la défaite, et quelle défaite! »

Ce fut tout. Car le gardien, inquiet de nous voir nous attarder, s'approcha de nous et nous signala qu'il allait fermer les portes. Tout en nous dirigeant vers la sortie, il nous accompagnait. Ma mère, tout à fait normalement, marchait à ses côtés. Je me hasardais à lui demander s'il y avait, dans le parc, des cygnes noirs. Il me regarda surpris :

« Oh! non, je n'en ai jamais vu! » dit-il. Puis il se reprit :

« L'impératrice Joséphine en avait un, noir, c'était son préféré. »

Sa réponse nous fit un grand plaisir, mais le brave homme ne s'en douta jamais. Une rencontre illustre et inattendue s'était produite, dans le silence de la nature, sans aucune préparation. Ces lieux, comme les pierres de l'abbaye des Lys, nous avaient accueillis. Dans les dessins exécutés médiumniquement par ma mère, ont été projetés le portrait de Bonaparte ainsi que celui de Napoléon.

Après la guerre, notre groupe devenu très homogène, pour chacun de nous le jour de notre réunion mensuelle n'était pas un jour comme les autres. Chaque membre ressentait la même nécessité de se retrouver dans la joie et le même désir de communion spirituelle. Notre cénacle n'avait rien d'un lieu confessionnel, ni d'un cours aride enseigné par de sévères professeurs, non plus que d'une salle de spectacle.

Dans le grand salon nous étions assis les uns sur des coussins à même le tapis, afin de ménager plus de place en raison du grand nombre d'assistants, quelques-uns sur des chaises, d'autres encore dans des fauteuils et même sur des petits bancs. Nous formions autour de ma mère, assise dans son fauteuil habituel, un cercle élargi, dessinant, si nous l'avions pu voir d'avion, la forme d'un cœur qu'un miroir d'eau tremblant, aurait légèrement déformé. Pendant quelques instants nous bavardions de choses et autres, mais le silence se faisait lorsque je commençais à lire les communiqués reçus au cours du mois et à relater les phénomènes, s'il s'en était produit.

Ce jour-là, c'est un apport, un coffret que je tenais précieusement devant ces visages tournés vers moi interrogateurs. Et voici l'explication de son arrivée parmi nous. Je dois pour cela revenir quelque peu en arrière.

Mon mari, à la Libération, s'était engagé dans les armées alliées. L'accélération de la déroute des occupants l'avait entraîné en Alsace, à proximité de la frontière allemande. Cantonné avec ses hommes dans un petit village, il profitait de ses quelques moments de liberté pour aller jouer de l'harmonium dans la petite église et, selon son inspiration, il jouait, pour le bonheur de monsieur l'Abbé. Son lieutenant, lui-même épris de musique, l'accompagnait souvent. Tous deux composèrent un hymne à la Vierge. Mon mari fit le poème et la ligne mélodique, et le jeune lieutenant l'accompagnement. Cependant, le danger était toujours présent aiguisant chez les hommes la sensibilité et animant en eux plus de foi.

Les dimanches, villageois, soldats et officiers assistaient à la messe. Un de ces dimanches, en franchissant le seuil de l'église, mon mari fut submergé d'une vive émotion en entendant le chant qui s'élevait de toutes les poitrines de ses soldats. C'était l'hymne à la Vierge qu'il avait composé avec l'aide de son lieutenant. Celui-ci patiemment l'avait appris à tous ces hommes, dans le plus grand secret, afin de rendre hommage à la Vierge et prouver par ailleurs toute l'estime qu'il avait pour son capitaine.

La semaine suivante, mon mari vint à Paris pour une courte permission de 48 heures. Tout heureux, il était pressé de nous faire partager la joie qu'il avait ressentie, grâce à la délicatesse de ce lieutenant. Il se mit tout de suite au piano. Déjà ses doigts couraient sur le clavier accompagnant le doux chant qui s'élevait tendre et pur comme une prière, nous laissant nous-mêmes très émues. Je ne sais à quel moment ma mère ressentit le malaise qui nous signalait toujours l'arrivée d'un apport. Ce n'est qu'à la fin du chant que je découvris la raison de ce malaise : sur la cheminée était posé verticalement un coffret qui, en réalité, était un triptyque. L'intérieur, capitonné de satin grenat, abritait une vierge finement sculptée. De proportions parfaites, le visage maternellement penché sur son enfant, elle se révélait à nous dans toute sa maternité et toute sa gloire. C'était la reproduction fidèle de *Notre-Dame-des-Victoires*.

Il est assez difficile de dépeindre la surprise, puis l'émotion de nous tous et enfin une certaine allégresse en découvrant un tel envoi et, très vite, ma mère nous transmit ce qu'elle entendait :

« Cette vierge est destinée à Ande, et cet apport est la réponse à son appel et pour vous tous, le symbole d'une victoire prochaine. »

C'était effectivement une réponse. Nous comprenons quelle résonance nos pensées, nos actes peuvent avoir, tant sur le plan physique que sur le plan spirituel : une importance capitale. C'est pourquoi je donne ici la dernière strophe du texte inspiré et écrit par mon mari, de ce chant.

... Vierge, Sainte Marie, descendez sur la terre
Écoutez nos accents, écoutez nos prières
Vous qui disparaissez dans l'azur bleu du ciel
Emportant dans ses plis, notre amour immortel.
Votre main charitable, efface la douleur
Elle passe sur nous, comme un baume enchanteur!
Nous souffrons; vous venez apportant dans nos âmes
Un bonheur ineffable, ô douce et tendre femme!
Nous qui souffrons ici et ne comprenons pas!

Ce récit absolument réel tend à nous prouver la sollicitude de nos guides qui voulaient, par cet apport, remercier mon mari de son acte de foi. Je ne peux que rendre grâce à ma tendre mère qui par son intermédiaire permit le bénéfice d'un tel privilège.

III. *Le dessin*

L'expression artistique constituait pour ma mère un moyen de communication important ainsi que nous allons le voir.

Comme tous les matins, je venais embrasser ma mère, j'étais toujours curieuse d'apprendre si, dans la nuit, une visite impromptue ne s'était pas manifestée. Après les premiers embrassements, elle me dit tout de suite d'aller lui chercher les planches qu'elle avait dessinées la veille, sous l'influence de notre grand guide Houg-Kang. Avec lui, les dessins étaient toujours en couleur. D'une façon inhabituelle, ceux-ci étaient dessinés en forme de triangles, mesurant chacun environ 30 centimètres.

D'exécution parfaite, d'inspiration orientale, ils donnaient l'impression d'un vitrail, tant ils étaient lumineux. Je les imaginais volontiers reproduits en tissu. Nous les avions admirés la veille sans comprendre leur utilité. Ma mère nous dit alors :

— J'ai entendu à mon réveil la voix de mon guide, que je reconnais entre toutes, me disant que cet après-midi, je dois remettre ces dessins à une dame que je rencontrerai chez Madame X.

Je posai la question :

— Mais maman, cette dame ne les a pas vus?

— Je ne comprends pas mieux que toi la raison, mais je sais qu'elle m'attend.

Effectivement, en arrivant chez cette amie, elle trouva une dame accompagnée d'un jeune homme, qui lui furent présentés. A ce moment précis, ma mère comprit la raison de sa visite. Les dessins étaient destinés à ce garçon. Au cours de la conversation, qui s'était orientée vers les phénomènes psychiques, maman sortit les dessins et les montra aux personnes présentes. Le jeune homme les regardait avec beaucoup d'intérêt. Lorsqu'il les eut tous admirés, maman se tourna vers lui et dit :

— Ils ont été dessinés pour vous! Il s'écria aussitôt :

— Mais comment savez-vous, Madame, que je suis modéliste en tissu? Je dessine pour les maisons de couture et justement j'ai, actuellement, une commande urgente, qui me met dans l'embarras, car les documents me manquent.

— Les voici vos documents, on me les a fait dessiner pour vous.

53

Un « oh! » général fut prononcé par l'assistance. Surpris, et plus étonné encore, il n'osait accepter.

– Mais c'est un don du ciel, je ne suis que l'intermédiaire de cette offrande! dit maman. Ce jeune artiste restait ravi, il comprenait maintenant ce que représentait cette aventure. La discussion de l'après-midi, à laquelle il avait participé, l'y avait préparé.

Ce climat invisible existait vraiment, cette fraternité, presque palpable, se manifestait et rejoignait les intuitions qu'il avait parfois ressenties dans le silence de son atelier.

Plus tard, la haute couture devait lancer la mode des robes en soie imprimée de motifs indiens, qui furent répétés dans des tissus, dont les prix abordables permirent l'exécution de modèles plus courants. Toutes heureuses, nous avons même porté de ces robes, dont les motifs avaient été créés en médiumnité par ma mère.

Nous n'avions été que peu de temps les dépositaires de ces documents. La loi de compensation s'était exercée au profit de ce jeune artiste. Ce don lui a été fait, nous pouvons le constater, mais il nous est impossible de savoir s'il a été rendu en remerciement d'un acte d'altruisme dans une vie antérieure, ou, au contraire, s'il a été frustré dans cette même vie antérieure. Peut-être l'a-t-il été dans celle-ci, vécue actuellement.

Il nous a été enseigné qu'un acte désintéressé est un don de soi, il reste indélébile dans notre karma. De même un acte méprisable, même insoupçonné, dans l'existence que nous vivons actuellement, trouvera expiation toujours, soit dans cette vie, soit dans la prochaine incarnation.

Malgré ses multiples occupations ma mère dessinait presque tous les jours. Les dessins, exécutés à la mine de plomb et de plus en plus maîtrisés, représentaient des personnages de toutes époques, soit isolés, soit en groupe. Des ébauches de châteaux, divers monuments en ruines s'intercalaient parmi les visages de tailles différentes; certains furent identifiés comme nos guides, dont le nom d'emprunt, qu'ils nous donnaient, était inscrit à l'envers du dessin. Par contre, d'autres visages étaient facilement reconnaissables en raison de l'exactitude des traits dessinés.

Ils devenaient de véritables portraits. Je n'en n'indiquerai que quelques-uns! Ibsen, Berlioz, Bonaparte, Bach, Marie-Antoinette,

Louis XVI, Danton, Fouquier-Tinviile, la petite sœur Thérèse, Sœur Marie-des-Anges, Jeanne d'Arc, etc.

IV. *Le fluide guérisseur*

Le pouvoir du médium passe aussi par celui de soigner et c'est en 1929, alors que nous habitions Asnières, que ma mère reçut ce don. Les bienfaits de ce don, elle put les prodiguer jusqu'en 1942-1945 environ.

Sa résistance physique, amoindrie en raison des privations imposées pendant la guerre, ne permettait plus à son organisme de se défendre contre le mal qu'elle retirait au patient. Et ce mal, un jour, elle l'absorba sans pouvoir s'en dégager. Ayant obéi spontanément à son élan de charité, elle alla soigner une personne qu'une amie lui recommandait. Cette malade, atteinte d'une phlébite, était dans l'impossibilité de se déplacer et demeurait très inquiète à la pensée de ne pouvoir remplir le contrat qu'elle avait signé pour un travail hors de France. Ces soins devaient être les derniers, car ma mère dut garder le lit pendant soixante jours, atteinte d'une para-phlébite. Les guides lui interdirent de continuer l'exercice de cette médiumnité. Les autres dons n'étaient nullement atteints. Si je reviens en arrière, à la période de la plénitude de ce don, c'est pour faire comprendre de quelle façon s'opéraient les soins, avec l'aide du guide guérisseur Ruy Gomez [4].

Voici donc un des premiers messages reçu lors d'une réunion, où nous parlions des séances précédentes :

« Mon amie, oui, tu as bien compris et tu peux céder à notre impulsion. Nous avons voulu dire que tu ne dois jamais provoquer l'audition entre les séances et qu'il est suffisant pour la mission que nous te confions, de te rendre à nos réunions de quinzaine. Cependant, lorsque nous le pourrons, sans te fatiguer, et pour le bien de tous comme ce moyen est de beaucoup le plus rapide et ne demande pas

4. La faculté de pouvoir soulager et même parfois guérir, ma mère la devait à la possibilité d'être en relation psychiquement directe avec le grand guérisseur Don Ruy Gomez (sa dernière incarnation en Espagne) dont la fonction était de projeter par la canal de ma mère, les fluides ou ondes spécifiques appropriés à la rénovation des cellules du corps physique et du corps éthérique.

de dispositions particulières nous pourrons l'employer, quelquefois, dans des moments de tranquillité.

« Ce soir, pour les soins que tu donneras à ton malade, Ruy Gomez sera près de toi. Tu feras ton possible pour être encore plus complètement passive, qu'aux moments des précédents soins. Ne t'occupe en aucune façon des mouvements que nous imprimons à tes mains, même s'ils te semblent singuliers.

« Élève, seulement encore plus, ta pensée vers nous, au moment des soins, et cela en communion intime avec le malade, ce qui nous est très favorable et se trouve extrêmement facilité du fait de l'organisation médiumnique du jeune homme, et encore plus par sa foi sincère et sa propreté morale. C'est pour cela du reste que lui ont été permis et accordés les soins directs de l'entité qui s'y emploie; lesquels sont amplifiés par le sentiment noble entre tous : de ceux qui inspirent à cette entité son dévouement envers le malade et qui imprime au traitement son caractère de douceur et d'affection.

« Au moment des soins, appelez-nous ardemment, c'est l'élan du cœur et de l'âme qui nous attire surtout! Alors notre action se fait sentir plus intense, et nous « *rayonnons* » *en vous.*

« Notre fluide irradie et son émanation va toucher droit au but, et même si les mains du médium n'étaient pas dirigées exactement sur le siège du mal, toutes les *molécules du corps étant liées entre elles,* soyez bien persuadés que les fluides, seront attirés vers l'organe qui a besoin de les recevoir et qui les attirent par lui-même et de lui-même par une force naturelle et instinctive.

« La *substance vitale* que vous déposez ainsi fluidiquement dans l'organisme, ne restera jamais aveuglément dans l'endroit du corps, où par ignorance, ou par manque de passivité vous pourriez la déposer si elle n'est pas nécessaire à cet endroit-là. En raison des affinités, les fluides se dirigent exactement à l'endroit où ils doivent produire leur action régénératrice.

« Pour ce malade, nous irons vite et droit, le traitement d'auto-suggestion est parfait. Observe-le et qu'il n'y manque jamais de lui-même.

« Pour le soigner à distance, tu opères bien aussi, continue! Tu es assistée en ceci par un des médecins de l'espace, de ceux qui gardent le pouvoir puissant et doux de descendre souvent dans la matière où ils étudient plus intensément et de façon plus subtile des choses et des détails qui ne leur étaient pas accessibles pendant leur vie terrestre. Continue donc, mon amie et courage et persévérance à tous, nous resterons avec vous tant que par votre désir de progresser, votre amour du beau et du bien vous faciliterez notre approche. »

Le guide Henri

Pour les soins à distance, ma mère employait une manière particulière, dictée par ses guides. Intriguée, je lui en demandais l'explication. Celle-ci, tout naturellement, me répondit : « Avant de commencer les soins, il faut que je me rende chez mon malade afin de connaître son lieu d'habitation. »

« Mais, maman, lui dis je, puisqu'il peut venir à la maison, c'est inutile que tu te déranges pour le soigner! »

D'un ton affirmatif ma mère me répondit : « Je ne fais qu'obéir à l'impulsion de mes guides, c'est du reste un travail où je reste consciente, qui m'amuse et m'étonne à la fois, par ces résultats bienfaisants. Voilà comment je dois opérer. A une heure convenue de la nuit, mon jeune malade et moi-même faisons le même exercice spirituel, lequel consiste à faire le vide dans notre esprit, de repousser toute préoccupation matérielle et d'élever mutuellement nos pensées vers nos amis invisibles. Assise dans mon fauteuil, mentalement je sors de ma chambre, me dirige vers la porte de l'appartement, je continue mon chemin en suivant toujours par la pensée le trajet qui me mène à la chambre du jeune homme. Je trouve celui-ci calme et détendu. Par mon corps fluidique, je perçois la présence de mon guide guérisseur Ruy Gomez. C'est alors que de mes mains « fluidiques » je transmets les ondes bienfaisantes que je reçois atteignant ainsi plus facilement le malade endormi. J'ai l'impression que cela s'opère très vite et dans un temps très court. Insensiblement ce bien-être que je ressens me quitte et bientôt, toujours par la pensée, je dois faire en sens inverse le chemin parcouru. Je ne suis pas fatiguée, très consciente et sereine, je gagne mon lit et m'endors bientôt. »

Seul le calme et le silence favorisaient le travail de ma mère. Ces mêmes conditions sont nécessaires pour le chercheur qui, dans son laboratoire, se concentre ou pour l'artiste qui crée une œuvre d'art. Il est donc évident qu'une publicité intempestive amenant des journalistes ou des curieux en mal de sensations étranges n'auraient fait que perturber ma mère, annihilant ainsi toute possibilité de contact psychique.

V. *Le rêve*

Nos instructions n'étaient pas toujours d'ordre spirituel, mais parfois d'ordre pratique. Un matin ma mère nous conta le rêve qu'elle avait fait dans la nuit.

Elle se trouvait dans une pièce vide, délabrée et presque au ras de terre; elle voyait de petits nuages où les gris foncés et les gris légèrement plus clairs se mélangeaient dans une teinte assez floue. Ils s'agitaient, comme balancés par une brise légère. Habituée à voir des couleurs lumineuses, ce fond gris la mettait mal à l'aise, cependant elle n'était pas effrayée. Confusément, elle sentait que ce qu'elle voyait possédait une vie éphémère qui n'avait pas de forme définie. Elle aperçut alors, dans un coin de la pièce, une sorte de paillasse qu'elle n'avait pas remarquée. De cette paillasse émergea une silhouette, celle-ci se précisa et dans le regard de cet homme il lui fut permis de sentir une reconnaissance infinie.

La présence fluidique de ma mère l'avait aidé à sortir du trouble dans lequel il était après sa désincarnation. Nous cherchions une explication, lorsque ma mère reçut ce message :

> « Si ton organisme médiumnique n'était nettement réfractaire aux incursions dans le domaine scientifique, nous pourrions te donner l'explication métaphysique de ton rêve ou de ce que tu as pris pour un rêve et qui n'est qu'un avertissement que nous essayons de rendre utile pour chacun de vous en quelque temps que ce soit, en quelque lieu où vous soyez appelés les uns ou les autres, à réorganiser vos existences. N'abordez jamais un local étranger susceptible d'avoir été plus ou moins sainement habité au moral comme au physique sans vous prémunir ainsi contre tout danger de contagion. Sous vos meubles, principalement ceux qui vous

58

reçoivent pour le repos, mettez l'humble charbon brûlé (charbon de bois) léger et allégé, absorbant tous les mauvais fluides. Par un médium moins crispé qu'aujourd'hui, nous essaierons peut-être un jour de vous donner les explications utiles, mais suivez le conseil d'un ami et votre protection sera facilitée ainsi.

« Les petits ouvriers infimes, les protecteurs feront leur utile et dévouée besogne. Propagez cet enseignement, devenant ainsi ouvrier du bien et protecteur de l'ignorant.

« Soyez bénis et toujours dignes de l'être. Adieu et en Dieu. »

Lorsque j'ai acquis ma petite chaumière qui, elle aussi, était dans un état de vétusté, j'ai suivi les conseils donnés plus haut. Ma sœur en fit autant pour la sienne qu'elle acheta plus tard. J'ajoute que nous vivons toutes deux dans cette demeure qui rayonne de joie, de clarté et de paix et qui fut baptisée « Champfleuri ». Ces forces grisâtres, qu'avait aperçues ma mère, trouvent leur explication dans le communiqué suivant : Les élémentals ne sont que des embryons d'esprit.

Enfin, qu'il me soit permis de rapporter ici l'existence d'un jeune esprit qui vint se manifester par le oui-ja. Il nous donna son identité, c'était un jeune américain. Son nom était Jim. Il fut tué pendant la guerre de 1914. Il s'était éveillé plus rapidement à son nouvel état que notre Rateau, car lui avait une famille, des amis, dont les pensées affectueuses l'avaient rejoint, alors que notre Rateau, lui, sans famille n'avait pu recevoir ces jaillissements d'amour, toujours nécessaires aux décédés quittant le plan terrestre. Jim devait être gai et très taquin durant sa courte vie terrestre et l'était resté, car sa seconde manifestation fut une taquinerie à l'égard de mon père.

En 1927, les hommes portaient encore le chapeau. Celui de mon père, nouvellement acheté, était parfaitement à sa mesure et lui allait très bien. Depuis environ deux ou trois semaines, mon père avait quelques difficultés, qui augmentaient chaque jour, à mettre son chapeau, car il ne s'enfonçait plus si facilement sur sa tête.

Un beau jour, nous remarquâmes nous-mêmes que celui-ci se trouvait comme perché sur sa tête. Je lui en fis la réflexion.

« Mais oui, me dit-il, je ne sais pas ce qui se passe! Ou ma tête grossit ou mon chapeau rétrécit? » Puis le replaçant sur sa tête.

« Tu vois bien, toi la modiste, il y a peut-être quelque chose à faire! » insista-t-il en me tendant son chapeau.

Je le tournai et retournai en tous sens, sans trouver la raison de ce changement. Peut-être, le cuir intérieur par la transpiration s'était-il rétréci? Je m'apprêtais donc à retourner cette bande de cuir afin de l'étirer pour donner plus d'aisance, c'est alors qu'une pluie de petites coupures de billets de banque tomba sur la table. A cette époque, il y avait encore des billets de 2 ou 3 francs, et c'était plus d'une douzaine de ces billets qui s'étaient répandus, à notre stupéfaction. Ce fut un rire général de nous trois, car lui, notre père, restait interloqué, puis notre rire le gagna. Dans cette atmosphère de gaîté, subitement tout changea. L'expression du visage de ma mère devint celle qui précédait toujours une mani-festation. Cette transformation inopinée de notre mère ne nous troublait pas mais nous obligeait au silence.

« J'entends Jim, nous dit notre mère, c'est lui qui me parle avec son accent américain », puis détachant chaque mot, elle ajouta :

> « Jim demande pardon à ses amis; j'ai voulu amuser vous par une farce pas méchante, mais pour faire rigoler. Les grands amis ont dit : faut pas jouer avec la monnaie, c'est mauvais. Je demande encore pardon à vous. »

Après quelques instants, ma mère nous transmit l'enseignement du guide Henry.

> « Cette âme très jeune vient de comprendre l'importance de ses actes qui étaient en réalité d'affectueuses taquineries. Mais qui, dans d'autres circonstances, auraient pu faire accu-ser quelqu'un d'un acte répréhensible.

Notre père venait de récupérer une légère somme d'argent qu'il ne savait même pas avoir perdue. Dans son métier, mon père était parfois amené à faire des encaissements. Les payeurs ne ramassaient pas toujours la petite monnaie, ce qui lui permettait de se constituer une petite cagnotte personnelle qu'il utilisait le soir après son travail en jouant aux cartes avec un ami propriétaire d'un café. Jim, en taquinant, n'avait vu que le moyen de faire

faire à notre père des économies qui, une fois le pot aux roses découvert, sont tombées dans l'escarcelle de maman.

Les visites de Jim étaient toujours spectaculaires. Un soir, c'est moi qui en fus la victime heureuse. Devant aller au théâtre, comme je m'apprêtais à changer de toilette, il me fut impossible de trouver des bas de soie que j'avais rangés dans ma commode. J'eus la surprise de les trouver enroulés, avec un certain art, autour des petits bougeoirs qui étaient placés à droite et à gauche du piano, au-dessus du clavier. Sans maman, l'idée d'aller chercher mes bas sur le piano ne me serait jamais venue à l'esprit. Ce qui me fit aller dans la salle à manger, ce fut encore Jim. Il avait soufflé à l'oreille de maman.

« Que la petite demoiselle aille jouer un morceau de piano. »

Le soir au théâtre, sans pouvoir le dire à mes amis, pendant les entractes, je pensais à la fidélité de notre petit Jim pour notre famille. Pour ma sœur, ce fut tout différent. Voulant assortir à sa toilette une bague, elle ne retrouva pas celle qu'elle désirait. Maman cherchait avec elle dans la petite vitrine où l'on mettait les objets délicats. Le temps passait, ma sœur s'impatientait, car nous étions, pour nos sorties du soir, tributaires du train.

C'était encore une taquinerie de Jim, qui, voyant le temps s'écouler, à ma sœur, toujours par l'intermédiaire de ma mère.

« Que la grande demoiselle lève la tête. Qu'elle regarde le luminaire. »

Ce fut tout. Ce qu'il entendait par luminaire, c'était le lustre de l'entrée de l'appartement. L'impatience se transforma immédiatement en joie. Sur le bout de la lanterne se détachait l'anneau de la bague de ma sœur. L'affection de Jim, une fois encore, s'était manifestée.

Bientôt il fut remplacé par Rateau qui, par sa gentillesse, nous consola de l'absence de notre cher Jim. Rateau fut aidé dans l'Au-delà par son « copain » Jim, comme il l'appelait, pour accomplir son travail de commissionnaire. Jim, du fait du sacrifice accepté de sa jeune vie dans un noble but, devait nous quitter et s'instruire afin d'accéder aux plans supérieurs.

La médiumnité de ma mère, si complète déjà, se développait :

l'audition devenait plus fréquente, ainsi que certaines visions, quelquefois interrompues par l'incapacité de l'entité à poursuivre ou par le passage inattendu d'une autre entité voulant se manifester.

Un médium est semblable à un appareil qui capte et transmet des ondes, grâce à un processus invisible, inconnu de nous, d'esprit à esprit. Je puis dire que mon adorable mère ne s'est jamais posé de question. Son ardente foi en Dieu, sa grande humilité, son acceptation de sa destinée ont contribué, je crois, à l'éclosion de son ineffable don.

Continuant l'instruction des « étudiants » que nous étions, les messages étaient donnés avec des mots simples, atteignant plus facilement notre esprit par le chemin du cœur. Nous commencions à comprendre que nous venions de dépasser l'école maternelle invisible. Pour le travail d'études qui allait être entrepris, des entités plus évoluées nous seraient envoyées, sans pour cela écarter les esprits encore dans le trouble de leur désincarnation.

La sagesse et la connaissance acquises par certaines entités, au cours de leurs vies successives, leur donnent un pouvoir réel et une liberté de choix pour aider les humains. Le choix est fonction de la qualité morale du médium. Pour ces entités que nous appellerons guides, c'est une acceptation douloureuse qu'ils s'imposent, pour l'amour des humains, que de redescendre momentanément sur le plan terrestre.

Chacun de nous possède un guide (ange gardien de la religion catholique). Le rôle de celui-ci est de nous accompagner sur le chemin de la vie, invisible et présent. Son influence peut se traduire par un pressentiment que notre libre arbitre néglige inconsciemment parfois. Si, sur la terre, il y a une hiérarchie parmi les humains, il en est de même sur les plans supérieurs de l'Au-delà.

CHAPITRE 2

L'enseignement des guides

C'est grâce à des preuves d'abord que nous avons compris que la mort n'existait pas. Nous ne recevions pas d'enseignements, nous ne les aurions pas compris. A cette époque-là, nous ne savions pas encore que les humains pouvaient être guidés par des êtres invisibles. Bien sûr, la religion catholique nous avait appris que des anges et des archanges du Paradis pouvaient nous protéger. On les imaginait plutôt dans les tableaux mais non agissants. Nous allions avoir tout à réapprendre.

Alors sans nous effrayer, patiemment, nos guides nous ont tout enseigné : la réincarnation, la possibilité de réparer dans une vie future les erreurs commises, quelquefois graves, dans la précédente, ou bien de bénéficier, toujours pour une vie future, d'un avancement sur l'échelle de l'évolution.

Le grand enseignement nous fait découvrir que l'homme est éternel et que nous sommes tous solidaires les uns des autres. Que la grande force créatrice que nous appelons Dieu est tout amour et que notre marche en avant nous fera le retrouver un jour. Ces enseignements nous apprenaient à mieux penser, à nous maîtriser, à devenir de plus en plus indulgents et surtout à aimer notre prochain.

Instruction 1. *La nature*

Si nous devions prendre en considération les avis parfois inquiétants que nous recevions concernant l'avenir, d'autres communiqués cependant nous incitaient à aimer les beaux côtés de la vie, ainsi qu'à comprendre les responsabilités que cette vie impliquait. Exaltant la nature, ces messages allégeaient notre état d'âme et nous permettaient d'être réceptifs à ce qui nous entourait.

Le communiqué suivant, donné par l'écriture automatique, se compose de quatre volets. Chacun d'eux est d'une écriture différente et chaque instruction est donnée par un guide également différent.

« Pour des circonstances créées par vos obligations terrestres nos jours de réunion ont été, depuis quelques fois dernières, un peu désaxés et les forces accumulées par nous s'en trouveront un peu amoindries en tant que forces actives s'entend, ce qui ne présente pas la même déperdition qu'un affaiblissement des forces spirituelles. La somme de bienfaits, de courage, de foi et d'amour que nous voulions vous apporter reste intacte, nous la répandons sur vous tous.

« Ouvrez vos cœurs, élargissez vos âmes chers enfants, et pendant cette année que vous avez abordée, avec l'angoisse de ce que peuvent vous apporter les jours inconnus qu'elle contient, que notre amour fraternel vous soutienne et que, la certitude que l'âme est éternelle s'établisse solidement en vous-même. Rayonnez la foi et l'amour pour toutes les créatures. Obligez-vous à chérir ceux que vous n'aimez pas et que vous croyez vos ennemis. Aimez tout ce qui est créé, les fleurs, pure émanation de la puissance divine, consentant, pour charmer vos regards à les semer fraîches odorantes et diverses par les champs et les bois. Aimez les arbres qui vous pénétreront de leurs forces physiques si vous savez ouvrir cette porte intérieure pour recevoir le bienfait que recèlent leurs troncs. Ayez des pensées affectueuses pour les plantes amies de l'homme incarné, même pour celles qui sont accusées d'être nuisibles et calomniées parce que vous ne savez pas comprendre et en user avec mesure.

« Si vous prenez du café ou du thé trop fort et sans retenue, bien sûr, vous pourrez avoir à vous le reprocher un jour, mais si vous savez rester sobre les bienfaits contenus et exaltés par une infusion parfaite seront susceptibles de faciliter, d'une façon toute particulière, vos facultés de travail et de stimuler votre intelligence, ces deux « plantes d'esprit » sont les seules couramment utilisées dans vos pays occidentaux.

« Aimez le vent, l'air pur, le feu qui sont les aides puissants de nos possibles manifestations. Le soleil, que l'homme affirme néant et qui contient la vie.

« Aimez les monts, soupirs puissants, spasmes monstrueux de l'écorce terrestre pour s'élever vers Dieu et entraîner l'homme à regarder le ciel, à chérir la blancheur des neiges, à s'humilier devant l'œuvre de son créateur. Ouvrez votre moi intérieur, votre personnalité supérieure à la compréhension de tout ce qui vous entoure. Aimez l'eau, cette force admirable et terrible, bienfaisante et destructrice chargée de l'anéantissement, de la transformation dernière de votre planète en vue d'une naissance meilleure.

« L'eau triomphant du feu, contrairement à certaines convictions légèrement établies car c'est par l'eau, que votre terre disparaîtra pour renaître et servir d'habitacle à des êtres nouveaux, non assujettis aux obligations terrestres qui sont les vôtres, et dans une atmosphère incomparable, bruissante de mélodies légères, caressée de brises parfumées avec, pour flambeaux, deux soleils se poursuivant dans leur course elliptique et sur cette planète bienheureuse, déjà presque libérée, vous vivrez une vie nouvelle avec joie et émerveillement.

« Apprenez à vos enfants à regarder et comprendre, faites-leur aimer de la nature toute la beauté éparse. Formez-les à l'admiration, au respect pour l'intelligence, la bonté de la force qui régit le monde. Quoi de plus attachant que de façonner avec amour, l'esprit, le cœur et l'âme d'un enfant ?

« Ayez les paroles qu'il faut avoir, racontez-leur la nature comme un beau conte, plongez vos yeux dans leur clair regard vous y lirez une admiration, un amour éperdu pour le papa qui sait et dit de si belles choses et les petits bras se noueront à votre cou, les lèvres fraîches se tendront vers votre joue, alors que votre cœur fondra de tendresse!

« Comme la douce enfance m'a consolé, moi qui vous parle, et combien je lui dois à elle, qui m'a sauvé, exaltant en moi, par l'amour d'un doux être, cette fibre paternelle si puissante lorsqu'elle nous vainc dans notre égoïsme et qu'elle allume en nous le feu de l'esprit (l'éveil de la Koundalini) [1].

« Les quatre que nous sommes, vous disons, chers enfants, nos frères, que de toutes nos forces, nous voulons vous voir progresser et aborder, avec confiance, la porte étroite qui mène vers la lumière, notre amour vous y aidera.

« Au revoir, à bientôt, à toujours. »

Instruction 2. Le corps

Attendant le réveil de ma mère, celui-ci se faisant toujours en douceur, silencieux, nous restions attentifs. Habituée maintenant à la diversité des manifestations je mettais à la portée de chacun, blocs et crayons, afin de prendre au mieux tout ce qui pouvait nous être communiqué (il n'y avait pas encore de magnétophone). Lorsque le travail médiumnique était terminé, nous relisions ensemble ce qui avait été pris au vol pendant l'enseignement, mettant ainsi de l'ordre dans ce qui avait pu échapper aux uns et aux autres. Tout à fait éveillés, les beaux yeux bleus de ma mère nous regardaient interrogateurs...

Lorsque l'un de nous lut à haute voix le passage où le guide Henri faisait un reproche à son « instrument », ma mère, comme un enfant pris en défaut, baissa la tête et de sa main droite cacha le bas de son visage pour dissimuler un petit sourire malicieux. Devant cette mimique, un éclat de rire nous gagna tous (péché avoué est à moitié pardonné).

Nous devenions impatients de nous instruire, et nos questions abordaient des sujets plus profonds. A la question posée « sur la connaissance de l'être humain et son devenir », le guide Léonard répondit :

---

1. La signification ésotérique, ou « Japa » (discipline orientale), se fonde sur la science par laquelle l'aspirant apprend le secret de tirer de sa torpeur, la Koundalini, c'est-à-dire l'énergie cosmique, la force-mère qui réside virtuellement en tout organisme vivant.

« Toutes les pensées et les émotions font se précipiter le mouvement vibratoire de chacune des cellules composant votre corps, exerçant puissamment sur elles, leur influence bonne ou néfaste.

« Des pensées riantes et gaies construisent immédiatement, dans votre masse matérielle, votre corps de chair, de nouvelles cellules vivantes, jeunes, vibrantes, joyeuses. Par contre, le découragement, le souci, la crainte, la discorde, édifient non moins vite les cellules correspondantes à ce dernier état d'esprit et vous livrent pieds et poings liés à l'action dissolvante que vous venez de leur imprimer, s'il vous était possible de voir alors, le monde, invisible pour vos yeux, de vos cellules agissantes, vous seriez surpris de les voir se rétracter, se réfuter, se défendre contre l'envoi mortel que vous leur faites, du poison mental, comme si elles avaient conscience, qu'ainsi, vous les égarez et faussez leur destination première qui est de travailler, de servir au bon fonctionnement, à l'équilibre, à l'harmonie parfaite de votre organisation.

« Et c'est payer d'ingratitude, ces ouvriers dociles, pleins d'une bonne volonté, naturellement attirés vers le bien et le mieux, que de les forcer à une besogne dévastatrice, que leur intelligence réprouve obscurément car, ne le niez pas, une somme véritable d'intelligence leur est dispensée, non seulement aux cellules cérébrales mais à toutes les cellules qui composent votre corps, et c'est bien pour cela qu'elles sont si accessibles à la force de projection de la pensée et répondent si promptement lorsqu'une partie malade est traitée, surtout mentalement, car l'esprit, la pensée, la volonté guérissent et restaurent le corps, parce qu'ils sont créateurs originels des cellules et renforcent leurs bataillons, les nourrissant sainement, activant leur ascension vers le but rationnel d'équilibre et de guérison.

« A rebours de ces résultats bienfaisants (et nous ne nous appliquons à nous répéter que dans un but de rénovation), toutes les fois que, dans votre esprit se glisse quelque trouble, jetant l'incertitude et l'incompréhension, dans l'agglomération serrée des cellules vivantes et agissantes, il y a alors défaut de nutrition dans vos tissus, perturbation certaine dans l'équilibre de vos fonctions, lequel devient impossible par suite de l'affolement, de la discorde intérieure qui le bouleverse.

« Les organes digestifs, par exemple le foie, l'estomac, sont tellement solidaires de l'harmonie générale que, lorsque se glisse en vous le moindre trouble mental, ils ne peuvent plus fonctionner aisément. L'élimination des sucs digestifs s'altère, l'appétit disparaît progressivement et même parfois brutalement et cet état déplorable peut bientôt s'affirmer chronique par la production constante du même pernicieux poison mental, car le suc gastrique sécrété dans de défavorables conditions est d'une qualité très amoindrie et n'est plus alors que bien imparfait. Ces proportions chimiques cessant d'être normalement équilibrées peuvent se muer en un *poison réel* pour vos organes.

« En vous installant à la table de famille, à celle, solitaire ou indifférente de l'isolé, déposez donc délibérément ainsi que l'on fait d'un manteau de ville, tout le poids des différents soucis ou inquiétudes. Mangez allègrement. Prenez l'habitude d'être toujours joyeux à table et cette discipline exercera bientôt une puissante et salutaire influence sur votre santé, sur votre sommeil et l'état général de votre personne.

« Si, après une contrariété violente, une nouvelle désastreuse dans le sens affectif ou celui des affaires, il vous était possible d'examiner votre estomac, vous y verriez que les follicules digestifs se sont recroquevillés, qu'ils sont devenus fiévreux, desséchés par la suspension de l'écoulement des sucs gastriques dépossédés de leur habituelle puissance, car l'appareil digestif est en si étroite relation avec le cerveau, que l'ébranlement de ce dernier s'y répercute immédiatement. »

J'interromps momentanément ce communiqué pour souligner certains faits. Combien de fois n'ai-je pas remarqué les regrettables conséquences de ces conseils négligés! Et, en revanche, j'eus la joie de constater leur efficacité quand ils étaient observés. En voici un exemple.

Une de mes clientes, revenant dans mon atelier prendre livraison de sa commande, me dit en riant : « Savez-vous que vous avez fait un petit miracle? » Je la regardais sans comprendre. Elle me rappela la discussion qui s'était engagée, précisément, au sujet de cette communication que j'avais lue à haute voix la veille à ce couple qui connaissait déjà mon livre. Ils étaient accompagnés de leur petite fille. « Je dois vous avouer » — me dit-elle — « que mon mari assume un travail éprouvant, ce qui le rend nerveux, impatient, irritable pour peu de chose souvent.

« Hier soir nous étions à table et j'avais oublié d'apporter du pain frais. Sa remarque ne fut guère aimable, me reprochant mon étourderie. Déjà l'atmosphère s'alourdissait, lorsque à ma grande surprise ma petite fille s'adressa à son père, lui disant : " Oh! non Papa, il faut être gai à table, joyeux, autrement tu seras malade! "

« Mon mari et moi-même fûmes interloqués. C'était drôle cette réflexion dite par une petite fille (sept ans environ) sur un ton si réfléchi. Nous éclatâmes tous deux, d'un rire franc, qui se fit réparateur pour toute la soirée. »

Je revois toujours avec plaisir ces aimables clients. Je pense qu'une petite graine bénéfique était semée dans le cœur de la petite fille.

Voici un autre exemple que j'aime à signaler : une de mes clientes, à qui j'avais confié ce communiqué, vint me le remettre, à la fin de son séjour à Belle-Isle. « Étant préparatrice en pharmacie, me dit-elle, cela me permet de mieux juger des termes employés. Je vous avoue que j'ai été très intéressée par ce messsage. Les explications contenues sont très justes et la description de l'analyse des réactions chimiques sur les cellules s'avère exacte. Le plus étonnant est que ce message vous ait été donné en 1932 ».

Après cette diversion, je reprends la suite de l'enseignement.

« La dyspepsie, reconnue enfin comme une maladie nerveuse, la mauvaise circulation du sang, les attaques bilieuses, les maux de tête violents, les rhumatismes et tant d'autres affections ne sont réellement dus qu'au peu de maîtrise que vous savez exercer sur votre mental, quand, nous le répétons, vous le laissez envahir par l'anxiété, le découragement, les idées noires, toutes les forces malignes destructives d'harmonie produisent de tels ravages dans les fragiles cellules vitales du système nerveux, qu'il faut, parfois, bien des mois pour réparer leur action néfaste, quand par bonheur, cette action même n'est pas devenue irréparable.

« Quand donc vous aurez pleinement compris que toutes les formes de passions, que toutes les excitations animales sont débilitantes, démoralisantes et causent ces terribles ravages dans le domaine mental, que leur force mauvaise se manifeste dans votre corps par des souffrances et des difformités invisibles ou apparentes, vous vous appliquerez à les éviter, comme vous éviteriez le feu, l'inondation ou la peste.

« Votre état physique est la reproduction de votre état mental, car c'est votre pensée manifestée, pour ainsi dire matérialisée qui bâtit votre état de santé et redites-vous, *toujours plus intimement,* que de tout temps, l'homme a possédé, emmagasiné dans les profondeurs de son être intime, la panacée souveraine : l'harmonie qui neutralise toutes les discordes, le puissant guérisseur qui peut vous affirmer que votre vie ne dépend que d'une volonté ferme et persévérante, de la force bienfaisante répandue dans toute la création comme dans chaque créature.

« Et pour appuyer l'effort mental nécessaire et l'utilisation du dynamisme intérieur, bientôt l'homme comprendra qu'il doit le plus possible délaisser l'emploi des médicaments, drogues et remèdes anciens et se soigner par les moyens naturels mis à sa portée par la nature prévoyante, l'emploi des simples, la respiration prolongée et large, la détente complète et souvent répétée de ses muscles et de ses nerfs, par des *massages énergiques* et bienfaisants, par des marches allègres et joyeuses, par cette conviction, cette affirmation qu'un courant merveilleux de vigueur et de vie, de foi en lui-même, d'amour puissant et producteur traverse tout son organisme, le soulève et l'entraîne vers la puissance qui l'a créé et qui panse toutes les blessures.

« Il ira alors, *de lui-même* et *sans doute* et *sans crainte* vers les réservoirs de fluides, devenus de plus en plus nombreux et que la science dans quelques années ne repoussera plus.

« Et quand l'homme aura ainsi compris l'amour, loi normale de son être intime, quand il saura garder son imagination pure, quand il aura compris de même l'infinie jouissance d'un idéal élevé, quand il saura systématiser et purifier toutes ses actions, alors la civilisation évoluera par bonds gigantesques, comme dans une impatience joyeuse d'atteindre le but final pour recommencer à vivre encore mieux par-delà les existences futures et toujours plus désirées, par son ardente compréhension. »

Signé : Léonard (guide instructeur)

Je reprends la phrase citée plus haut : « Il ira alors de lui-même et sans doute et sans crainte, vers les réservoirs de fluides devenus de plus en plus nombreux, que la science dans quelques années ne repoussera plus. »

Je ne peux m'empêcher de mettre en parallèle le récit contenu dans le très beau livre de Janine Fontaine, relatant le voyage qu'elle entreprit, « sans doute et sans crainte », à l'ashram philippin (îles philippines) [2]. Le récit qu'elle fait de ses expériences vécues est tout à fait en concordance avec les enseignements que nos guides nous prodiguaient cinquante ans auparavant et la phrase reçue en médiumnité prend tout son sens en 1980 : « La science viendra au secours des pionniers que vous avez été. »

Le communiqué suivant apporte un éclairage complémentaire au précédent :

« Chacun de vous est une nécessité projetée dans le monde par le divin. Se révoquer soi-même serait douter du divin qui vous créa et c'est là, la lutte de l'homme. Il ne sait pas précisément établir une fois pour toutes, le pouvoir qu'il détient de la création, dont il représente une parcelle d'une façon absolument complète, puisqu'il retient en lui, tout ce qui l'a constitué, spirituellement et matériellement, et il doit accueillir en lui et cultiver ces principes de vie spirituelle et matérielle.

« Il ne doit pas proscrire d'un physique équilibré, ce qui est nécessaire à ce physique. Il doit l'entretenir, le soigner, l'ennoblir en faisant jouer en lui des pensées nobles et sereines. Il le fera par les soins donnés également et surtout à son esprit, mais cet esprit, retenez-le bien, chers amis, n'est pas séparable du corps.

« Ce corps, il faut l'aimer, mais non le gâter, l'aimer comme un instrument nécessaire, et l'éduquer pour les services qu'on en attend, car tous, vous avez servi, vous servez ou vous servirez à des postes différents. Conscients de vos soins, ou inconscients aussi de votre utilité, c'est à cette

---

2. Dr Janine Fontaine, *la Médecine des trois corps*, 1945.

conscience de servir que nous vous appelons. Dites-vous bien que vous avez reçu des possibilités à vos mesures. Ces possibilités que nous poursuivons au-delà de la vie matérielle et par lesquelles nous sommes ici, vous parlant avec la connaissance des difficultés humaines et de ses aspirations.

« Il vous appartient de faire de ces aspirations, d'éblouissantes certitudes quant à la survie et aux vastes horizons qu'elle découvre pour une œuvre sans limite et à laquelle le temps n'assigne pas de durée.

« Pour cette œuvre, confusément vous vous cherchiez, pour vous grouper et cette fusion des cœurs et des esprits qui s'étend au-delà de vos réunions, par le transport de vos paroles et le rayonnement de vos idées, vous fait participer toujours au prix de pensées pures et désintéressées, à la vaste organisation qui se transforme en cet âge-ci, pour réaliser, dans des temps nouveaux, le progrès véritable.

« Ne doutez pas que ce progrès vienne. Il est là pour la simple raison que, de plus en plus, l'esprit rayonne au-dessus des tombeaux pour affirmer son éternité et en convaincre les hommes. Divers moyens sont mis en action suivant les circonstances et les individus. Les recherches biologiques, la recherche de la quintessence de la matière, le fractionnement infinitésimal de l'énergie feront découvrir aux plus orgueilleux savants, que plus loin que leurs travaux, la Vie, toujours la vie les distance et leur pose narquoisement de nouveaux problèmes. Il est bien qu'il en soit ainsi, car, d'erreurs en démonstrations, de crédo scientifique en négation, de vieilles formules, l'homme aborde un continent nouveau, avec des facultés assouplies, développées, qui lui prépareront de nouveaux sens, une manière de percevoir fort proche de la vision des lois extraphysiques qui détermineront les formes de la vie.

« L'effort de l'homme dans ce sens est un réel progrès, mais il serait vain, si nous ne l'aidions pas, glissant dans les cerveaux qui cherchent, et en soulevant un coin du voile aux esprits curieux : le mystère de la Vie. Ces soins, en somme, nous les donnons surtout aux hommes qui ont fait le plus obstacle à la marche de l'esprit. Cela était nécessaire, car sans leur doute, sans leur pusillanimité scientifique, l'imagination aurait dépassé l'étape que notre ère assigne au progrès.

« En ce moment, il se poursuit dans des laboratoires où vont être mises à jour des découvertes précieuses pour la santé humaine. Il en est deux qui vont réjouir les hommes. Elles seront au point avant très peu d'années, mais c'est au prix de la douleur aussi que l'évolution se fait. Je fais allusion ici aux contraintes et difficultés de votre vie actuelle.

« Rien ne se crée sans souffrance, et la chose créée peut être bonne ou belle lorsque l'on peut oublier ce qu'elle a coûté. Je sais qu'il faut une abstraction de soi, assez grande, pour projeter sa vue, pour projeter son regard, au-delà d'une durée humaine, mais vous comprenez maintenant que vous pouvez préparer une meilleure vie à ceux qui viennent, un plus beau monde, et de ce sentiment vous pouvez faire une joie et une force dans votre vie présente, que vous accepterez avec bonheur, avec confiance dans la sage élaboration du monde. Eh bien! mes chers amis, vivez dans ce monde, avec la certitude d'y vivre utilement pour vous-mêmes et pour autrui.

« Au revoir mes chers amis. Que Dieu vous garde. »

Signé : Félix

Instruction 3. La souffrance

Je place ici ce communiqué dans l'espoir de faire comprendre à ceux qui, comme moi, ont été dupés, et leurs bonnes intentions bafouées, les raisons de leurs épreuves. Ces épreuves, j'ai dû les assumer lors de la rupture de mon premier mariage.

« Les fautes tissées de vos propres mains doivent être par vous lavées, parfois par des larmes de sang, par des peines amères, sur la route vers laquelle nous serions heureux de guider vos pas. Ne vous engagez pas en trébuchant déjà, et nous ne pouvons pas vous conseiller jamais, de rendre tels services dont *inévitablement* d'autres seraient *lésés*.

« Les conséquences pourraient devenir un jour graves, pour l'une ou l'autre des parties, sinon pour toutes les deux. Nous vous voyons parfois, malgré la loyauté de vos intentions, profondément embarrassés et vos appels angoissés nous attristent.

« Nous vous aidons, nous vous aimons, nous ne vous trompons pas. Nous souffrons toujours en nos cœurs de voir vos peines et vos errements. Travaillez à les amoindrir, sinon à les éviter. Aidez-vous les uns et les autres, mais pas de compromissions.

« Jamais de trop graves défaillances consenties, vous nous désarmeriez, chers amis, et nos progrès à tous en seraient ralentis. Courage et Foi, soyez vaillants et forts *d'autant plus que vous serez frappés,* puisque rien ne vous atteint qui ne soit *justifié et mérité.*

« Ce que vous avez bâti, si la base vous en paraît branlante, jetez-le en bas, et recommencez sur des fondements éprouvés. »

Le guide Henri

Nous comprenons maintenant, avec ce que nous savons, que l'être dans son sommeil, naturel ou provoqué, découvre, dégagé de son corps matériel, la transparence de sa personnalité.

La souffrance, morale ou physique, peut provoquer des états de conscience divers. Ces états de conscience peuvent être éveillés différemment chez chacun. Il en résultera pour les uns un apport bénéfique les préparant à une évolution morale plus rapide tandis que, pour d'autres, une réaction amère, voire agressive, détruira la révélation entrevue. Pour certains en revanche, elle peut déclencher les débuts d'une médiumnité.

Message donné par l'écriture automatique :

« Un choc douloureux, une souffrance physique cruelle, ou même une grande joie, nous entraînent parfois dans les profondeurs de notre moi intime, cet ami, si peu connu de vous.

« Alors une clarté soudaine vous inonde et vous y découvrez, avec un étonnement heureux des sentiments altruistes, une armure intérieure, des éléments invincibles de foi. Tout cela que vous y avez déposé vous-même dans l'enthousiasme et le désir de bien faire, pendant la durée de vos successifs passages sur les différents plans des vies libérées que vous y avez connus...

« Instruits donc désormais et forts de cette richesse intérieure, sachez la défendre afin que rien ne parvienne à l'amoindrir car, suivant les actes de vos vies terrestres, elle pourra osciller entre le mieux et le moins bien, mais ne pourra s'éteindre, puisqu'elle est d'essence divine. Mais cette âme, que vous savez désormais investie d'une dignité que vous ne cherchiez pas à connaître, a pour habitacle momentané, votre corps. Vous devez donc à votre âme, d'embellir aussi, et toujours plus ce corps qu'elle anime. Le protéger contre l'enlaidissement, l'amoindrissement qu'entraîne la maladie, faites donc en sorte que lui aussi progresse dans la joie. Sainement et harmonieusement entraînez-le, dès que vous le pouvez, à vivre et s'ébattre en liberté dans l'air pur que Dieu dispense, à respirer largement; nourrissez-le plus rationnellement, en toute saison; la nature, cette mère généreuse, vous en offre les moyens, avec ses légumes variés, ses fruits savoureux, le jus rutilant, réconfortant de la treille, don du créateur que l'homme absorbe sans respect et trop souvent sans retenue, qu'il déshonore par l'ivresse, alors qu'absorbé avec mesure et reconnaissance, régénère et l'esprit et le corps.

« Vous allez penser! ce guide a dû être un bon vivant et apprécier à leur juste valeur les biens de la terre. Eh! bien oui chers amis, mais du moins n'en ai-je pas abusé. Si je les ai aimés, appréciés comme il se doit, et puis, je ne suis pas un guide, mais seulement un être fraternel qui poursuit son évolution en participant de toute sa bonne volonté à la vôtre. Le vin n'est-il pas, du reste, sanctifié par Jésus lui-même, quand il dit : " Buvez-le en mémoire de moi, dans le calice, il est mon sang qui va couler pour vous, et ce pain qui l'accompagne est ma chair, qui, bientôt va souffrir pour vous sauver. "

« Il vous faut donc, je vous le dis après tant d'autres, soigner votre corps, mais avec juste mesure, s'entend. Offrez-lui de la joie, autant qu'il sera en votre pouvoir; soyez gais, riez, chantez, assouplissez vos membres par des mouvements harmonieux, des danses légères gracieuses et chastes; *établissez* le rythme dans votre vie. Que les jeunes hommes et les jeunes femmes s'exercent aux longues foulées qui modèlent les beaux muscles, qu'ils s'ébattent librement dans l'air et dans l'eau, qu'ils lancent la balle dans un large et généreux mouvement, tel le discobole, ce lanceur de disques, dont je me souviens d'avoir admiré longuement l'attitude, la pureté des lignes au cours d'un voyage de quelques semaines que je fis à Rome, dans ma jeunesse. La grâce dans l'attitude de l'effort même, celle de la jambe gauche et du pied, mollement, mais avec sûreté replié sur le sol, m'avait semblé admirable!

« Et ce souvenir m'a aidé, même bien des fois dans maintes circonstances de ma vie, où la maîtrise et la rectitude des mouvements étaient nécessaires. Avec ma passion de chercher, de grimper à l'assaut des vieilles pierres ou de fouiller dans des infractuosités ténébreuses, le souvenir tenace de ce beau corps, sûrement arc-bouté, m'indiquait de quelle façon la plus sûre, m'y prendre pour pouvoir sauter une faille sans danger, ou refouler un bloc branlant, par un effort en avant, précédant de justesse celui qu'il fallait presque en même temps imprimer à tout le corps en arrière, afin de ne pas se laisser écraser.

« A certains de ces moments-là, ma pensée reconnaissante allait vers le bel athlète inconnu, dont l'influence fraternelle par-delà les espaces stellaires savait maîtriser la fougue de mes vingt-cinq ans. Vous allez donc bien retenir, mes chers enfants, que votre corps étant un don de Dieu, il vous faut le respecter et l'entretenir en santé, afin que, même dans un âge avancé, si la vieillesse vous est imposée, votre âme s'y sente à l'aise et que votre esprit, votre intelligence demeurent toujours clairs et compréhensifs comme aux meilleurs jours des années ensoleillées parce que vous aurez su en même temps que pour votre corps, les soigner et leur donner des aliments spirituels qui leur étaient nécessaires. Parce que vous aurez aimé les arts, la musique, la poésie, les beaux spectacles de la nature, vous puiserez avec bonheur dans vos souvenirs sans arriver jamais à en épuiser la saveur et vous penserez en vous-mêmes : si la vie a parfois été rude par nos mutuelles erreurs, si des jours alourdis de menaces restent encore possibles, du moins possédons-nous ce qui ne peut être enlevé : les efforts accomplis, les espoirs affirmés, la Foi, vers laquelle l'humanité tend chaque jour un peu plus, aspirant enfin à cette lumière qui n'a pas d'ombre et qui seule la pourra régénérer.

« Au revoir, à toujours. »

Signé : Déodat

Ce qui nous est cher sur notre terre, et que nous perdons soit par accident soit par vieillissement, nous fait souffrir physiquement et surtout moralement. Le dernier soir venu, bien que dégagés de notre enveloppe matérielle, notre âme en garde quelquefois la nostalgie. En voici un exemple. Ma mère se met à chanter, d'abord assez péniblement le récit du Graal de *Lohengrin* et la première partie du duo du troisième acte. Nous venions de comprendre que ce message se faisait maintenant par incorporation. La voix de ma mère s'était transformée et les sons, bien qu'harmonieux, restaient sans puissance, puis le chant cessa. Les paroles suivantes furent prononcées par ma mère en état second : « Je ne pourrai plus jamais, mieux vaut la mort! Où es-tu ma voix? Finie? » (Puis le chant recommence.) « Mais quelles sont ces notes? » Le guide à son tour vient la rassurer :

« Demeure, pauvre âme, la chose à laquelle tu attaches tant de prix, abandonne-le. Crois-moi. Vois, tu as souffert alors que tu étais dans la chair. Maintenant, comprends bien que tu es libérée, cet organe que tu regrettes, tu vas le reconquérir, dédoublé, pour les découvertes vers lesquelles je vais t'entraîner.

« Ne regrette rien, tout va s'alléger autour de toi! Mets tes mains dans les miennes. Tu vas sentir et comprendre toute cette nouvelle vie. Pauvre âme, réveille-toi et écoute. Je vais t'entraîner dans des accents que tu ne peux concevoir : chant, inspiration bienheureuse, musique langage spirituel, trait d'union entre le ciel et la terre. Tu vas les reconquérir... chante... écoute la *musique des mondes!* »

Cet esprit sur la terre avait été un grand ténor, et la perte brutale de sa voix l'avait meurtri au plus profond de lui-même. La mort n'avait pas guéri sa blessure. Toujours attiré par la terre, sa venue parmi nous avait permis au guide Henri d'aider cette âme à se dégager définitivement de ses souffrances.

Mais outre la souffrance des individus, nos guides, nous mirent en garde contre la souffrance collective que serait l'épreuve de la guerre.

« Qui dit épreuve, chers enfants, signifie le plus souvent un événement que vos errements ont attiré sur vous, comme pour les meilleurs parmi vous, le moyen accepté par l'esprit libéré de monter plus vite et de mériter mieux dans le cours d'une vie nouvelle d'un chaînon ajouté à un autre chaînon.

« Vous ne devez donc pas vous révolter contre une épreuve, mais lui faire face, toujours avec courage. Nous vous l'avons souvent déjà dit. Lorsque, par un pressentiment vous êtes parfois obscurément avertis d'un danger, c'est que l'épreuve était pour une autre âme à laquelle elle était nécessaire, mais qui aurait pu, par ricochet voire imprudence vous frapper injustement, ce que la Providence ne permet jamais.

« Bientôt de grands bouleversements, d'effroyables épreuves, seront susceptibles de vous déraciner tous si rien, dans l'ordre de votre terre, ne s'améliore.

« Nous ne pouvons vous faire la promesse que, quoi qu'il arrive, vous serez tous, du fait du cataclysme possible, préservés dans vos personnes et vos biens. D'autres épreuves bien sûr sont réservées pour certains parmi vous. Plusieurs vous quitteront, qui déjà sont appelés, puis des épreuves matérielles mais réparables vous attendent. Le fer et le feu, l'ébranlement de situations organisées par le travail, les santés ébranlées pourront être votre lot d'épreuves, les pierres de touche de votre courage et vous devrez remercier de subir si peu auprès d'atroces arrachements et d'inouïes souffrances.

« Mon but n'est point de vous effrayer mais de vous prévenir, pour un avenir hélas menaçant et que nous voudrions pouvoir vous dire, évitable. Mais demeurez toujours calmes, courageux et gardez foi dans les paroles données par tant d'entre nous, que la vie véritable vous attend au bout de l'effort terrestre. »

Sébastien

Nous ne pouvions imaginer que de telles horreurs étaient déjà perpétrées et allaient bientôt s'étendre sur l'Europe entière.

Instruction 4. L'enfant

Après s'être séparée de son mari, ma sœur Anne revint vivre à la maison avec son fils Nicolas. Ils retrouvaient tous deux une famille affectueuse. A cette époque, je n'étais pas mariée et le soir, après notre travail, nous retrouvions le jeune enfant avec joie. Il était le petit roi. Une chose nous intriguait. Il venait d'avoir trois ans. Pendant des heures entières, il jouait avec des bouts d'allumettes ou des morceaux de carton à se construire, tant bien que mal, des jouets qui, pour lui, représentaient des petits avions. Jeux inhabituels pour un enfant si jeune. Il s'amusait ensuite à faire le tour de la pièce, « l'avion » en main, simulant tantôt la chute de l'appareil, tantôt des loopings.

Tous les dimanches matins, ma sœur allait faire le marché et devait lui apporter soit un petit avion, soit une petite voiture. Jouets que l'on trouvait à cette époque sur les marchés, exposés dans la sciure de bois. Cette passion nous étonnait. Un jour, notre curiosité aidant, le guide Henri nous confia que Nicolas, dans sa dernière existence, avait été aviateur et tué pendant la première guerre mondiale. Il s'était réincarné très rapidement et restait empreint de sa vocation d'aviateur. Cette attirance pour l'aviation se confirma lorsqu'il dut faire son service militaire. Il voulut choisir l'aviation, cela ne fut pas possible en raison de sa vue insuffisante.

Au cours de son enfance, une nuit, il fut très malade. Les soins de ma mère purent stopper le mal. Le docteur diagnostiqua le faux croup, le lendemain. Cependant, nous restions encore un peu inquiètes, pendant sa convalescence. Le guide Henri nous fit cette instruction concernant l'enfant :

« L'enfant, pour lequel vous craignez parfois, est des nôtres, protégé par nous. Entourez-le, respectez-le. Pour quelque temps encore et par un effort accompli, il conservera les protections directes, car l'enfance généralement, et jusqu'à la troisième année seulement, conserve la liaison intime avec les forces spirituelles directes. Après ces trois années, elle est rendue à l'humanité terrestre, car vos organisations ne sauraient plus, dans trois fois trois cent soixante jours, conserver le commerce intime avec les forces supérieures et divines.

« Jésus lui-même, notre frère aîné, n'a conservé les forces d'en haut que chaque fois trois années. Lorsque enfant, il s'échappa pour aller dans le temple, celui que Marie retrouva, n'était plus celui qu'elle recherchait. Celui que, dans le Jourdain, Jean baptisa n'était pas non plus le même.

« Ensuite, lorsqu'il revint, pendant trois années encore, et jusqu'à la fin, l'esprit de Dieu, les forces supérieures et divines vivaient en lui. C'est pour cela que le supplice accepté par lui était obligatoire, car son organisme humain, servant d'habitacle à l'esprit de Dieu, n'aurait pu supporter plus longtemps le poids de la sagesse de l'Éternel. Respectez donc et aimez l'enfance car, au travers d'elle, reluit parfois le reflet de Dieu. Jésus s'évadant du domaine public était parti préparer le chemin du calvaire, s'instruisant, s'oubliant, s'essayant de plus en plus à parcourir la vie de douleur et de lumière, se préparant à l'inévitable supplice consciemment accepté, enrichissant son bagage de mansuétude, d'amour et de soumission. »

Instruction 5. La femme

Communiqué sur le rôle et l'avenir des femmes.

« La montée des femmes à l'horizon de la vie sociale, politique, artistique crée des courants féminins absorbants et les courants masculins doivent lutter. L'homme reste homme, mais aspect curieux de la société de demain : l'homme comptant avec les femmes ! L'influence des femmes dès maintenant modèle déjà le monde et mesdames, excusez-moi cette influence ne les honore point. Vous vivez dans l'angoisse d'une guerre. Je vois des batailles qui se livrent autour de votes, de plébiscites. Que font les femmes, elles sont l'élément revendicateur. Je ne les en condamne pas. Il faut demander pour que le monde bouge, mais les femmes sont trop souvent dans le monde un élément d'agitation hargneux, à tel point que leur attitude blesse celles qui sont encore de vraies femmes que je salue en vous.

80

« Ce sont des singulières amazones que celles qui pilotent des avions, travaillent à la préparation de gaz nocifs et qui sont assez savantes pour poursuivre au fond des cornues des éléments biologiques destinés à détruire la vie tout court. Les femmes n'étaient pas autrefois des camarades, mais des sœurs, des mères, des épouses qui soignaient, ensevelissaient, mais ne tuaient pas.

« Pourtant ces femmes actuelles sont nécessaires. Elles aussi vont changer, collaborant avec l'homme; elles prendront de ses qualités. Parallèlement, les hommes recevront une teinture des personnalités féminines, et c'est là, la fonction des sexes, pour arriver à la plénitude de l'esprit.

« Demain, les femmes joueront un grand rôle social et politique. Elles sont par faveur groupées dans des cercles semblables aux vôtres, où on les trouve en plus grand nombre que les hommes, pour être appelées à la réalité d'un monde qui vient, auquel elles doivent s'initier avec de bons arguments sur la langue, et aux mains ce flambeau de vérité qu'on ne reçoit jamais qu'en parlant à travers le voile qui scinde deux modalités de vie, mais ne les sépare pas. Bravo pour les hommes présents qui comprennent qu'ils ne sont plus des maîtres, des chefs de communautés, mais des amis, des collaborateurs, des frères d'armes, pour le combat de la vie, difficile, particulièrement en ce point de l'évolution qui sépare l'ère finissante de l'ère qui vient. Messieurs, qui voulez courir à l'évolution de ce monde, vous avez besoin des femmes et les femmes ont besoin de vous.

« Dans ce chemin à parcourir ensemble, hommes et femmes, vous allez trouver des devoirs obscurs, devoirs de tous les jours, missions fortuites dont l'ampleur est encore incertaine; mais vous avez, à coup sûr, une influence à exercer pour amener de cercle en cercle, d'âme en âme, jusqu'aux groupements étrangers, en portant partout la parole de la vie éternelle, parole actuelle, éternelle, sans laquelle les hommes emprisonnés en eux-mêmes, détenus dans le monde des formes, ne voient rien au-delà d'elles et périssent véritablement dans les affres de la mort.

« Pour les repousser, pour s'y soustraire, pour vivre en *croyant qu'on ne vit qu'une fois* ils ont fait un monde à leur mesure et c'est un monde terriblement étroit. Rompez le lien qui les enserre et les poitrines épanouies laisseront échapper des clameurs de joie. Il n'y a pas de vie, pas plus qu'il n'y a de mort pour l'âme qui s'affranchit une fois pour toutes du doute, par lequel elle réclame sans cesse des preuves de la survie, alors que ces preuves sont en elle, en ce rayon de lumière qui descend, tôt ou tard, au fond du puits d'infortune et qui, si on l'y découvrait, engendrerait des floraisons de germination.

« " Rien n'est nouveau sous la calotte des cieux " car l'esprit qui anime l'homme, l'esprit diffusé dans les cieux est éternel.

« Hier, aujourd'hui, toujours, nous trouverons à ces sources ce qui correspond exactement à notre désir, l'amour pour celui qui en est capable, clé, lui-même de tous les mystères de la vie. Nous découvrons à ces sources, ô hommes fiers de votre intelligence, cette intelligence qui n'est pas votre sécrétion personnelle mais le rythme par lequel vous vivez, les artistes qui découvrent leur génie; les petits, les sans grade, y découvrent la paix sereine, l'initiation intime qui peut faire de vous des sages, des hommes de paix.

« C'est à ces sages, à ces hommes que les esprits les plus brillants demanderont paix et sagesse et se référant à vous c'est encore à Dieu qu'ils rendront leurs devoirs, à Dieu qui voulut que son esprit et sa sagesse se manifestent toujours et quand même, en dépit des difficultés, en dépit des hommes eux-mêmes à ceux qui attendent le pain et le vin célestes dans la communion suprême de l'esprit et du corps.

« Ensemble, avant de me retirer, rendons une action de grâce, au divin inexprimable, par la grâce de qui, nous pouvons en cet instant être réunis, les visibles et les invisibles pour communier dans un infini élan de fraternité où nous puisons la paix et recueillons tout ce qui plaît à Dieu de nous donner avec abondance, la joie, la joie parfaite qui s'impose à l'homme à toute heure et en tout lieu, pour rester paisibles, confiants, actifs cependant pour la répandre et la porter à son tour plus loin.

« Au revoir, chers amis et de mes multiples personnalités condensées en une seule sous le nom de l'" Étranger ", recevez mes pensées fraternelles. »

Signé : l'Étranger

Sur notre insistance à lui demander quel nom se cachait sous ce pseudonyme, il nous donna les lignes suivantes (mais nous avons toujours pensé que sa dernière incarnation était celle d'Edmond Rostand) :

De ce nom, je me moque
Autant ma chère amie que d'un œuf à la coque
De ma première cravate, de mon premier jouet
J'aurais pu être fier de signer « Arouet »
Mais Voltaire, je pense, de cet Arouet n'a cure
Et mettant aux talons les ailes de Mercure
Je pars, je m'envole loin au-dessus de ces toits
Que le diable boiteux a percés quelquefois.

Instruction 6. *L'amour*

Je transcris ici un court message du guide Henri qui vient confirmer le véritable sentiment d'amour :

« Sais-tu, ce que c'est qu'aimer? C'est se consumer, s'anéantir, ne plus exister, dévoré par la flamme merveilleuse et dévastatrice! Console-toi donc, si tu n'es pas aimé, et choisis le meilleur, qui ne déçoit jamais, aime et tu seras la lumière qui ne peut s'éteindre car aimer, c'est durer, être aimé c'est passer comme pâlit un flambeau qui s'épuise. »

Nous en avons des exemples merveilleux : sœur Thérésa, sœur Éliane qui usent leurs forces par amour pour les déshérités.

Instruction 7. *La liberté*

Au cours de ces années si enrichissantes, s'établissait autour de ma mère une école spirituelle. Les guides se manifestaient souvent par l'intermédiaire des différents médiums faisant partie de notre Groupe. Nos instructeurs choisissaient l'instrument le mieux approprié aux sujets qu'ils avaient à traiter, les facultés de chaque médium étant spécifiques.

Le communiqué suivant a été transmis par Lily Meslier [3],

3. Anonymat volontaire. Comment à un certain degré d'évolution, n'aurait-on qu'un seul nom? Nous avons tous une *signature astrale* qui implique l'individualité de l'être.

répondant à la question posée : « De quelle somme de liberté, l'esprit dispose-t-il dans l'Au-delà, en parallèle si possible avec le libre arbitre terrestre ? » La réponse fut presque immédiate.

« Je suis le sceptique. Savez-vous que notre vie est le prolongement de la vôtre ? Tout gravite autour de cette vérité. Ce que nous fûmes, presque généralement, nous le demeurons, car le progressisme est conditionné par une liberté toujours plus grande, et cette liberté est, elle-même, tributaire de ce que vous êtes, de ce que vous fûtes, si bien que la fatalité apparente du présent n'est en réalité que le corollaire de vos pensées d'hier, génératrices de vos actes d'aujourd'hui.

« La liberté, ce mot si mal interprété des hommes, est en réalité, en raison directe de l'acuité de la conscience, autrement dit, si les hommes suivaient la recommandation inscrite au frontispice des vieux temples grecs "Connais-toi toi-même" interrogeant leur cœur, ils découvriraient tout d'abord en eux, la force des sentiments par lesquels, le cerveau à son tour dicte les comportements humains. "Connais-toi toi-même" impitoyablement et sans outrecuidante modestie, sans peur non plus et sans honte, reconnaissez en vous ce qui doit être vaincu. Vaincu par la transformation, donc par une action de volonté. Difficile est son premier geste, sa première manifestation, qu'importe. Il faut vous vaincre chacun individuellement en vous disant : "Ma conscience s'éveille pour que je découvre en moi-même, telle disposition, venue de mon antique passé et que je dois combattre avec tout l'effort de ma volonté, pour faire de moi, un homme nouveau, une femme métamorphosée."

« Cet effort accompli, alors, vous devenez beaucoup plus libre, vous êtes beaucoup moins assujetti aux tendances de la nature humaine, aux dispositions héritées des vies précédentes. Aux dispositions malencontreuses, j'entends, car parallèlement à cet effort, vous devez vous adapter davantage à ce que votre conscience découvre de meilleur en vous.

« Sculptez-vous, façonnez-vous sous le maillet de votre force volontaire, et sous le burin de la vie. Quand vous les aurez dominés, alors, vous serez avancés sur le chemin de la liberté et vous pourrez diriger votre vie, là où vous voulez véritablement aller. Ce but de l'esprit, qui a pour objectif le progrès, est commun aux incarnés, comme aux désincarnés. C'est pourquoi nous sommes solidaires, vous et nous, de toutes les pensées, de tous les désirs que nous croisons entre le ciel et la terre.

« Ce que nous sommes et ce que vous êtes, nous le réalisons avec tout ce qui est en vous et en nous, déposé comme des semences dans le sein de la terre, pour porter des moissons futures. Mais chaque jour de germination est lui-même soumis à la variabilité des choses et du temps, tout comme les jours de vos vies et de notre éternité.

« Nous vivons des missions qui nous sont propres et des réfractions qui nous atteignent. Par elles, les graines de personnalités déposées en nous, germent comme les grains de blé sous la variabilité des choses et le conditionnement du temps. C'est pour cela, que trop souvent la conscience est douloureuse, parce que l'on ne récolte pas les sensations extérieures sans douleur. C'est pour cela aussi qu'elle est joyeuse car, elle n'aurait pas ces appels au jour sans un cri de joie vers la lumière, sans une prescience qui devance nos pas et qui nous porte de découverte en découverte, d'aperçus nombreux en spectacles toujours plus grands, à une personnalité incluse dans notre personnalité actuelle mais qui la déborde par le rayonnement, et ce rayonnement c'est une expression de la liberté peu à peu conquise par l'élargissement de la conscience qui vous fait embrasser non plus un horizon limité à vos sens, mais concevoir un univers sans frontière, sans limite aux élans de la pensée.

« J'ai découvert tout ceci dans un éblouissement qui m'a paru d'autant plus grand et plus extraordinaire que j'étais autrefois prisonnier de dogmes scientifiques, comme si la science pouvait être contenue dans une formule par l'arbitraire de quelques pensées.

« Je ne veux pas déborder le cadre de votre demande et je crois avoir répondu, tout de même, à l'essentiel de votre question; en elle, sont contenues tant de choses, tant de vérités emboîtées les unes dans les autres pour se réunir en la Vérité, si large, si vaste, qu'elle accueille en elle, tous les hommes, tous les postulats, toutes les aspirations, peut-être même, toutes les imaginations du cœur et les intuitions de l'esprit, si bien qu'il n'y a pas de frontière entre eux, pas plus qu'il n'en existe véritablement entre vous et nous.

« Nous participons tous de la vie, rien que de la vie, vous, comme la fleur par ses corolles, nous comme la fleur par son parfum, et tout cela c'est encore de la vie qui ne meurt pas mais qui grandit! C'est splendide! Je suis émerveillé et jamais las de vous le dire, de le redire, de l'exprimer!

« *Comment peut-on douter?* Inconcevable est la folie des hommes, de l'homme que j'ai été! et de ne pas l'avoir reconnue. *Il n'y a que de la vie et pas de mort! Proclamez-le, à la face des hommes en perdition.* Une force me pousse à le crier. C'est la vérité du soleil qui luit, de la marée qui monte, du jour qui succède à la nuit, de la *vie dans toutes ses mutations!*

« On ne meurt pas, *on vit à jamais* et dès lors, pourquoi tant d'hommes ont-ils peur? Pourquoi se précipitent-ils les uns contre les autres dans une foule d'appétits mesurés par le temps, alors que la vie les déploie ces appétits sur un temps qui les poursuivra impitoyablement, au-delà de deux vies, de trois vies que sais-je, d'autant de corps que pourront contenir ces grains altérés.

« Plaignez-les et secourez-les comme je fus, comme nous fûmes secourus. Aimez. Que ma reconnaissance vive avec vous, je révoque le sceptique et signe. »

Le Croyant

Instruction 8. La critique

La critique est une arme dans certains cas très dangereuse. Nos pensées, nos paroles, nos jugements trop souvent formulés, sans connaissance profonde, peuvent aboutir à l'erreur, sans que nous puissions en mesurer toutes les conséquences. Ce message en est un exemple. Transmis par ma mère, il est signé Marie des Anges :

« Chers amis que la paix soit sur vous, la pauvre âme, qui a voulu vous approcher, a trop présumé de ses forces. D'autres âmes tutélaires l'ont entourée, mais pourtant le travail n'en a pas moins valu pour elle. Pauvre femme calomniée, torturée dans son âme et sa vie intime, et dont le souvenir est encore sali par vous. L'injuste anathème paralyse encore jusque parmi vous, son vouloir.

« Vous avez chanté le nom qu'elle portait. Parmi toutes les femmes, elle a souffert, ses fautes lui sont pardonnées. J'ai obtenu de la prendre sous ma sauvegarde. Dieu veuille me permettre toujours de protéger ceux qui souffrent de l'injustice de leurs semblables.

« Oh! mes amis, avant de condamner, descendez toujours en vous-même et puisez, à pleines mains, l'indulgence et la charité. Je suis autorisée à vous dire son nom sans pour cela qu'elle en ait de peine. Marie Lafarge! Moi, Marie des Anges, je conjure tous les cœurs de toujours demeurer justes et indulgents s'ils veulent être pardonnés. Je trace sur vos fronts la croix protectrice.

« Marie, ce nom qu'elle portait, était aussi celui de la Vierge. Il était sali par toutes les accusations portées contre elle; celle d'avoir empoisonné son mari. »

Quelques jours avant ce message, nous avions assisté à la projection d'un film, retraçant sa vie et son procès. Cela l'avait attirée vers nous. Ainsi que Wagner nous en avait instruites, lorsque l'on évoque publiquement un opéra, un acte valeureux ou une action méprisable du passé révolu, les âmes concernées sont attirées irrésistiblement, puisque la parole, l'image, le son, font revivre à ces âmes des moments de leur dernière vie terrestre.

Instruction 9. L'éveil de l'âme

Je choisis parmi les communiqués l'éveil d'une âme charmante, dans cet au-delà qu'elle n'aurait pu concevoir pendant son existence sur la terre. La légèreté de son caractère superficiel ne l'incitait guère à approfondir certains sujets métaphysiques. Le guide Henri, comme pour une présentation, se tient aux côtés d'une nouvelle entité, presque complètement éclairée.

Ma mère nous communique les paroles que voici : « Aujourd'hui, chers amis », – nous dit le guide – « c'est une âme étrangère à vos réunions qui demande à venir vers vous ». Un court temps se passa, ma mère, d'une voix plus légère, s'exprima en ces termes :

« Tout ceci est si nouveau pour moi, si nouveau encore...
mais je suis assistée d'un de vos chers protecteurs et aussi
de cette forme exquisement tutélaire et si spirituellement
belle, qui se nomme avec tant de sublime modestie votre
sœur ·" Marie des Anges ".

« Grâce à de si charitables protections, je sens mon enveloppe, encore bien lourde et matérielle, s'alléger progressivement. Il semble qu'à mes yeux un peu plus clairvoyants,
elle s'amenuise et devient transparente. J'ai comme l'impression singulière de me sentir lentement glisser le long
d'un corps qui, lui-même, paraît me quitter. L'incompréhension cruelle, l'égoïsme verdâtre, l'orgueil tenace collent à
moi par de douloureuses ventouses qui s'accrochent péniblement; la sensualité trompeuse et séduisante semble, en
m'abandonnant, me laisser à la fois dépossédée et enrichie.
Cet état est bien singulier. Angoissant à la fois et consolant
pour la si neuve créature que je suis dans un monde non
soupçonné! Tout vibre autour de moi, tout semble tourbil-
lonner, je crois perdre un équilibre que je ne possédais
vraiment qu'en apparence. Mais, je sens que, si je puis faire
l'effort indispensable qui, je le devine, me sera bientôt imposé,
je verrai s'ouvrir mes yeux extra-terrestres. »

La communication s'interrompit. Puis le guide reprit :

« Nous l'éloignons et l'entourons de fluides bienfaisants,
pour un repos nécessaire, afin que, bientôt, elle s'éveille à la
nouvelle vie qui l'attend dans un état conscient. Elle reste
sous notre protection. Élevez votre pensée vers elle, vous
l'aiderez aussi! »

Nous savons, par le guide Henri, que la prise de conscience et
l'éveil véritable de l'âme qu'il avait sous sa protection s'étaient
réalisés. Voici la communication qui nous parvint plus tard :

« Chers amis, je ne sais par quelle grâce me voilà déjà
familiarisée avec cette vie nouvelle qui devient la mienne et
autorisée à vous faire partager mes étonnements et mes joies.
Ma vie terrestre me semble si pauvre et dénuée de vrais
mérites que je me sens indigne de découvrir les beautés
idéales de celle-ci.

« Mes chers amis, ces âmes tutélaires que vous nommez,

88

je crois, vos anges, vos guides, m'ont, avec quelle douceur soutenue, aidée à sortir d'un état pénible, surtout d'être en dehors, pour moi, d'une compréhension spontanée. Dépossédée d'un état que déjà je n'apprécie plus et que cependant j'ai passionnément chéri. Maintenant je me sens, par instants, encore fugitifs, envahie d'une pénétrante douceur, d'une plénitude de vie que je ne saurais exprimer par les mots qui me restent familiers et par lesquels seuls, je puis communiquer avec vous et me faire comprendre.

« Des lueurs vivantes, que je sais être des âmes, m'environnent, je baigne dans des couleurs harmonieuses. L'air a le goût du miel, des souffles multiples m'effleurent et cela, tout cela, fait autour de moi des sons répercutés qui deviennent des mélodies célestes.

« Mon apparence est-elle la même que ces lueurs merveilleuses qui m'environnent et viennent à moi? Je n'en puis juger, et le contrôle, je le vois bien, ne m'en est pas encore accessible. Le toucher ne répond pas à mon désir d'étreindre, le geste que je crois ébaucher ne rencontre rien encore. Mais quelle légèreté est la mienne! Sans doute suis-je comme l'enfant qui naît, il va me falloir tout apprendre... Mais non, je vois, je compare et me souviens de choses... je pense et je raisonne... et voilà... je sais que je vais bientôt avancer à pas plus assurés... bientôt... qui me le dit? Oui, je devrai avancer sur un chemin que j'ai bien des fois déjà parcouru... ces souvenirs... oui... ce souvenir quel est-il? ce nom... ces noms... mais ce nom? oh! la douceur de l'entendre, mon Dieu!

Rosie... Philippe... Philippe, oui Philippe je tremble d'un bonheur que je ne puis complètement comprendre...? de bonheur et d'effroi! – Alors... Pierre?... Pierre voyons que mon cœur s'éloigne de cela, Pierre... pourtant. Ce contrôle, ce besoin de comprendre ce quelque chose qui m'échappe, sans doute je ne dois pas savoir! pas encore! »

Nous mettons cet éveil en parallèle avec celui de Francis Jammes et comprenons que cette âme, elle aussi, commence à découvrir une de ses vies passées.

Rosie et Philippe s'étaient aimés à l'époque de la Révolution de 1789. (Nous retrouverons la trace des rencontres amoureuses de Rosie et de Philippe dans les textes du « cahier d'amour » de

Gilbert.) Pierre est le personnage dont elle se souvient dans sa toute dernière existence, mais qui néanmoins, pour elle, se place tout à coup au second plan.

Voici un autre communiqué d'une entité qui nous apporte également le témoignage de son éveil. Nous la sentons déjà plus avancée sur le chemin de l'évolution :

« Lorsque notre esprit, libéré de son enveloppe corporelle, sort enfin d'un repos dont la durée nous a été mesurée, suivant nos propres forces et le poids de nos actions, nous nous trouvons mis en face de nos vies successives, une angoisse insurmontable nous envahit d'abord, qui, progressivement s'allège et nous met bientôt en mesure de découvrir la raison des innombrables épreuves qu'une vie, cycle par cycle renouvelée, impose à chacun de nous. Sympathie spontanée, répulsion jugée par nous insurmontable, entraînements irrésistibles, préférence dans le choix de telle ou telle profession, éclosion de facultés étonnantes pour les sciences, la médecine, facilité merveilleuse et inexplicable pour la musique, la peinture, la sculpture, toutes inspirations qui, pendant le cours de nos différentes incarnations terrestres, ont plus ou moins profondément marqué notre âme et nous admirons alors celui dont la volonté créatrice donne à chacun la vie, avec ses joies et ses peines et qui unit, en même temps sous nos pas, tous moyens de perfectionnement. Cette volonté agissante, cette lumière que nous nommons Dieu et que, dans un éclair impossible à supporter nous entrevoyons à peine à ce suprême instant du réveil, nous laisse libre d'accélérer ou de ralentir notre marche en avant. Et voilà que nous réalisons que nous sommes entourés d'une foule d'êtres qui nous tendent les mains; des effluves affectueusement amicaux nous inondent et c'est comme une innombrable famille retrouvée, car nous reconnaissons parmi eux, des visages aimés, des noms oubliés reviennent sur nos lèvres.

« C'est à cet instant à la fois douloureux et enivrant qu'il m'a été donné de sentir à nouveau l'étreinte fraternelle de celui qui, plusieurs fois, est venu vers vous, m'entraînant à sa suite dans vos réunions. Alors que le souvenir du dernier nom que j'ai porté me fuit encore, les événements concernant l'époque éloignée, pendant laquelle, sa vie et la mienne demeurent étonnamment présentes à mon esprit, Déodat (Déodat signifie donné à Dieu) mon ami, mon frère depuis cette heure bénie de notre reconnaissance, nous marchons tous les deux dans le même chemin. Revoyant à volonté les heures attachantes passées ensemble dans une précédente existence. Sur cette délicieuse, cette île Maurice, lieu prédestiné où l'on vivait intensément, où la poésie nous entourait de ses volutes, où le génie naissait sans effort!

« Avec un regard nouveau et des facultés reconquises, nous comprenons, sentons et voyons que là soufflait et souffle encore l'esprit, qu'un foyer ardent de spiritualité y est entretenu pour la réalisation de grandes choses par les forces bienfaisantes qui travaillent à la sauvegarde de l'humanité défaillante. »

Signé : Gérald

La « machine à remonter le temps » de nos auteurs de science-fiction modernes ne serait-elle donc que la mémorisation de nos vies antérieures dont parle ce communiqué?

Ces instructions, exprimées fraternellement et si simplement, nous préparent à nos éveils futurs, éloignant de notre esprit l'appréhension du néant de l'incroyant, ainsi que l'accès à la béatitude immédiate du croyant.

Instruction 10. L'ailleurs – merveilleux

Ce poème a été dicté à ma mère en séance mensuelle par une identité à tout jamais libérée de la planète Terre :

Ô mes amis, mes chers amis
Conservez votre confiance
A ceux qui vous aiment ici
Et vous apportent l'espérance

Et quand viendra le jour heureux
Où vous nous joindrez dans l'espace
Où vous retrouverez tous ceux
Qui déjà vous gardent la place...

...Autour de nous, tout vibre et chante
Tout se vêt de divins atours
Tout nous séduit, tout nous enchante
Cantique de grâce et d'amour...

...Nos plus doux souvenirs terrestres
Sous vos actions sont magnifiés
Et nous revivons frais, agrestes
Les plus beaux jours de nos étés...

...Là, dans nos matins bleus, dans l'air calme et berceur
Dans nos jardins fleuris, ô mes frères, ô mes sœurs
Vous vous éveillerez libérés de la vie
Dans l'éther merveilleux et la paix infinie.

Ceux qui vous ont chéris, que vous avez aimés
Frémissant d'un bonheur que l'on ne peut décrire
Reviennent près de vous, tendres et penchés
Heureux de vous offrir la joie de leur sourire

Ici, nul ne peut plus jamais désenlacer
Ceux d'entre vous, dont l'âpre lutte est finie
Qui s'unissent enfin dans l'éternel baiser
S'abreuvent à l'amour, source jamais tarie.

l'ami Jean

Cet « ailleurs » promis nous donnait, en 1942, un regain de courage, de force et de foi.

Instruction 11. *La vérité en marche*

Un jour, en fin d'après-midi, une de nos amies appartenant à notre groupe, vint avec son frère. Intéressé parce que celle-ci lui avait relaté de nos expériences psychiques, il désirait vivement connaître avant son départ cette famille peu ordinaire.

Engagé par une compagnie d'aviation, il devait prochainement quitter la France et se rendre en Indochine. Tout en prenant le thé, la conversation se poursuivait agréablement. Au moment où nous discutions sur les religions qui n'acceptent pas l'existence de ces phénomènes, ma mère cessa de participer à notre conversation et nous comprîmes alors, à l'expression de son visage, que quelque chose allait se passer.

Nous ne savions pas de quelle manière se manifesterait la communication avec l'invisible, puisque maintenant elle possédait des facultés multiples. C'est endormie d'un sommeil médiumnique qu'elle nous transmit, d'une voix qui n'était plus la sienne, au timbre grave et distinct, le message suivant :

« Nous n'approcherons et ne toucherons la vérité que lorsque nous aurons compris qu'il nous faut, vivre et revivre, et vivre encore et revivre toujours jusqu'au moment où la vérité nous sera complètement accessible. Une doctrine basée sur la négation des vies successives n'est pas viable. Il faut savoir se draper, non dans une dignité excessive, mais dans la simplicité, la décence, et bannir tout ce qui pourrait être un scandale moral.

« A nos fils prédestinés, nous donnons cet avis, qu'ils s'en pénètrent bien et qu'ils le propagent, mais avec sagacité. Le devoir du nouvel adepte sera justement de parler la vraie parole, celle dont on ne peut douter, celle qui donne par persuasion toute la force nécessaire pour convaincre.

« Celui qui n'a pas franchi les seuils successifs de la maison du Père, qui ne les a pas franchis avec humilité, patience et foi, celui-là prend du retard indéfiniment et, s'il nie des vies successives, il devra vivre des vies rétrogrades. Il faut aller de l'avant et non pas créer, à son insu même, un recul toujours néfaste et décourageant tout effort. Vous savez que nous vous aimons assez pour vous convaincre et vous combattre. Quelle serait la victoire, si la lutte, la ténacité et le droit ne travaillaient pas à la gagner.

« Tout effort vers le bien doit être justifiable. On part, il est vrai, rempli de bonne volonté, mais comme l'a dit l'un des vôtres : " Satan conduit le bal... "... à votre insu, sous les couleurs flatteuses et attirantes. Refusez-vous fraternellement et conseillez fraternellement, toujours, et ainsi la conviction s'établira et ceux que vous voulez attirer à vous, attirez-les à la croyance qui sera universellement connue et pratiquée. Ceux-là vous en remercieront, peut-être pas sur le plan terrestre, mais dans les rencontres futures et au-delà.

« Des travaux merveilleux s'élaborent au-dessus de vos

vies humaines et c'est, pour amener l'humanité actuelle, et surtout celle du futur à comprendre et à croire, ainsi qu'il le faut, que nous travaillons tous, que nous nous réunissons tous pour que les incroyants soient enfin convaincus un jour prochain car la vérité est en marche. L'impulsion est donnée et tous ces prêtres de l'antique Église viendront à l'Église moderne Que ceci vous soit un acte de foi, car en croyant, vous forgerez l'avenir, avec toutes les forces de votre pensée, de votre désir et de votre foi. Nous le répétons, propagez donc cette grande et simple parole qui vous est donnée dans vos groupes. »

L'instruction se poursuit. Elle est faite par notre guide Henri (guide personnel de ma mère) :

« L'enfance balbutie, vous ne pouvez donc lire couramment avant d'avoir épelé. Soyez soumis et humbles, animés du désir légitime d'apprendre, mais pour une faible clarté qui, au travers des ténèbres vous parvient, ne vous enorgueillissez pas, ne prenez jamais le ton doctrinal qui nuit à l'avancement de certains d'entre vous, et qui ne sert parfois qu'à prouver votre vanité et profonde ignorance. Ne pesez pas brutalement de votre compréhension parfois bancale sur des croyances assez faiblement établies encore, et qui flottent entre les anciennes affirmations des religions de plus en plus dépourvues des forces vitales nécessaires pour une durée éternelle et celles auxquelles s'ouvrent aujourd'hui des multitudes d'âmes terrestres.

Afin que la graine qui vous est confiée ne s'entasse pas dans un seul grenier, et lorsque les circonstances favorables nous permettent de faire entendre la bonne parole par le moyen de l'instrument que nous cherchons à perfectionner en ce moment, nous prions cet instrument de toujours communiquer aux uns et aux autres les instructions qu'il nous est permis de vous donner, par surprise parfois.

« De cette façon chacune de vos âmes sera touchée et vous avancerez comme nous le désirons, plus vite et mieux. Vous nous aiderez ainsi à bien remplir la mission que nous avons acceptée vis-à-vis de vous. Ceci signifie bien pour le médium de ne plus, à l'avenir, entasser le bon grain dans un tiroir bien fermé ainsi que notre instrument le fait parfois, et de ne plus laisser la lumière sous le boisseau. »

Cette partie du communiqué fut donnée sur un ton plus sévère et d'une voix plus forte. Les guides appelaient ma mère, très souvent, leur instrument.

Nous posâmes donc la question suivante : « Êtes-vous fâché que vous parliez si fort, cher ami? » La réponse nous fut donnée, avec plus de douceur :

« Non, mes chers amis, mais je ne puis maîtriser les vibrations, cette imitation est machinale. L'organe ne se rend pas compte des vibrations de la couche fluidique. Le médium reçoit presque en même temps le choc du son, et l'émission part d'elle-même, comme calquée et dédoublée pour lui et en lui. Il nous est difficile de vous expliquer un tel mécanisme, car pour nous, étant donné le plan sur lequel nous agissons presque mécaniquement, la chose extraordinaire pour vous est pour nous d'exécution facile et sans effort, à tel point que, si même nous pouvions vous en donner une exacte explication, votre esprit désemparé se perdrait dans ce dédale. Soyez plutôt simplement reconnaissants envers celui qui nous permet de vous toucher de plus en plus facilement.

« Adieu chers amis, faites mutuellement un acte de charité fraternel et priez dans vos cœurs, afin que les efforts de persuasion que nous dirigeons sur l'un de vous réussissent et que l'harmonie de vos réunions n'en soit pas troublée.

« Comprenez-nous? Que la Paix reste en vous-même, que le désir de toujours mieux faire ne vous abandonne jamais. »

Le guide Henri

C'est à l'intention d'une de nos amies, Mme Enné, médium déjà très développé, habitué de notre travail en commun, que ce message fut transmis par ma mère. Sur un feuillet enluminé aux arabesques vertes, or, rouges avec un semis de petites fleurs blanches dessinées médiumniquement. Ce viatique lui était donné par son guide pour l'aider à continuer son voyage spirituel sur terre :

« Cette parcelle de divinité déposée en ton âme y croît dans la mesure de l'effort que tu fais pour te vaincre. Il ne tient donc qu'à toi de progresser chaque jour un peu plus afin que ta vie spirituelle découvre et choisisse ce chemin qui n'est plus celui du monde aveugle, qui n'est pas non plus celui du contemplatif ascète, mais cette voie qui chemine entre les deux autres, les concilie.

« Ce chemin du milieu qui, par la porte étroite, te mènera à la compréhension parfaite, te donnera la certitude que l'âme est perfectible, qu'elle peut consciemment s'orienter vers le bien, arriver à comprendre les mobiles et les fins du maître divin, qui aux jours lointains où tu lui en paraîtras digne, te fondra en lui. Participant à la grande lumière, absorbée dans son rayonnement, enrichie par sa beauté, tu la devras à ton tour, verser sur les âmes dont les pèlerinages terrestres devront encore se poursuivre et tu ne seras plus qu'amour. »

Le guide Stanislas

CHAPITRE 3

L'âme des morts : désincarnation et réincarnation

I. *États d'âme de désincarnés*

Les communiqués suivants montrent combien peuvent être différents les états d'âme des désincarnés dont l'évolution s'est trouvée retardée au cours des vies successives et que nous devons éclairer nous-mêmes. Pour cette communication, j'avais obéi aux conseils donnés par Marie Bashkirsteff, qui était revenue se manifester, ainsi qu'elle nous en avait fait la promesse lors de son premier message.

« Tu peux, m'avait-elle dit, avec ce que tu sais déjà, apporter aux esprits souffrants qui ne comprennent pas leur nouvel état, un peu de réconfort, les aider à sortir du trouble où ils sont encore. Seuil que nous devons tous franchir pour nous détacher du plan terrestre et atteindre les plans supérieurs.

« Certaines âmes restent pendant un temps indéterminé dans un trouble indéfinissable : c'est le purgatoire que vos religions enseignent et aussi quelquefois l'enfer lorsque leurs actions sur terre ont été volontairement commises pour le malheur de leur prochain.

« Ceux dont les âmes ont acquis des sentiments élevés au cours de leurs divers stages terrestres, au moment de leur mort ont un éveil de conscience plus rapide qui leur facilitera le passage de ce seuil devenu pour eux plus accessible. »

Ce n'était pas le cas du défunt qui nous adressa le message suivant :

« Dans ma détresse ne me secourez-vous pas? Aidez-moi, dans ces épaisses ténèbres!

— Mon ami, ayez foi en Dieu! fut ma réponse.

— Mais je ne l'ai pas trouvé hélas! J'appelle du fond de l'abîme et nul ne me répond!

— Savez-vous aussi que vous êtes morts ou vous croyez-vous vivant? » lui dis-je. Avec plus de vivacité la planchette se déplaçait pour me répondre :

— Je sais que je suis mort!

— Eh bien alors, croyez-vous en Dieu?

— Oui, je suis prêtre, quelle banqueroute de la foi!

— Pourquoi dites-vous cela cher ami? »

Les questions se posaient, les réponses fusaient comme une véritable conversation entre vivants.

« Mais l'enfer, le purgatoire, le ciel, où sont-ils? Ici, ne sont que solitude et ténèbres.

— Vous devez être dans ce que vous appelez l'enfer, mais l'enfer n'existe pas; c'est un état d'esprit non préparé à votre nouvelle vie qui vous entretient dans ce trouble. Demandez aide à votre guide, l'ange gardien de l'Église. Il est près de vous mais vous ne le voyez pas.

— Seigneur, je crie vers toi. Je t'appelle. Daigne te pencher sur ton indigne serviteur. Seigneur, je t'aime, écoute-moi Seigneur. »

La planchette, très agitée, allant d'une lettre à l'autre, j'essayais de calmer cet esprit par des paroles d'espoir. La planchette indiqua de nouveau les lettres, mais d'une façon plus calme. Je sentais que mes paroles ne l'atteignaient pas. L'esprit continua :

« Tout n'est donc que songe et fausseté! J'ai aimé, adoré Dieu, comme j'ai enseigné sa loi, dur envers moi et envers les autres. Dédaignant les biens de la terre, j'ai vécu dans l'espoir des biens célestes, songe creux! J'ai délaissé la richesse pour appliquer la pauvreté. »

Ses paroles reflétaient une colère contenue. Je ne pus que lui dire : « Ami, c'est sans doute que vous ne vous connaissez pas bien. Faites un sérieux examen de conscience. Devenez plus humble, vous verrez certainement s'éclairer les ténèbres! »

La planchette s'arrêta... comme atteint dans son orgueil! Et un guide survint :

« Nous n'avons pas eu le droit d'intervenir, car cette âme trop intransigeante dans l'observance de devoirs étroits a commis des injustices et des fautes graves contre la charité et l'amour. Priez pour ces âmes orgueilleuses et entières. Parfois pour vous forcer dans vos retranchements les plus secrets, pour vous mettre loyalement en face de vous-même, nous vous conduisons, pas après pas, jusqu'aux extrêmes bords de l'abîme, afin que vos yeux se décillent et que vous puissiez apercevoir, sous la lueur fulgurante et terrible de la vérité démasquant le mensonge, toute la sombre et terrifiante profondeur de l'abîme.

« ... Que naissent donc en vos cœurs avertis les purs élans d'amour, qu'éclatent en vos âmes l'hosanna de reconnaissance envers ceux qui vous aiment au travers de leur sévérité apparente. Avant sa descente dans la matière, l'âme épurée par son séjour dans la vraie patrie exaltée d'amour et de dévouement croit *sûrement* s'engager à bien faire et se déclare prête à tenir ses engagements. Mais ensuite, comprimée, amoindrie dans sa prison de chair, elle faiblit parfois et cède à l'emprise puissante des passions antérieures, alors nos cœurs dévoués à votre humanité s'attristent et nous revivons, avec humilité devant vos fautes et vos chutes, *nos chutes et nos fautes* anciennes et nous prions pour que de toutes ces erreurs, de tous ces cruels essais, surgissent enfin la paix et l'apaisement. Comprenez-nous, comprenez-vous surtout. Aimez-

vous, soyez indulgents, pardonnez-vous mutuellement et que
Dieu vous aide. »

Signé : l'Ame apaisée

II. *Les barnabites*

Certains médiums utilisent la boule de cristal pour leurs voyances,
celle-ci favorise une extériorisation plus profonde. Ma mère n'eut
jamais recours à ce moyen. Cependant, lors d'une séance mensuelle,
nous observâmes que, contrairement à son habitude, Maman fixait
la grande glace surmontée d'un trumeau, placée au-dessus de la
commode de style empire. Son regard semblait se perdre dans un
décor immense puis, insensiblement, ses paupières s'abaissèrent
et, se trouvant en état d'incorporation, elle commença ce qui suit :

Non, je ne veux pas descendre, cela me fait peur!
Ah! vous voulez que je descende, bien cher ami!
J'obéis, malgré que je n'aime pas cela,
Mais j'ai déjà vu tout cela, je me reconnais.
Je suis un long couloir qui est éclairé par le fond
Il y a des portes mais sans huisserie.
Tiens! il y a des religieux, des moines
qui sont dans une vaste pièce garnie de livres
sur les rayonnages.
L'un d'eux feuillette un énorme livre.

Je me hasardais à poser la question : « Comment sont-ils vêtus,
ces moines? »

« Ils ne sont pas noirs, mais bruns, avec une sorte de
pèlerine étroite et blanche. Je passe dans une autre pièce,
ici, il y a un métier à tisser la toile. Ils travaillent, je vois
le va-et-vient de la navette. Ils sont très absorbés par ce
travail. Il y a d'autres salles, mais je ne veux pas y entrer;
il s'y passe des scènes inconvenantes. Je préfère ne pas voir
cela. Je vois un moine avec les épaules nues qui ruissellent
de sang. Il tient à la main un martinet, avec des grelots au
bout de brins de corde. Il y a aussi une femme! Elle n'est
pas vêtue, elle est nue. Je remonte l'escalier, pour sortir, et
je suis dans un cimetière. Il y a beaucoup de tombes, mais

elles sont très abîmées, j'en vois une, où il y a une religieuse couchée, sculptée et sur la pierre, il y a une couronne, comme une couronne héraldique de comte ou de duc. Sur cette tombe, il manque des lettres, car la pierre est rongée.

« Je lis : – AN – EL . CA –

        . . . . UTA . . . . US . . . IVUS

« Je vois également une inscription en français mais il manque des lettres aussi :

. . . . . GNANT   LA   . . . IRE   Ô   . . .
GNEUR
JE   . RÉFÈRE   . A   PAIX   . . STÈRE. »

De nouveau je posais une question : « A quel ordre appartiennent ces religieux? »

La réponse fut immédiate : « Barnabites! »

Puis, le guide reconstitua les mots tronqués :

*Dédaignant la gloire ô Seigneur
Je préfère la paix austère.*

Et le guide poursuivit :

« Inscriptions *menteuses*. Ames orgueilleuses et hautaines, cachant sous une austérité trompeuse, l'existence de bien des vices. Malgré le temps écoulé, ces âmes revivent encore, pour la plupart, leur existence détournée du cours que Dieu leur avait imprimé. Ames souffrantes encore endurcies que vos pensées unies les aident et adoucissent l'affolement dans lequel elles vont bientôt sombrer à l'éveil terrible et désormais inévitable. L'heure de l'expiation, découlant pour elles de la compréhension, va les laisser pantelantes et égarées.

« Nous, leurs guides, témoins attristés de leurs erreurs anciennes, autant que de leurs peines prolongées, jusqu'à aujourd'hui, sommes prêts à les consoler, à les éclairer, mais que vos pensées terrestres et charitables, susceptibles de les plus facilement toucher, leur parviennent! Nulle charité fraternelle et nécessaire ne pourra être, à vous-mêmes ainsi qu'à ces âmes, plus profitable.

« Recueillez-vous et rejoignez-les par la pensée, nous les prendrons ensuite et essaierons de leur ouvrir les yeux spirituels, qu'elles ont depuis si longtemps clos. »

Sans les instructions de nos guides, jamais nos pensées ne se seraient projetées vers les âmes ayant appartenu à l'ordre des barnabites. Cet ordre dont nous ignorions l'existence.

III. *Le corps d'une jeune fille*

Par l'intermédiaire d'un ami, nous étions entrés en relation avec Monsieur X. Il s'intéressait fortement aux phénomènes psychiques et manifesta le désir d'assister à nos séances. Après quelques réunions, des conseils lui furent donnés par nos guides, pour l'éclairer sur ses intentions. Monsieur X, veuf depuis quelques années déjà, ne se consolait pas de la mort de sa jeune femme. Il nourrissait secrètement l'espoir de faire incorporer définitivement l'âme de sa femme dans le corps d'une jeune fille, qu'il aurait épousée si l'expérience avait réussie. Après la mise en garde de nos guides, ses visites s'espacèrent et furent bientôt totalement interrompues. Voici un des communiqués le concernant :

> « Nos efforts ont besoin d'être secondés par les vôtres propres et votre bonne volonté, ainsi que par l'aménité et la douceur de vos rapports les uns envers les autres. Pour ne pas trop répéter et gagner du temps, nous disons que notre ami, grâce à l'ardent désir d'une âme dévouée et tendre qui le chérit, va, nous l'espérons, hésiter devant la faute que vous craignez de lui voir commettre et que nous ne pourrions que sévèrement condamner. A son insu, il reste à l'état de veille, quand même imprégné des conseils qui lui sont, ici, donnés, et pendant ses " dégagements " (sommeil naturel).
>
> « Notre espoir reste donc susceptible d'être exaucé, mais à une condition, que notre état permet *à nous seuls* d'entrevoir. Espérons ensemble. " Il " est, incontestablement, l'un des nôtres et par cela même nous gêne étrangement au point de vue terrestre s'entend, d'autant plus que, ce qu'il y a de trop matériel dans les fluides de Juliette, son médium, accentue encore pour nous cette très sensible oppression. »

Le guide Henri

IV. *Deux vies antérieures*

Ma sœur Anne eut la révélation de deux de ses vies antérieures, par le guide Henri. La première très éloignée dans le temps, tandis que la seconde se situe en Italie à l'époque de la Renaissance. Néanmoins, entre ces deux époques si espacées l'une de l'autre, sans être révélées, bien des incarnations terrestres ont dû être vécues. L'une des vies révélées s'était écoulée au pays des Incas où ma sœur fut la femme d'un grand chef. C'est alors qu'elle comprit l'attirance que les peuples rouges exerçaient sur elle. Et cela très jeune. Il lui fut également dit que son premier mari n'était autre que ce chef inca.

Dans l'actuelle vie, elle devait le rencontrer pour la dernière fois, terminant ainsi un cycle de vies antérieures vécues ensemble. Leur divorce fut accepté d'un commun accord et la séparation devint cette fois définitive sur terre et dans l'Au-delà. En ce qui concerne la seconde révélation, l'existence laborieuse qu'elle devait assumer maintenant découlait de la vie frivole qu'elle avait eue en Italie. La réincarnation en loi de compensation était justifiée. Son karma actuel, c'était sa vie à l'usine de la Courneuve, vie difficile en opposition totale avec l'oisiveté, l'insouciance des fêtes raffinées de la Renaissance.

V. *Un amoureux mort*

Lorsque ma mère avait vingt ans, elle s'était éprise d'un bel officier. Ses parents s'opposèrent à ce mariage en raison d'une grande différence d'âge. Elle n'en gardait pas moins, au cœur, une blessure intime. Les années avaient passé, quand elle reçut, au moyen de l'écriture automatique, un poème qui lui était particulièrement destiné. Elle ne le comprit qu'après en avoir terminé la lecture :

> *Cruellement la vie nous avait séparés*
> *Et j'ai bien cru mourir de l'atroce blessure*
> *Délivré, désormais, de l'humaine aventure*
> *Chérie, je te retrouve et mon cœur est comblé!*

Dans tout ce qui frissonne, ondule autour de toi
C'est moi qui t'alanguis, te charme et te caresse
Mon souffle que tu sens, ma fidèle tendresse
Qui te berce et t'endort. Oh! crois-le-bien, c'est moi.

Et qu'importe la vie, aux belles et tristes choses
Elle nous promet trop, et nous refuse tout.
La mort nous donne mieux, dans ses métamorphoses
Elle nous rend l'amour et plus fort et plus doux.

Car le pays divin des communions d'âmes
Sur la terre d'exil, on ne le trouve pas
Désunis par la vie, ici je le proclame,
Rien ne pourra jamais, t'arracher de mes bras.

Car ma femme, c'est toi, qui jamais ne fus mienne
Mon amante et ma sœur, toi, le cœur de mon cœur
Va, ne crains pas la mort car dans sa paix sereine
On retrouve oubliés tous les anciens bonheurs.

Ce poème fut donné en 1930 et ne porte aucune signature. Cependant nous trouvons : signé : .... 30-33. Après bien des suppositions et des réflexions ma mère comprit l'intention voilée de se faire reconnaître par elle seule : 1930 − 33 = 1897. Il ressort que la demande en mariage a été faite par ce jeune officier en 1897. A cette époque, ma mère avait vingt ans puisqu'elle est née le 19 mars 1877.

VI. *L'enfant qui n'a pas vécu*

Malgré ses multiples occupations, il n'était pas rare que ma mère se rendît chez des amis de longue date, qui groupaient autour d'eux de nouveaux adeptes. Ceux-ci, toujours friands de possibles manifestations, attendaient ma mère avec impatience.

Parmi les nouveaux adeptes se trouvaient deux jeunes couples appartenant à la même famille. Ma mère dit à Mme R., fille de M. H. : « Je vois autour de votre tête une aura bleu clair qui m'indique que vous avez dû avoir une maternité qui n'a pas abouti. » La jeune femme acquiesça.

Ma mère se tourna ensuite vers M. L., veuf depuis plusieurs années : « Chez vous aussi, votre femme a eu une maternité inachevée, car je la vois près de vous avec cette même coloration bleue, mais autour du poignet qui rejoint celle de votre fille. Ceci indique que c'est la même petite âme qui a cherché à s'incarner chez votre femme et chez votre fille sans y parvenir. »

Tout était absolument exact. L'entité qui aurait voulu s'incarner dans l'enfant qu'aurait porté Mme L. n'ayant pu se réaliser, voulut alors s'incarner dans l'enfant porté par sa fille, Mme R.

L'aura bleu clair indiquait que c'était la même âme, car chaque âme a une couleur spécifique. De l'Au-delà, le poète nous montre l'hésitation de ces jeunes âmes :

> *Petites âmes fugitives*
> *Dans vos essais réitérés*
> *Effrayées de vous voir captives*
> *Bien vite vous nous rejoignez*

l'Ami inconnu

VII. *Francis Jammes*

Le message signé Francis, reçu en 1939, ne précisait pas l'identité de son auteur. Nous ne devions le reconnaître que bien longtemps après, en 1944, lors d'un apport : un livre signé Francis Jammes.

Ce livre comportait quelques vers du message reçu médium-niquement cinq ans plus tôt. Dans ce message en vers le personnage décrit, identique à lui-même, est le reflet de la personnalité qu'il retrouve d'une de ses incarnations antérieures. On comprend, à la lecture, qu'il a dû vivre au temps de la Grèce antique. Homère peut-être, le « chantre » des Dieux dont il fut le disciple.

Éveil de Francis Jammes

> *Je sais qu'elle m'est enlevée*
> *L'illusoire vie de la terre*
> *Que, sous mes pas, le monde a fui.*
> *Mais comment s'est fait ce mystère?*
> *Par quel prodige s'accomplit*
> *Ce total changement? Comment s'est-il pu faire?*
> *Je ne suis plus le même et cependant complet,*

Plus souple, rajeuni, j'ai même mon béret
Qui, bien plus crânement sur ma tête se pose...
C'est fou! Voilà que je reçois aussi d'autres objets :
Mon vieux taille-crayon, depuis longtemps perdu
Et ce calepin vert que je ne voulais plus
Et qui, comme un témoin à mes yeux se révèle...
Et tout ce qui se lève à mon âme fidèle...
Le chant de mes oiseaux, la caresse d'une aile
Mes bonnes amitiés, mes chères discussions...
Jusqu'aux Hi-han, de mes petits ânons
Leurs beaux yeux caressants et leurs grandes oreilles,
Et les parfums épars, le soir, sous le ciel rose...
Vais-je ici, retrouver les êtres et les choses?
Car nous savons peu, des effets et des causes!

Mais je sens que bientôt, sans même le chercher,
Mon esprit va s'ouvrir, mon cœur s'illuminer,
Que je comprendrais mieux les vérités sublimes,
Déjà s'estompent au loin les divines collines
Où je m'imaginais pouvoir contempler Dieu.
Si je ne le vois pas, je le sens là, c'est mieux!
Des légendes passées je n'ai plus nul besoin
Pauvre humaine raison. Il est proche et si loin...
Mais je sens sur ma main une humide caresse...
Oh! mon chien, mon bon chien, sa fidèle tendrese!
Mon cœur le savait bien, que tu ne mourrais pas.

Des visages amis que je ne connais pas
Me sourient doucement. Un étrange bien-être
M'envahit tout entier, lentement me pénètre.
De tendres bras m'entourent et soutiennent mes pas
Tout près de moi, je vois comme un frère identique
D'autres plus effarés tels des reflets pâlis
Qui me ressemblent aussi... Près de ruines antiques
Nous nous réunissions, le soir, sous des portiques
Pour chanter la splendeur de beaux marbres polis
(Mais en quel temps, quels lieux? En quels jours abolis?)
Exalter les génies, glorifier la nature,
La chaste volupté, née de la beauté pure.
La musique et l'amour — étions-nous les disciples
De celui qui chanta en des vers magnifiques

La Victoire et la Paix, la Gloire et la Beauté
Dont l'âme débordant de divine musique
S'épanouit sur le monde en accents inspirés!
Oui, du chantre des dieux fussent-nous les disciples?
Mais étions-nous plusieurs ou un seul, ou multiples?

Bientôt, je comprendrai. A vous mon Dieu, merci,
C'est à vous que je dois de m'éveiller si vite
Je n'avais point pensé qu'il en serait ainsi
Et je croyais bonnement qu'aussitôt mort, de suite
Je serais devant vous, dans votre paradis,
Car on nous berne un peu, là-bas sur notre terre
Mais pour nous consoler de l'humaine misère
Il fallait un hochet et le choisir très beau.

Vous êtes grand, mon Dieu, et bon et je vous aime
Je sens que je vous porte en moi, comme un flambeau
Inextinguible et clair. Je sais que, désormais
Il faut vivre et monter, pour se perdre à jamais
Dans l'ineffable joie d'être un peu de vous-même
Et je suis prêt pour tout intensément! Pour vivre
Travailler et mourir de nouveau, s'il le faut.
Pour aimer, pour lutter et vaincre mes défauts!

Signé : Francis

VIII. *Rainer Maria Rilke*

En 1941, la lourde atmosphère de l'occupation pesait sur nos cœurs et sur nos épaules, sans toutefois interrompre nos réunions que nous organisions plus discrètement, sur l'ordre de nos guides.

Un jour que les nouvelles étaient particulièrement alarmantes, notre étonnement fut grand lorsque ma mère nous dépeignit ce qu'elle voyait dans l'angle du salon.

« Je vois un homme de petite taille, vêtu du costume allemand. Il se tient debout, son costume mal ajusté est bien trop grand pour son corps ce qui lui donne une allure assez misérable. »

Puis, par audition, ma mère reçut et nous transmit, avec un léger accent, les paroles que voici :

107

« Je ne suis pas Allemand, je suis né à Prague. J'étais écrivain, mon nom est Rainer Maria Rilke. »

Après avoir prononcé ce nom, ma mère ressentit une vive douleur, qui lui sembla être une piqûre d'épine :

« Tiens, j'entends de nouveau, dit-elle, ma mort a été provoquée par une piqûre de rose. Je vous remercie de m'accueillir aimablement, je suis aidé par une grande lumière près de moi. »

Il était assez rare qu'une entité nous donna le nom de sa dernière incarnation. C'est par le guide Henri que nous en connûmes la raison :

« Rilke voulait dénoncer une identité qui n'était pas la sienne, mais infligée par les Allemands; ceux-ci voulant s'honorer d'un grand poète contemporain. Ce vêtement mal ajusté en était le symbole. »

Nous reçûmes, en médiumnité, tout un recueil intitulé par lui-même *Portraits fleuris* et signé « le Jardinier des âmes ». Ces *Portraits fleuris* seront suivis d'œuvres glorifiant la nature où l'on retrouvera sa délicatesse et son admiration pour l'œuvre de Dieu. Il est à noter que Rainer Maria Rilke n'était pas connu de notre groupe et fort peu en France, ses œuvres n'ayant pas été traduites en français. Il faudra attendre l'excellent travail de Maurice Betz pour que le grand public découvre cet artiste sensible. Ainsi, grâce à ma mère avons-nous eu la joie de découvrir, bien avant ces traductions, ce grand poète qui nous combla de ses œuvres élégiaques.

Le poème qui suit est dédié à une amie, née d'une famille anglaise aisée, élevée pour les arts d'agrément, très artiste, son milieu ne l'avait pas préparée aux obligations de la vie. Sa fragilité nous la faisait aimer bien qu'elle ne suivît point les conseils demandés.

Pour Madame N.

C'est un oiseau, volant de branche en branche
Sans savoir se poser, distrait, effarouché
Craintif, sans point d'appui, si tristement perché.
Une apparence, un rien l'égare,

Le plus léger souffle l'entraîne
Vers d'impraticables chemins
Il se perd dans l'azur
S'il déserte le sol
Car il ne sait, hélas seul diriger son vol
Mais rêve d'un doux nid balancé par la brise
Alors qu'il n'a jamais su grouper le duvet,
La mousse séchée, l'impalpable laine
Que laisse au buisson le tendre agnelet
Matériaux légers qu'un oiseau pratique
Sait s'approprier, de l'ongle et du bec...

C'est à cet oiseau qui ne sait pas vivre
Que vous ressemblez ainsi, à poursuivre
Inlassablement d'instables chimères;
C'est parce que je sais que nous devons payer
Trop d'instants consacrés au rêve
Que je vous tends les mains, car les heures sont brèves
Ne les gaspillez pas en longs efforts stériles
« Mais enrichissez-les pour toutes fins utiles »
Bien au-delà des apparences
Qui trompent les regards humains
Regardez en avant les futurs lendemains
Ce sont les fautes coutumières,
Les négligences journalières
Qui vous ramènent sur vos pas,
Vous font perdre du temps et tout votre courage
A rechercher en vain les empreintes creusées
Et si tôt effacées de vos anciens passages...

Désormais, sobrement vêtue
C'est la réalité qui se tient devant vous,
Mettez résolument dans ses paumes tendues
Vos deux mains. Depuis bien longemps
Nul ne veut plus courir sus aux moulins à vent...
Faites votre devoir, en restant sur la terre
Et s'il n'est pas trop tard, la vie, prise au collet
Perdra de ses rigueurs, trouvera les promesses
Que, peut-être en ses plis secrets
Elle détient pour vous. Oui, reprenez courage
Le soleil luit, si beau après l'orage

Pauvre femme au cœur de cristal,
Pardonnez... Je vous ai fait mal...
Mais, c'est pour votre bien et c'est mon amitié
Qui, malgré moi m'entraîne à cette mercuriale.
J'entrouve de mes doigts vos souples doigts d'artiste,
Je mets contre le mien votre cœur seul et triste,
Tant déchiré d'amour, d'attente et de regrets!
Et mon souffle sur votre front passe, chassant le bataillon
Des fantômes qui se défont.

Le Jardinier

Pour Madame Edwards

Qu'elles soient rouges, ocrées ou blanches
Roses thé, ou jaunes au cœur d'or
Roses de Dijon, roses mousse
Roses de France ou d'églantier
Votre beauté les contient toutes,
Contient aussi tous les parfums...
Belle fleur, orgueil du jardin.

Le Jardinier

Les roses qui forment ce bouquet concernent les portraits que le Jardinier adressa à certaines d'entre nous. Rilke, poète des roses sur terre, l'une d'elles devait lui ôter la vie, confirmation que nous trouvâmes dans l'une de ses biographies.

Le poème qui suit est donné à l'une de nos amies, afin de la rassurer sur l'avenir de sa fille :

Pour Mademoiselle J. S.

Elle n'est qu'un fin papillon
Grisé de sa beauté fragile
Qui, vite hélas, se fanera.

Étourdie, légère, futile
Nul avis ne la touchera
Car sa vie, sa beauté manquent d'assise

Ne vous attristez pas pourtant,
Pour elle l'ultime moment

N'est pas venu, mais l'heure sonnera précise.

Lorsque le papillon n'ayant su discerner
Seul quel suc divin la pouvait abreuver,
Cessera de s'aimer pour comprendre l'amour.

Et vaincu, ébloui pleurera de tendresse,
Penché sur un berceau, sur la douce faiblesse
D'un enfant nouvellement né.

Le Jardinier

De nombreux vers de notre bon Rateau ont été faits à l'ins-
tigation du cher Jardinier en 1946. (André était le prénom de
mon mari, mais nos guides l'appelaient toujours en séance du
nom de Ande, nom qu'il portait dans une de ses vies antérieures.)

Le Jardinier m'a dit comme ça :
Rateau, laquelle que tu préfères
De toutes les roses qui sont là?
Mais tu dois me répondre en vères
(je sais que ça c'écrit pas comme ça)
(mais ça va mieux avec préfère)
Lui, monsieur Ande y fais ces bouts de ligne
Toujours pareil, pas le Jardinier
Des fois c'est pareil et d'autres fois, c'est pas
Et puis, lui y prend moins de peine
C'est fait très vite et ça vat bien
Tandis que monsieur Ande à là là
Rayé ici, rayer la-bas
Moi ça m'couperais le siflet
D'avoir toutes mes page gribouilié
J'oublirait ce que j'vut dire
Je sait que les lignes on des pieds
Tantôt c'est neuf, tantot c'est douze
Y en a qu'en on cinq et d'autre trois
Alors je les compte sur mes doigts
Mais ça n'arive pas toujour juste
Ainsi, par exemple, avec juste
Pour un bout de ligne j'aurait qu'Auguste
Mais qu'aurait rien à faire ici
Car j'en connais pas. Dieu merci...

Voilà que j'oubliais mes roses!
Et j'ai promit au jardinier!
Vous savez c'est embarrassant!
Si je disait que je les préfère toutes?
Mais voilà, j'ai peur qui s'doute
Qu'y en a tout de même trois que j'aime mieux

C'est fait, j'ai montrer mes bout de ligne
Alors, le jardinier a rit
Et m'a dit : c'est bien mon petit
Car je sait pourquoi que tu les aime
C'est bien d'être reconnaissant
Alors vous savez, je suis content
Oui je suis content pour ça quand même
Je le serait encore bien mieux
Si pour vous ç'allais de mieux en mieux
(Ça, ça s'appelle des bouts de lignes riche
Qu'un copain vient de dire en passant)
Riche ou pauvre ça mes égal
Pourvu que ça aille jamais plus mal
On va travailler de tout notre cœur
Pour que ça finisse le malheur
Et pour que leur bombe atomique
Elle donne aux méchants la colique!
Je m'aperçoit que j'en suit pas chiche
A présent des bouts de ligne riches

Votre Rateau

Si vous saviez comme il est beau, comme il est bon le jardinier.
Tous on l'aime du petit au premier
Ses yeux y brille comme des flambeaux
Ça aussi c'est des bouts de lignes riches

Rateau

N.B. : Nous n'avons pas corrigé l'orthographe de Rateau. Ces vers ont été reçus après l'explosion de la bombe atomique.

Le jardinier nous communiqua en maintes occasions nombre de poèmes qu'il serait trop long de consigner ici : Pour Mme de N., de religion antoiniste, un poème réfléchissant toute sa bonté et son grand dévouement pour tous :

C'est une humble fleu : une rose trémière
Qui fleurit en flin de saison
On la recherche peu, mais mon cœur la préfère...

Pour une jeune fille, Mlle H., ayant perdu son fiancé pendant la guerre. Par des renseignements erronés, cette mort lui semblait mystérieuse. Elle nourrissait, depuis lors, une haine au cœur qu'elle ne pouvait surmonter, remuant ciel et terre afin de connaître le meurtrier. (C'est le jardinier qui sert d'interprète pour le message que lui donne son fiancé.)

Je ne veux pas que tu pleures
Car je suis plus près de toi (...)

Le Jardinier ajoute :

« Quand on a fait le sacrifice de sa vie pour un idéal, noble entre tous, qu'importe que ce sacrifice s'accomplisse obscurément et sans gloire? C'est sur un autre plan que la mort prend, et avec elle toute renonciation, sa valeur véritable, et c'est sans effort que cette âme haute abandonne tout désir de représailles et tout regret.

« C'est avec une joie et un élan fraternel que j'ai accepté de transmettre sa pensée. Restez toujours pour lui, la fleur que vous représentez; le réservé et délicat myosotis qui, même sollicité par la vie pourra toujours lui dire : " Je n'oublie pas, le meilleur de moi-même t'appartient à jamais. " »

Le Jardinier

A la fin de ce message, Mlle H., le visage illuminé, sentit une immense joie l'envahir et bientôt sa haine fit place à une foi profonde en la survie de l'âme après la mort. Elle abandonna toute recherche et changea complètement de comportement.

C'est une amie qui nous apporta triomphalement en janvier 1943, un recueil de poèmes écrits par Rainer Maria Rilke traduit par Maurice Betz — *Poésie* — Après la lecture de quelques pages nous lisons : « Rilke tenait pour une trahison de sa pensée toute traduction qui ne restituerait pas en même temps que sa pensée, le mouvement intérieur, le rythme et la musique de l'original. Se contenter d'un mot à mot, si minutieux fût-il, c'était à ses yeux dépouiller l'œuvre d'une partie essentielle d'elle-même en la ramenant au plan secondaire de l'analyse, c'était substituer à un corps vivant une figure de cire. »

Dans le livre *Poésie,* cette phrase « nul ne peut parler de Rilke sauf lui-même » que Maurice Betz avait placée aux premières lignes de son introduction, reflétait une telle réalité que nous ne pouvions douter en relisant ses *Portraits fleuris* et poèmes que chaque ligne laissait vraiment percevoir en transparence le vrai visage de Rainer Maria Rilke.

Nous éprouvâmes tous, le jour de notre réunion, une grande joie à lire et commenter ce premier livre. Cette preuve supplémentaire nous était apportée pour renforcer en nous certaines défaillances possibles. En reconnaissance envers son traducteur, il désira lui-même écrire par l'intermédiaire de ma mère endormie une dédicace, celle-ci à l'intention de ma sœur Anne qui ne pouvait assister à nos séances. Voici le début de cette dédicace :

Exaucer un vœu si charmant
Est pour moi un plaisir extrême...

Ce poème *Intimité* s'adresse à ma mère. Il n'y avait qu'un Rilke pour écrire en termes rassurants un aussi grave sujet :

Intimité — conversation prématurée

Et quand vous rendrez à la terre
ce qui de vous lui appartient, je sais votre désir :
une croix entre deux rosiers
dont les fleurs grimpantes l'enlacent,
par leurs pétales entrouvertes
un peu de ce qui fait le charme
de mon amie d'élection
S'exhalera longtemps encore...
Baisant avec amour la tendre floraison...

16 janvier 1946

*
* *

Dans une vieille église Louis XIII, en Eure-et-Loir, une vierge de pierre et son enfant dans les bras, déposée à même le sol dans un coin d'ombre derrière l'autel, attendait qu'un réparateur compatissant apporte son aide afin de consolider le socle dont elle avait été dépossédée. Voici le poème que nous reçûmes à son sujet :

Aux deux roses sœurs

Dans l'ombre triste reléguée
J'aime que vous l'ayez trouvée
Cette humble vierge de granit
Et son tendre enfant qui sourit

Des doigts depuis longtemps glacés
Ont créé leur forme imparfaite,
Œuvre d'art, de gloire nimbée
De plus belles se sont défaites...

Ce n'est ici, qu'une modeste femme,
Sans beauté, mais l'artiste a mis
Tout l'amour et l'ardente flamme
Dont son âme brûlait et qu'il nous a transmis
Dans cette matière insensible.

Et depuis tout ce temps, cette vierge de pierre
Et son enfantelet détiennent le pouvoir
De porter jusqu'à Dieu, la plus humble prière
Des pauvres cœurs perdus qu'abandonne l'espoir
Et qui, bientôt, verront tout devenir possible

Lorsque vous allez les fleurir
les roses s'offrent d'elles-mêmes
Quand leurs bras sont comblés des douces fleurs que j'aime.
Vous pourriez les voir resplendir

Or, ce premier geste d'amour
Jailli du cœur de votre mère
en un soir de douleur amère
je sais que vous le ferez toujours

Tant que, vers l'humble et vieille église
vos pas pourront aller...
Quand, dans le frais verger, les coquettes cerises
rougiront de plaisir et que le vieux rosier
remontera gaiement ses boutons printaniers

Ainsi donc, en passant par Jésus et Marie
votre prière toute fleurie
montera, droite, pure et belle
rejoignant vite et mieux son âme maternelle.

Le Jardinier

24 septembre 1947 – lundi 11 heures du soir.

Je dus interrompre ce geste d'amour que je fis pendant dix-huit années, la mort de mon mari me mit dans l'obligation de quitter ma maison et de dire adieu à cette petite vierge et son enfant... Mes pas... devaient me conduire près de ma sœur à Belle-Isle-en-Mer, où j'habite maintenant. Lorsque dans le jardin « remontent gaiement les boutons sur les vieux rosiers », l'image de la petite vierge et de ma mère sont, dans mon souvenir, confondues dans un même bouquet.

IX. *Richard Wagner*

Les dimanches d'hiver, dans le courant de l'après-midi, nous écoutions souvent, mon mari et moi-même, des disques nouvellement parus. En alternance, mon mari chantait une mélodie en s'accompagnant au piano. Ma mère, à notre grande satisfaction, venait nous rejoindre à l'heure du thé. Il n'était pas rare qu'une présence invisible se manifestât alors! Or, un certain dimanche, nous n'avions pas remarqué qu'à la fin de la mélodie ma mère se trouvait en état second. Elle nous transmit le message suivant :

« Comprenez-vous mes amis, qu'il serait favorable d'unir les vibrations de la musique aux émanations du parfum, lorsque vous vous réunissez à chacune de vos réunions nombreuses.

« Les vibrations musicales et les émanations favorisent l'extériorisation, créent, comme une sorte de sentier lumineux accessible et d'ambiance plus pure, sorte d'échelle de Jacob qui facilite la montée du médium vers nous et favorise notre descente vers vous. Usez-en donc, largement, au début de vos réunions en nombre. »

Nous savions d'ailleurs, par ma mère, que toutes les musiques ont leurs couleurs propres selon qu'elles expriment, par exemple, le génie de Wagner ou celui de Mozart. Nous en avons fait l'expérience en écoutant un disque de Wagner. Les couleurs passaient du bleu outremer à la teinte opéra, tandis qu'à l'écoute d'un disque de Mozart les couleurs étaient plus pastellisées.

Toutes ces descriptions étaient faites par ma mère car nous, bien sûr, nous ne les voyions qu'en imagination. Avec ce bleu outremer nous eûmes le message suivant, donné à l'occasion du cinquantenaire de la mort de Wagner :

« Je suis Wagner. Comme encore je suis de la terre, comme on reste attaché à ce qui vous a possédé, enivré, meurtri! Dans les nombreux concerts, dans les réunions fanatiques où l'on exalte mes chants, je viens, je viendrai longtemps ici, aussi parmi vous. Je reviendrai parfois, corps bien vivant, et insoupçonné, invisible à tous les yeux, sauf à quelques rares qui ont conservé les prérogatives anciennement familières à tous les humains.

« Cette faculté de vue ultra terrestre, je l'ai par période possédée, avant mon changement d'état et pendant longtemps, si ce n'est toujours, convaincu que j'étais d'un autre plan, où la vie se manifestait plus libre et plus légère, plus ardemment belle, je l'ai caché à tous, farouchement par orgueil de paraître incroyant, par rancune contre la vie même qui m'était imposée.

« Je sentais frémissante en ma nature, en mon être, cette dualité terrible et torturante de la spiritualité et de la bête humaine, toute prête aux compromissions, aux lâchetés journalières, elle, alors que l'autre m'entraînait vers les hauteurs, les émerveillements, les délices incroyables et sans cesse renouvelés des harmonies éparses, des mélodies qui m'enivraient, m'entraînaient, perdu dans leurs ondes et d'où je retombais plus seul et misérable encore. Aussi, quel orgueil indompté j'ai ressenti d'avoir à jamais et quand même capté dans certaines de mes œuvres la vie profonde et vibrante des êtres et des choses.

« Cette vie, mystère puissant et adorable, animal, charnel et spirituel tout à la fois, qui m'a saisi, roulé, charmé et si souvent blessé et que j'ai pu parfois traduire par mes cris passionnés, mes plaintes, mes sanglots et mes rires.

« Ô femmes, fleurs, ruisseaux, vallées profondes, sous-bois enchanteurs, oiseaux, vents frôleurs, ouragans superbes, échos puissants des orages déchaînés, mille fois répétés par nos sombres montagnes. Ô ma forêt! »

La communication s'arrêta et n'a jamais été terminée! C'est alors que le guide Henri, guide habituel de ma mère, lisant dans notre pensée la question que nous allions poser, celle de savoir si le sacrifice de Jésus avait sensibilisé Wagner. Sa réponse fut donc immédiate :

« Si vos yeux mortels vous permettaient de voir les irradiations qui jaillissent de la plus humble représentation de l'instrument de supplice sur lequel a voulu mourir Jésus de Nazareth, vous comprendriez mieux de quelles illuminations irrésistibles, l'âme exaltée d'un sensitif, d'un mystique voluptueux peut être enflammée.

« Oui vous comprendriez mieux que cette âme puissante, tumultueuse et passionnée à l'extrême, entraînée alternativement vers les cimes et les bas-fonds, ait enfin et définitivement cédé à l'attraction irrésistible du divin. Sous ses négations même, se cachaient la fleur impérissable de la foi dont l'éclosion a fait jaillir en gerbes glorieuses, le meilleur et le plus pur de son œuvre.

« Pour avoir entraîné par ses chants des milliers d'âmes vers les cimes, qu'elles auraient pu ne jamais atteindre sans cet élan puissant, pour avoir obligé à s'entrouvrir, sous la poussée de l'enthousiasme, des cœurs fermés à l'idéal, cette âme qui reste encore terrestrement fougueuse va, par bonds magnifiques, atteindre bientôt, en récompense, d'autres sommets, déjà fugitivement entrevus par elle dans sa récente incarnation et bien des erreurs lui seront de ce fait pardonnées. »

Toujours dans un état second, ma mère prit un grand carton, ses couleurs et ses crayons et nous vîmes le portrait de Wagner s'exécuter sous nos yeux, avec une rapidité incroyable, ce qu'aucun peintre n'aurait pu réaliser. Des volutes de couleurs entourent le portrait. Celles-ci sont semblables à celles que ma mère avait décrites pendant l'audition du disque. Des portées musicales, inscrites en or, représentaient quelques notes de thèmes d'opéras de Wagner. Mon mari put les jouer au piano et en vérifier aussi l'exactitude. Ma mère s'était éveillée, elle ne connaissait la musique que très superficiellement. Là encore, était un petit miracle!

X. *Gandhi*

Au cours d'une vision, ma mère nous décrivit un escalier, au bas duquel elle se trouvait. Lorsque nous reconnûmes, dans un récit, Gandhi, cet « être de lumière » qui venait d'être assassiné, nous fûmes remplis d'une impression de joie et de plénitude immenses.

> « Les marches sont interminables, nous dit-elle, va-t-il falloir les monter, c'est immensément haut. Ah! l'escalier est éclairé par une lumière oblique et ce qui n'est pas éclairé n'est cependant pas dans l'obscurité! Je monte et, remarquez, je ne suis nullement fatiguée. Les marches ne sont pas très dures, mais semblent ne jamais diminuer. » Puis elle ajoute, comme ravie du spectacle : « Là-haut se trouve un foyer, un feu d'artifice qui flamboie joyeusement, éclatant en gerbes puissantes non interrompues. »
>
> « Les marches ne diminuent toujours pas, bien qu'il y en ait une quantité imposante derrière moi... De nombreuses étincelles descendent vers la terre, c'est un très beau spectacle! »

Ma mère s'interrompit et sembla se trouver dans un état extatique. Après un temps relativement court, ses yeux se fermèrent et de nouveau le guide parla par son organe :

> « Nous voici enfin délivrés de l'excitation de notre instrument. Contre son habitude, nous l'avons trouvée un peu rétive ce soir et puis sa nature primesautière ayant repris le dessus, elle nous a également gênés, mais enfin la voici abandonnée maintenant à nos efforts.
>
> « Vous tous qui, pendant un moment, avez aussi franchi

un certain nombre de marches, nous vous immobiliserons ici. Tout ce qui va être décrit inondera vos âmes de foi et d'ardeur, allègera pour vous les épreuves de la terre, les luttes contre vos passions, vos désirs parfois désordonnés et vous partirez d'ici avec un nouveau bagage.

« Nous voici parvenus au faîte de ce que notre instrument prenait pour un escalier. Nous lui avons fait monter petit à petit, sans l'arrêter, plusieurs plans. Nous disons petit à petit alors que les âmes, absolument préparées à cette ascension, le font d'un bon et parviennent au foyer immense, lumineux, bienfaisant.

« Ce foyer irradie l'amour et la connaissance, au milieu de ces étincelles, au milieu, nous pourrions dire, de ces bouches spirituelles, car ne pensez pas, que nous avons pu faire parvenir notre instrument au foyer divin. Non! mais ce foyer déjà si beau, si rempli de forces spirituelles qui jaillissent en étincelles de plus en plus légères, brillantes et pures, passant des teintes colorées et un peu dures du proche foyer, aux teintes épurées, bleues, roses, mauves, encore plus mauves... et voici que de ce foyer jaillit un visage, un buste, un corps entier et parfait de forme, harmonieux en tout et parfaitement nu et pur, et notre instrument tremble sans savoir ce qui l'atteint si profondément.

« Nous l'amenons près de cette forme spirituelle et parfaite et tout à coup, comme illuminée, elle reconnaît cette forme qu'elle n'a jamais vue. Elle la reconnaît, elle la retrouve et, incorrigible pourtant, nous l'entendons murmurer : ah! mon Dieu, je le trouvais pourtant si laid!... je le trouvais si laid!

« Eh! oui! pauvre âme, pour la terre, il était laid, il était laid, maigre et décharné, mais ce regard limpide, brûlant, clairvoyant est bien toujours le même. Il a retrouvé sa forme spirituelle, son corps lumineux, rayonnant, car c'était un pur, et tu l'as reconnu malgré cette transformation merveilleuse, merveilleuse pour toi, car regarde celui qui vient au-devant de lui, en lui tendant les mains.

« Cette forme aussi belle et pure, et plus encore, et ces autres formes auprès de lui, le plus beau de tous qui est votre frère, celui que vous appelez Jésus, et tous ces autres, derrière, tous ceux qui viennent accueillir celui qui vient de rejoindre enfin le foyer.

« Vois, ce qui lui est remis entre les mains, cherche à comprendre, pauvre âme, c'est toute la force de persuasion que le divin frère dépose en ses mains, lorsqu'il lui donne l'accolade, toute la force de persuasion, la somme d'amour et de foi qui représente tout ce qui va descendre sur terre, car celui-là, qui a tant travaillé le monde, tant travaillé son peuple innombrable, va travailler encore avec beaucoup plus d'efficacité. Son premier geste est de prendre dans sa richesse spirituelle, enfin trouvée, enfin donnée, de prendre tout ce qu'il peut et de le faire descendre sur tous ses frères en humanité.

« Sans doute vous, enfants qui m'écoutez, vous avez reconnu, celui qui vient de nous rejoindre; d'autres restent en place sur la planète terre, qui vont aussi travailler comme il est besoin qu'on travaille pour faire échec aux forces mauvaises qui ont déformé par le vouloir de misérables âmes égarées qui menacent, qui menaçaient de détruire tout le bon travail accumulé depuis tant d'années, par tant de sacrifices, tant de privations avec tant d'amour.

« Les corps célestes chantent et sont dans la joie car le juste est enfin revenu au foyer. Son groupe qui se tient sur le côté gauche, vient aussi vers le frère nouvellement arrivé. Les bras se tendent vers lui et les siens s'ouvrent tout grands.

« Tous ceux-là vont quitter ce plan heureux qu'ils avaient mérité eux aussi, par beaucoup de sacrifices et beaucoup d'amour pour leurs frères de la terre. Cet amour subsiste tellement grand et vivant, qu'ils acceptent, qu'ils ont demandé de revenir sur la planète misérable, afin de sauver cette humanité qui devra, elle aussi, un jour, arriver à comprendre tout ce qu'il y a de beau et de pur dans l'existence, car tous vous devez atteindre cette place glorieuse par un travail fécond, joyeux, agréable et beau. C'est pour cela que nous ne pouvons pas nous décourager et vous abandonner, alors même que vous ne cherchez pas à comprendre.

« C'est pour cela que nous devons venir toujours, venir vous aider avec un cœur plein d'amour fraternel. De cette fraternité lumineuse qui ne s'intitule pas autrement que « désir du cœur de bien faire et d'aimer ».

« D'autres vont descendre, vont venir et vous allez penser peut-être, ils vont descendre mais quand saurons-nous, comment sentirons-nous les bienfaits de leur descente et de leur dévouement! Si, mes enfants, vous le sentiez, je ne puis vous donner l'explication qui vous rendrait facile la compréhension, mais je vous affirme que ceux-là ne sont pas passés par la douce enfance, câlinés, aimés et gâtés. Non! ils vont arriver dans toutes leurs forces, dans leurs pleins pouvoirs, mais avec quelles souffrances mais avec quels regrets, oh! vite aplanis par l'amour.

« Oui mes enfants, la terre a besoin de fraternité, qu'on parle haut, qu'on la sauve malgré elle. Fini le temps des faux prophètes, fini le temps des paroles fallacieuses, car la chose est possible, qui vous semble à vous ne pas l'être de voir surgir des êtres remplis d'amour, de beauté, de bonté à l'instant même où la grande lumière le permet, sur votre pauvre planète, et vous en avez qui sont depuis peu de temps parmi vous, et vous les côtoyez, sans vous en douter, mais présents quelques heures, quelques jours.

« Parfois vous ressentez un bien-être inexplicable en vous, un allègement, une légèreté et vous ne savez pas d'où cela vient. Cela vient *d'êtres* réellement bienfaisants, de la caresse spirituelle d'êtres exceptionnels qui vous a pénétrés parce qu'ils vous reconnaissent en tant qu'unités perdues dans toute l'humanité, ils vous reconnaissent et cette reconnaissance vous laisse pendant un moment presque heureux complètement. »

Le visage de ma mère reflétait une telle sérénité que nous ne pouvions en détacher nos yeux. Les paroles qu'elle prononçait ne l'étaient ni sur un ton sévère ni doctrinal, mais calmement et chaque mot résonnait en nous, nous pénétrait d'une sagesse jusque-là inconnue.

« Je vais vous quitter tout en restant auprès de vous, et vous allez partir chacun dans vos demeures. Vous allez trouver vos obligations faciles à remplir et trouverez l'amour débordant de vos cœurs, à donner à tous. Même vos souffrances matérielles seront allégées et puis vous vous pencherez de tous côtés sur vos frères de la terre. Si la chose vous semble praticable, car il faut toujours savoir à qui l'on s'adresse et si le terrain est préparé solidement pour recevoir vraiment les grandes paroles. Alors, si vous le sentez, vous pourrez dire : " Nous avons entendu ceci, mais, comment vous dira-t-on? Nous sommes heureux, nous sommes dans la vérité et nous avons la joie, le bonheur justement d'entrevoir la vérité, mais de l'entrevoir seulement. Profiter du peu que nous pouvons vous apporter et de tout ce que vous avez entendu. "

« Qu'importent les railleries, les rieurs ne riront pas toujours. Un jour viendra où peut-être ils penseront : Que n'ai-je écouté, que n'ai-je compris, que n'ai-je cru surtout lorsque mon frère ou ma sœur m'apportait cette bonne parole que j'ai oubliée? Allez mes frères, ne cherchez pas dans vos réunions des choses extravagantes, accueillez le bon travail que nous vous chargeons de faire et que vous devez venir chercher dans nos réunions. Nous sommes dans la bonne voie, nous sommes sur la bonne route, et vous le sentirez bientôt.

« Vous ne me voyez pas, mais si vous pouviez me voir, vous sauriez que je suis heureux, parce que je sens que vous êtes disposés à faire ce que je vous demande et si vous tombez sur la route, vos frères vous tendront la main, ils vous diront " moi aussi j'ai succombé, tu dois te relever ". Allons mon frère, mon ami, mon frère, donne ce que nous te donnons avec joie. »

Signé : le guide Henry

XI. *Vision d'une cité engloutie*

Les enseignements, dans leur diversité, n'étaient jamais monotones, mais toujours instructifs. Nous regrettons notre manque de documentation concernant les rites pratiqués à des époques très reculées. Néanmoins je rapporte ici la vision décrite par ma mère en état d'extériorisation. Peut-être est-ce une réminiscence d'une vie antérieure...

« Je vois, – dit-elle – une sorte de ville, mais formée de maisons arrondies, entourées chacune d'espaces cultivés. Peu d'arbres, sinon des arbustes, certaines de ces maisons sont dans le haut entourées de galeries fleuries dont je ne puis décrire les couleurs, car cette vision se découvre sous une clarté amoindrie par la nuit, mais une nuit lumineuse constellée d'étoiles, plus grosses que celles que nous voyons ici. Pour découvrir tout cela je suis entourée de beaucoup de personnes, des femmes. Nous nous tenons à la portée d'une immense galerie sur une sorte de terrasse surélevée d'où l'on descend par plusieurs escaliers taillés dans une matière que je ne connais pas, veinée d'une nuance foncée peut-être noire.

« On monte de l'intérieur une grande quantité de flambeaux, de torches que l'on distribue à chacun autour de moi, alors que je m'assieds sur une sorte de fauteuil à quatre bras, très profond, mais que je trouve très dur malgré un gros coussin de poils.

« Nous descendons et allons dans des rues toutes plates, nous longeons ces maisons rondes d'où sortent des gens habillés comme nous le sommes tous, des vêtements clairs, les uns de belle étoffe soyeuse, les autres de toile fine, mais toujours larges et ceinturés très haut. Nous arrivons après une longue, longue promenade au bord d'une grande quantité d'eau sombre et mouvante, masse d'eau que je découvrais de la terrasse et qui doit être la mer. Je descends, je suis bien et je respire avec un vrai délice l'air comme poivré, parfumé. Nous jouons tous, toutes nous courons, nous chantons, je suis bien, je ne voudrais jamais rentrer, malgré qu'il fasse ici, en face de cette eau, dans ces rues, près de ces jardins, beaucoup moins de clarté que là où je vis et habite.

« Je ne voudrais pas déjà aller me reposer mais il le faut. Je trouve que les moments de sommeil sont plus longs que ceux des moments conscients. Vraiment le repos empiète sur la vie. Nous arrivons hélas! et pourtant ici, je ne suis pas malheureuse. Il y fait si clair, et tout y est fait si beau, si harmonieusement, que je me sens heureuse et calme. Mais pourquoi ce qu'ils appellent le jour est-il plus sombre que la nuit? C'est l'heure, voici, je viens, je suis prête, mais je ne suis plus si ardemment entraînée vers le devoir que jadis. Père, Père chéri, pourquoi m'as-tu laissée seule dans le temple? »

(Depuis quelques instants ma mère est complètement endormie.)

« Je te rejoindrai, je trouverai le chemin... Vivre... vers toi... je ne le pourrai plus longtemps. Je vais faire... oui,

124

tout ce qui doit être fait, mais à quoi mènent ces gestes, cet apparat, ces élans vers ces dieux que jamais on ne voit, qu'en pierres précieuses, en bois parfumé, idoles que je sens insensibles, immobiles alors que je vibre et vis et me tords dans ces spasmes et ces délires qu'on m'impose... Père, je partirai, je partirai, je pars. Tous dorment, tout est fermé, je n'ai que les habits du temple à ma disposition.

« Que les dieux, s'ils sont vrais, me pardonnent le sacrilège. J'étouffe ici, je pars et trouverai. Nul moyen, pas de fermeture oubliée. Ah! une ouverture sous mes doigts, une porte, oh! l'escalier qui monte, quel est cet escalier que je ne connais pas? Je cours, je vole, qu'est ceci? qu'est-ce donc? quelle chose brillante, quel immense foyer! Que c'est beau, que c'est beau! Une pluie de joyaux, de rayons jamais contemplés. »

(Cette prêtresse découvre le jour, au moment du lever du soleil.)

« Ah! quelle force m'aspire, si c'est la mort je veux mourir, si c'est mourir que découvrir cela, cette beauté, cette lumière inconnue, Père, Père viens à moi... que dis-tu? cette force, cette source merveilleuse c'est le Dieu soleil et je ne servais que la nuit. C'est le soleil, dis-tu? Le soleil jamais vu, insoupçonné de ton enfant! Pourquoi donc, m'adorant, m'as-tu consacrée au culte de la terre, de l'ombre et de la nuit? Soleil, je viens à toi, Père, toi son prêtre accueille-moi, je t'aime! Je meurs et c'est la vie! Maya te rejoint. »

L'incarnation interrompue, ma mère, ayant repris conscience, est très étonnée de la description que nous lui faisons. Quelques instants plus tard, par audition cette fois, ma mère nous donne les explications suivantes :

« Trois heures par jour, cette prêtresse devait se tenir le corps en forme d'arc; les talons et les doigts des mains seuls touchant la terre. Séances servant aux forces souterraines et actives, consacrées à la Déesse " Karvoulka ". (Je ne suis pas certaine de l'orthographe, ce nom ayant été pris sous dictée.)

« Elle avait accepté, dans l'ignorance de l'enfance, une mission particulièrement lourde pour les aspirations ardentes endormies en elle et, le moment venu, aucune des forces formidables qui l'enchaînaient n'auraient pu empêcher l'élan puissant qui l'entraînait au figuré comme au réel vers la lumière et la compréhension.

« Ame d'élite, retournée à sa source pour de plus hautes œuvres, resdescendue souvent sur d'autres sphères pour des missions toujours choisies, comme récompense des missions périlleuses et parfois ardues acceptées, ses rentrées dans la matière n'ont jamais été réalisées que dans des corps féminins, idéalisés et pur. »

Cette vision a décrit une ville ancienne, Andriopolis, ruines sur lesquelles a été construite l'ancienne Constantinople. Ne pouvant évaluer cette dernière citation, j'ai consulté le dictionnaire qui définit Byzance ainsi : colonie grecque construite au VIIᵉ siècle avant J.-C., celle-ci devient Constantinople en 330 après J.-C. puis devient Istambul, port de Turquie sur le Bosphore et la mer de Marmara.

Peut-être un jour, si de nouvelles fouilles étaient entreprises, concernant la période antérieure à l'époque où Byzance existait encore, serait-il possible de retrouver des documents appuyant cette dernière vision.

XII. *Message des martyrs de l'histoire*

Un jour nous reçûmes la visite d'une amie de ma mère, de passage à Paris. Les deux amies ne s'étaient pas revues depuis une quinzaine d'années. La vie de chacune avec ses vicissitudes avait interrompu leur relation. Après le déjeuner la conversation s'orienta d'une toute autre façon, car n'avaient été évoqués que leurs souvenirs de jeunesse. Nous abordions les sujets actuels et, tout particulièrement, les dons que possédait ma mère depuis quelques années. La grande diversité de ceux-ci amusait et étonnait cette interlocutrice. Devant sa surprise, je me levai et allai chercher quelques dessins. Parmi ceux-ci, son attention fut attirée tout particulièrement par un croquis représentant plusieurs visages et un peu plus haut, à droite, la ruine de ce qui avait dû être un cloître. En surimpression, un visage de religieuse ainsi que d'autres plus jeunes, exprimaient une angoisse saisissante.

Tout à coup, subjuguée, cette amie prit le dessin et, de son index désignant la ruine, s'écria : « Mais, Pauline, c'est l'abbaye

126

des Lys que vous avez dessinée. Ces ruines sont celles qui font partie du château dont je suis actuellement intendante. Il s'agit du domaine du comte de N. situé à quelques kilomètres de Melun. »

C'était à notre tour de ne pouvoir réaliser une telle coïncidence. « Si vous êtes d'accord, nous dit-elle, je vous invite dimanche prochain à goûter au château. Je suis complètement libre de recevoir mes amis, le dimanche. Les châtelains partent actuellement toutes les fins de semaine en Sologne, où ils chassent chez des amis. »

Le dimanche suivant nous étions au rendez-vous et, à l'heure fixée, notre amie nous attendait sur le perron. Fort impatients tous les quatre — car mon mari s'était joint à nous — nous nous dirigeâmes, dès notre arrivée, vers l'abbaye. C'est avec une émotion particulière que nous reconnûmes, en effet, le modèle ayant inspiré le dessin miniaturisé de l'abbaye dont il ne restait qu'une partie de la façade, quelques ogives et un pan de mur. Le lierre, amoureusement, lui faisait par endroits un véritable manteau de verdure. En cet instant, il s'exhalait des arbres majestueux du parc une nostalgie du passé, que nous ressentions intimement.

C'est alors que maman nous quitta et se dirigea vers les vestiges de ce qui avait été une belle abbaye. Les bras étendus en croix, plaquée contre le pan de mur, elle faisait corps avec ce que nous ne pouvions comprendre. Le martyre enduré par ces saintes femmes! Lentement je rejoignis maman qui me dit d'une voix douce : « Les pierres ont gardé l'empreinte de la souffrance infligée dans ces lieux. L'abbesse sœur Marie des Anges et ses filles périrent dans l'abbaye, brûlée pendant la Révolution de 1789. »

En cet instant nos cœurs battaient à l'unisson et nos âmes reconnaissantes s'élevaient vers nos guides invisibles. En dirigeant nos pas vers ces ruines, ils nous prouvaient que les lieux, les édifices, les objets gardent en eux la mémoire de ce qui s'y est passé. Après ces quelques instants de recueillement, notre hôtesse nous entraîna vers le château, où un goûter « royal » nous attendait.

Le château était de construction récente alors que l'abbaye était bien antérieure. De dimensions moyennes, il était admirablement proportionné. La salle de repas était claire et de grandes portes-fenêtres permettaient de jouir de toute la perspective du parc. Le thé nous sembla bien meilleur servi dans des tasses de fine porcelaine, décorées de fleurs roses et or. Chaque bibelot attirait le regard. Deux heures passèrent, agréables et légères.

Alvarez était le nom de cette amie, nom qu'elle portait très bien et qui, du reste, s'alliait au décor. Elle nous fit visiter l'appartement qui lui était réservé. Placé sous les combles du château, il était intime, douillet, en raison de la tapisserie, harmonisée au style des meubles Napoléon III. Cet appartement était vraiment le refuge auquel il est permis de rêver. La communication, que ma mère reçut lors de notre visite chez son amie, m'amène à survoler quelques années, afin de faire comprendre à mes amis lecteurs la continuité de protection apportée par les désincarnés attirés par les souffrances identiques que vont subir des êtres de même croyance.

Communiqué reçu en avril 1938 et concernant la guerre civile d'Espagne :

« Amis, les voies de Dieu sont diverses pour atteindre le même but. Je suis celui qui a essayé de vous parler par l'instrument nouveau de bonne volonté qui est à ma droite. Pouvez-vous de la sorte me suivre? »

(Ce trop jeune médium, pas encore assez passif, ne pouvait recevoir ni transmettre un tel message. C'est par ma mère que la suite fut donnée.)

« Hélas! je voudrais vous apporter la parole de paix, mais ce sont les plus sourds ceux qui ne veulent pas comprendre. Il se joue en ce moment une comédie de dupes. Pourquoi, ô frères, n'avez-vous pas trouvé en vos cœurs le courage nécessaire et la volonté charitable d'intervenir. Cependant, si nous creusons un peu cette indifférence, nous trouvons de la lâcheté, mes frères. Ce qui se passe en ce moment est favorisé par toute la terre et toute la délation. Réfléchissez et vous comprendrez. Moi, qui parle difficilement, j'essaie de passer au travers de vous tous, afin que vous profitiez de nos conseils fraternels.

« ... J'ai vécu les jours de septembre, hélas! Quelle similitude pour nos frères humains. A la même époque, ils ont subi les mêmes supplices. Dans vos cœurs appelez-moi " Olivier ". Je voudrais ici vous parler de paix, comme mon nom même l'aurait indiqué. Je suis autorisé à vous donner ce nom. Autrefois, je n'étais parmi vous que le " Passant ".

« Aujourd'hui, je suis Jean Lefèvre, aumônier de la miséricorde. Aux massacres de septembre 1792 je suis tombé sur le perron avec tant d'autres! Alors, quel désespoir de voir cette révolution au ralenti. Luttez, vous vous glorifiez dans l'égoïsme, ne vaudrait-il pas mieux découvrir un peu plus de charité? Que vous fassiez parvenir dans vos cœurs la bonne parole, elle est l'occasion qui montre le chemin.

« Faites tout ce que vous pouvez, ce sera, de l'avis de Dieu, beaucoup déjà! Que va-t-il advenir de tous? Je ne suis pas dans la possibilité d'y voir. Un épais rideau de haine, de lucre, d'ambitions voilées, aux yeux spirituels. Mon fils, je ne suis pas maître de l'organe de l'instrument et je vais trop vite. »

(Nous prenions difficilement par écrit les paroles que ma mère prononçait endormie.) C'est à mon mari que s'adressaient ces mots :

« Que chacun de vous se permette de prendre une de ces fleurs, et qu'il la conserve, même tachée et fanée, nul ne pourra flétrir le bien dont nous les remplissons. Faites une élévation de pensée. »

Sur le piano, un vase de fleurs décorait toujours notre salon. Un temps se passa, puis nous vîmes les fleurs s'incliner, semblant participer à notre recueillement. Des lèvres de ma mère s'échappait un chant religieux dont les modulations enveloppantes nous transportaient dans une ambiance irréelle. Puis le chant cessa. Après un silence le guide reprit :

« Mes amis, faites un effort de générosité. Priez pour sœur Marie Francisca assassinée dans une cathédrale d'Espagne entourée de ses filles mortes en chantant. Sœur Marie des Anges est près de moi attirée par les souffrances de ces pauvres âmes, les secourt et va bientôt les entraîner vers la lumière bienfaisante qui panse les blessures. Je m'efface devant sœur Marie des Anges. » « Tout est anéanti, dit-elle, moi leur sœur, je leur tends les bras. Quels temps malheureux encore vous traverserez! Que Dieu vous donne la compréhension. »

Ces derniers mots à peine achevés, un fait étrange se produisit. Un bruit, semblant provoqué par la chute d'un objet lancé violemment, nous fit sursauter. De nouveau, la voix du guide se fit entendre pour nous recommander de ne pas créer de perturbations par des mouvements inconsidérés car ceux-ci pourraient être néfastes à l'instrument en extériorisation.

« Dans un instant vous pourrez faire la lumière et constaterez qu'un morceau de fer forgé, provenant de la grille d'une chapelle appartenant à une abbaye d'Espagne, a été projeté ici. **La force de vos pensées d'altruisme rejoignant les nôtres a favorisé par leur intensité une matérialisation. L'objet que vous découvrirez en devient le symbole.** Cet élan merveilleux qui s'appelle amour, joint aux sacrifices des martyrs, a aidé à l'éveil de ces pauvres âmes transcendant la souffrance en paix retrouvée. »

C'est dans un silence recueilli que nous attendîmes que ma mère soit complètement dégagée. Elle fut surprise d'apprendre ce que chacun était pressé de lui dire. L'un de nous commençait une phrase, l'autre la terminait. La sérénité qui nous avait habités se transformait en une joie exubérante. Penchée vers l'endroit où il m'avait semblé localiser la chute de l'objet signalé par le guide, je le trouvais à environ deux mètres du fauteuil de ma mère. C'était une fleur de lys en fer forgé, qui avait dû orner l'extrémité d'un des barreaux formant les grilles d'une chapelle. Chose inattendue, en prenant celle-ci, je constatais qu'elle dégageait une certaine chaleur. Je le fis remarquer aux personnes présentes parmi lesquelles se trouvait une radiesthésiste.

Très intéressé par ce phénomène, il sortit son pendule. Nous vîmes tous que celui-ci, placé au-dessus de la fleur de lys, dessinait d'abord de petites circonvolutions qui, devenant de plus en plus grandes, atteignaient presque à l'horizontale. Voulant pousser l'expérience plus loin, le radiesthésiste s'éloigna, mais le rayonnement émis par la fleur de lys, influençait de la même façon le pendule. Cet apport arrivé en séance mensuelle n'était pas chose nouvelle pour nous; cependant, elle l'était pour les trente-cinq personnes présentes. Cette fleur de lys concrétisait le message que nous venions de recevoir.

XIII. *Regards en arrière*

Un nouveau moyen de divination avait été découvert, tout à fait par hasard dans notre atelier, par ma mère. Ma sœur, devant faire une facture, eut un geste maladroit. Elle lança son porteplume qui roula sur le papier et fit ainsi plusieurs taches. Celui-ci inutilisable, elle le replia sur lui-même. Distraitement ma mère, qui était près de nous à ce moment-là, prit le papier et le déplia. La bizarrerie des taches l'amusait. Tout à coup elle fut surprise de trouver un sens à ces taches. Il lui semblait voir des êtres, des paysages, des visages même, qu'elle nous décrivait.

Aussitôt, nous avons voulu provoquer de nouvelles taches, car c'était très joli et toujours de formes différentes. A mon tour, je m'appliquai à faire sept taches et repliai très soigneusement mon papier, en l'ouvrant je poussai un oh! d'admiration. La tache centrale semblait une véritable dentelle.

Maman se saisit du papier car elle était elle-même intéressée par ce qu'elle découvrait : « Le centre de ce dessin représente un magnifique lustre allumé comme pour un jour de fête, et je distingue, me dit-elle, un visage d'homme et un visage de femme. C'est drôle, ce visage de femme, c'est toi Jeannette. Tu as la tête appuyée sur la poitrine de l'homme que l'on devine dans la suite du dessin. Seulement continua-t-elle, tu n'as pas la coiffure que tu portes actuellement. Tes cheveux sont séparés en bandeaux. Cet homme, mais vous pouvez le voir! Regarder. » Effectivement nous le voyons, nous aussi, dans les taches très bien dessinées. « Tous deux, côte à côte, vous construisez une maison sur des bases solides, un foyer. Il t'aidera, cet homme, à ouvrir une porte dont j'ai la clé, me dit-on. »

Cet avenir, je ne l'imaginais pas, ayant eu précédemment des déceptions sentimentales qui m'avaient laissée très réticente, pour accepter une nouvelle idylle. Puis les jours passèrent et j'oubliais cette vision.

Un samedi après-midi, je m'étais rendue à l'hôtel Carlton, avenue des Champs-Élysées, où mon coiffeur Nicolas se trouvait luxueusement installé au sous-sol de cet hôtel... Il dirigeait les salons de coiffure, pour dames et messieurs. J'avais apporté un livre, pour trouver le temps moins long sous le séchoir. Ce livre, je le dévorais. Son titre était *la Porte étroite* d'André Gide. Au moment de la mise en plis, Nicolas, séparant mes cheveux en bandeaux, s'exclama : « Avec le visage que vous avez, voilà, la coiffure qu'il vous faut. » Autour de moi, on avait applaudi. Il prenait plaisir à employer son talent sur un visage qui ne lui déplaisait pas. Il savait que je pouvais être un excellent mannequin, ayant moi-même une clientèle féminine. Je ne pouvais qu'apporter de l'eau à son moulin.

Ce 3 mars 1931 il faisait très froid en sortant de l'hôtel, mes talons martelaient l'asphalte du trottoir. Je marchais très vite pour me réchauffer et atteindre la plus proche station de taxis, lorsqu'un homme s'approcha de moi, me disant : « Chez notre coiffeur commun, vous avez laissé tomber votre livre dans l'escalier. En remontant moi-même de chez Nicolas, je l'ai ramassé et le voici, chère Madame. »

Arrêtée dans mon élan, en le remerciant je le regardai et stupéfaite je reconnus le personnage du dessin, de mes taches d'encre. Le front, les cheveux bien plantés, l'arcade sourcillière creusée au-dessus des yeux. Les traits du visage bien dessinés. C'était lui qui m'avait été annoncé par maman.

L'avenir devait bientôt me le préciser. Il devint mon second mari en 1937. Nous nous étions reconnus d'âme à âme André Gugenheim, nom d'origine alsacienne, fit définitivement ma conquête, lorsque je découvris en lui son intérêt pour *La métapsychie*. Notre mutuelle attirance physique fut doublée bientôt d'une semblable compréhension spirituelle et artistique.

André m'aida dans ce qui m'avait été assigné par mes guides : organiser autour de ma mère un climat favorable au développement de sa médiumnité, qui allait s'amplifiant. Mon mari devint l'enfant chéri des dieux, pourrions-nous dire de nos guides. Ses travaux littéraires lui ont été facilités par l'apport de certaines communications que maman recevait et lui transmettait. Bien que passagèrement quelques images assombrirent notre vie commune, celle-ci fut harmonieusement vécue, en concordance avec le poème que le guide Marcus nous adressa particulièrement.

Acquérez le pouvoir de donner le bonheur.
Ce pouvoir est en vous... si vous savez l'y prendre
Ardents et courageux, croyants sans plus attendre
Consolez l'opprimé, combattez le malheur.

Depuis le départ de mon mari pour « cet ailleurs d'où l'on revient », mes petits travaux artistiques, je le sais, je le sens, me sont inspirés par lui, puisque nous avions acquis le pouvoir de trouver le bonheur. Ce pouvoir était en nous.

CHAPITRE 4

La sagesse du monde : l'Orient et l'Occident

Lorsque ma mère, en état second, nous parla pour la première fois, avec une certaine autorité, en langage chinois, nous étions loin d'imaginer l'importance de l'entité qui se manifestait. En même temps que ces paroles, sa main traçait des signes chinois sur l'envers du dessin qui avait été exécuté par elle la veille. Celui-ci représentait un paysage asiatique sous un ciel rose et or, une chaîne de montagnes protégeait une pagode qui semblait avoir été un temple. Sur un pan de mur s'inscrivaient des caractères chinois. Nous plaçons, ici, deux maximes chinoises qui nous furent traduites par notre guide *le Pèlerin* :

« Que tu lui donnes n'importe quel nom, le Dieu existe quand ce ne serait qu'en toi. »

« En quoi que ce soit, il ne faut jamais dépasser les limites permises, sinon tu rencontres la calamité. »

L'inscription terminée, le dessin glissa doucement à terre. L'entité cessa de parler, il y eut un moment de silence. Puis l'attitude de ma mère devint très différente. On avait l'impression qu'elle acquérait de la puissance, le buste rigide très droit, les yeux clos, les bras écartés du corps, légèrement arrondis, les mains posées à hauteur des genoux, elle semblait dominer une foule invisible. Le fauteuil, à nos yeux, devenait un trône. L'ambiance était pour nous celle de l'Orient. La voix de ma mère augmenta de volume pour prononcer les paroles suivantes :

« Mes enfants de la Terre, je suis Houg-Kang. En raison des jours dangereux que vous pourrez vivre, je deviens un de vos protecteurs, notre... instrument (ma mère) a vécu en des temps reculés dans mon sillage et sous ma protection. Je vous donne avec difficulté les enseignements que je donnais à mes disciples. Il y a des siècles et ils sont toujours vrais, je vous les apporte avec le même amour paternel.

Entre les « quatre mers » tous les hommes sont frères
Vous êtes « fils du Ciel »; d'autres, sous d'autres cieux
Sont aussi « fils du Ciel », enfants de leurs ancêtres
Mais, ambitieux et fous, ils négligent les rites
Et leur passé se meurt... par les « griffes d'oiseaux »
Le vôtre survivra et sera votre force
Si vous le perpétuez toujours fidèlement
C'est l'essence embaumée et riche de la Chine
Puisée par les aïeux à la source divine
Le principe inchangé qui la fera durable
Semblable à ce qu'elle fut, à ce qu'elle sera
Fleur de la courtoisie, par ses lois immuables
Le plus humble de vous peut devenir puissant
Fort d'un savoir acquis, puisé dans le passé
Pour le « lettré » jamais nul chemin n'est fermé
Et chacun d'entre vous se doit de devenir
Celui qui peut guider et secourir son frère
L'aider de son savoir, en lui montrant la route
La voie qu'ont parcourue les ancêtres
Et dont chacun de vous ne devra s'écarter. »

La voix de ma mère se fatiguait, car le larynx devait faire un effort pour aider au mélange des modes d'expression des deux langages. Ma mère les a reçus et écrits pendant son sommeil, sans aucun souvenir et cette fois sans fatigue. Le guide le Pèlerin, aidé par une entité nommée « Illica », ancien disciple de Houg-Kang,

136

traduit la suite des enseignements. « Illica » à travers bien des incarnations tant en Chine qu'en Chaldée, en Égypte comme en Grèce demeure l'un de ses fils préférés et son plus ardent disciple.

« Les origines des peuples anciens sont enveloppées d'une obscurité voulue et ce que vous savez ou croyez savoir sur le commencement des civilisations mortes ou transformées est peu de chose, d'autant plus que vos chercheurs, vos savants ont trop souvent, dans leurs récits, lâché la bride à leur imagination.

« Protégée, guidée par notre père Houg-Kang depuis, sa création, la Chine actuelle a conservé presque intactes les caractères primitifs d'une société établie par lui et dominée par le culte des morts auquel elle reste unie par un lien qu'on peut qualifier de religieux, qui fait du chef, le Père et le Prêtre de la société tout entière.

« De fait, par cette fidélité constante rien n'a pu altérer ou modifier la vie essentielle et profonde de ce peuple. Ni les invasions répétées ni les ambitions dynastiques : l'amour de la famille, le respect et la vénération des ancêtres, la soumission aux lois établies imprègnent toute leur ligne de conduite.

« Après cinquante siècles ce culte est tel aujourd'hui, qu'il a été donné à la Chine par son protecteur et perpétué par ses disciples choisis, dont l'un le plus fin le plus délicieusement persuasif, fut nommé le " Sage des Sages ". Un autre qu'on appelait le " Dragon ", propagea de même et presque en même temps la doctrine mère, mais de moins humaine façon et en négligeant volontairement le précepte essentiel des enseignements de Houg-Kang, qui est l'activité, le travail, l'entr'aide par l'effort commun. Celui-ci au contraire prêcha la méditation solitaire, détachée des contingences humaines, le dédain de la vie terrestre, la paresse extatique, idéal irréalisable, impropre aux aspirations mêmes d'un peuple comme celui de la Chine, essentiellement remuant, imitateur, actif, travailleur.

« Cette doctrine altérée, mais très belle cependant, s'épanouit alors dans l'Inde et devint Bouddhisme. Tous les sages se sont inspirés de cet enseignement si humain et si beau, donné au monde asiatique, naissant à l'évolution consciente par notre Père Houg, de ces maximes si fraternelles, et Jésus lui-même y a puisé pour les verser dans le cœur des hommes sans beaucoup les modifier.

« Le grand réformateur, qu'à des milliers de distances Houg-Kang voyait dans le temps, fut un empereur : " Ché-Hanag-Té ", qui décréta la destruction des livres sacrés et massacra les « lettrés » qu'il appelait les « étouffeurs ». Voulant libérer la Chine de son passé, il crut par ses destructions, briser et anéantir les rites, mais sa réforme échoua. Le culte des ancêtres et des rites sacrés n'en demeurèrent que plus solidement affirmés car, base de cette antique civilisation, ils se sont toujours révélés inattaquables.

« Du jour où ils seraient ébranlés, cette civilisation croulerait tout entière dans la ruine de ses millénaires croyances qui sont l'âme de ce pays, le principe qui l'a conservée, semblable toujours à elle-même, à travers les vicissitudes qu'elle a tant de fois subies. C'est ce qui fait le glaive de cette civilisation, créée par Houg, qui a été une école de beauté, de vertu, de sagesse, qui a donné à la Chine cette vie harmonieuse, digne et stable qu'aucune autre civilisation n'a pu atteindre.

« Je vous ai donc traduit les enseignements transmis par « Illica » afin que vous vous en inspiriez plus que jamais. Dans la période douloureuse que vous abordez en ce moment, vous y puiserez ces principes éternels de l'amour et de la charité, dont nous désirons tous, vous voir imprégnés, car vous allez de plus en plus avoir à les exercer envers vos frères plus frappés encore que vous.

« Je suis heureux d'avoir été autorisé à vous apporter une fois de plus la bonne parole, et je vous redis : courage, avancez sans crainte. Les événements vous demanderont de cruels efforts sans doute, ne vous y dérobez jamais. Nous les joindrons aux nôtres, car pour le droit nous combattons et prions tous. »

Afin de ne pas trop fatiguer ma mère, quelques nuits passèrent sans message. Mon mari, représentant en textile, avait parmi ses clients quelques tailleurs chinois. Ayant fait leur connaissance, j'avais eu l'occasion de leur montrer quelques dessins d'inspiration chinoise, comportant des signes qu'ils avaient reconnus comme ceux d'un langage très ancien que la langue moderne ne permettait plus de comprendre. Lorsque j'eus la traduction de ces enseignements, par notre guide *le Pèlerin,* mon mari et moi allâmes les en instruire. Après les avoir lu avec intérêt, l'un d'eux nous dit :

« C'est extraordinaire que vous ayez de tels documents en Occident! Nos parents et grands-parents ont été nourris de ces préceptes. » J'ignorais que ce tailleur chinois, installé à Billancourt, devait être plus tard connu sous le nom de Chou-En-Laï!

Les enseignements qui suivent et parlent de devoir, de respect filial, d'amour du beau et du goût de l'étude sont donnés non seulement pour la Chine, mais pour « ses enfants de la terre entière » :

Demeurez justes, bons aussi, simples et graves
En demeurant joyeux. Aimez surtout l'étude
Revêtez votre esprit de savoir, de talent
Éclairez-le de ces lumières
Que donne inévitablement
Une exacte investigation
A la fois secrète et permise
Des principes les plus subtiles
Et vous distinguerez sans peine en toutes choses
Le bien du mal, le vrai du faux.
Et devenez ainsi la conscience claire
De la race et de son passé
Car le Passé domine le Présent
Et sa voix souveraine, impérieuse et multiple
Doit être par vous révérée
Et vous devez toujours l'écouter pieusement
Elle vous parvient par les rites
Qui sont les coffrets précieux
Contenant les divins poèmes
La forme pure du devoir
L'espoir sacré du devenir
Respect filial, base de la famille
Lieu qui vous unit à tous les disparus
Puisque, vivants et morts vous êtes solidaires
Eux vous doivent assistance, et vous vénération
Politesse échangée qui survit à la terre

Qui n'est pas seulement une vaine étiquette
Mais le geste accepté d'une âme pénétrée
De son humilité en voie de perfection.

La parfaite tenue et du corps et de l'âme
Transparaît au-dehors : exquise politesse
Courtoisie du regard, douceur de la parole
Sourire du visage affable et déférent
C'est en la pratiquant que vous acquerrez
Cette vertu première : empire sur soi-même
Et vous y gagnerez la douceur d'ête aimés.

Si vous savez comprendre et suivre ma pensée
Le « Royaume Fleuri » restera verdoyant
Gardez le nombre d'or les neuf parties complètes
Plus le « Chiffre Premier » qui dirige le char
Où « Kapourous » vainqueur, rejoint « Krisna » la froide
Fait de la nuit le jour, du jour la sombre nuit
Du foyer semblant mort, soudain la flamme luit.

De vos cœurs assoupis, que jaillisse la flamme,
De l'amour et de la Beauté.
Et pour vous le « Lotus sacré »
Fleurira au jardin du rêve.
« Fils du Ciel » travaillez sans trêve.
Lorsque ma voix s'éloignera, d'autres voix se feront entendre,
Celles des fils de mon esprit, efforcez-vous de les comprendre
Pour que le grain levé ne dépérisse pas.
Puis votre père reviendra
Car nul ne disparaît, chaque vie recommence
En avançant d'un pas
Aimez les arts, aimez le beau
Protégez vos poètes
Qu'ils jettent sur la soie leurs rêves colorés
Que le pur kaolin traduise leurs chimères
Ou bien que leurs pinceaux, par les « Griffes d'oiseaux »,
Chantent la gloire de la Chine,
L'art est la noble voie de l'évolution
Creuset révélateur où s'épurent les âmes
Et vos arts dureront plus que vos monuments
Formés de matériaux friables et fragiles;

Les murs s'écrouleront à l'entour de vos villes
Les œuvres de l'esprit, seules, ne passent pas.

« Ornez-vous de savoir, élargissez vos âmes
Devenez mes disciples en restant mes enfants.
Que toujours en vos cœurs, se perpétue la flamme
Pollen intelligent, conscient des grands devoirs.

Houg-Kang

Nous avons demandé ce qu'était le *nombre d'or* mentionné dans les enseignements de Houg-Kang. *Le Pèlerin* nous a répondu :

« Cette partie hermétique des enseignements vise la période astronomique appelée par les fils de Houg-Kang le *nombre d'or*. Cette période, atteinte tous les dix-neuf ans, présageait le retour d'une possibilité de conjonction entre le soleil et la lune (Kapouros-Krisna). Période dangereuse ou bénéfique, selon des circonstances secrètement connues des initiés.

« Ainsi que les Chaldéens, les Chinois de cette époque connaissaient l'astronomie. Leurs mois, ainsi que les vôtres, étaient au nombre de douze. Leur année solaire comportait quatre saisons et leurs heures frappaient quotidiennement vingt-quatre fois de leurs marteaux. Leurs points cardinaux étaient sensiblement conformes aux vôtres, ainsi que les signes du zodiaque.

« Une tour carrée aux parois magnétiques munie d'appareils de précisions et d'optique qui, encore aujourd'hui, confondraient les plus savants de vos explorateurs du ciel, contenait une lentille d'une telle puissance qu'elle fixait pendant plusieurs jours sur sa surface les images stellaires enregistrées permettant ainsi, aux mages, seuls habitants de cette sorte d'observatoire, d'étudier à loisir et de prévoir presque toujours à temps les perturbations et accidents cosmiques. Ce mage, quel qu'il fut, était inévitablement muet, les émanations voulues de la tour carrée atteignant irrévocablement les cordes vocales, sans altérer de même, en aucune façon, la santé de l'occupant.

« Cette particularité garantissait donc absolument la discrétion de l'observateur, conscient, du reste, des obligations de sa charge et passionné dans ses recherches fertiles en émerveillements. »

Nous demandions au *Pèlerin* l'explication, si possible, de certains signes récents donnés au médium le matin même, et qui nous semblaient être plus compliqués et différents de certains autres. Il nous a été répondu ceci :

« Ces signes que nous avons fait tracer à notre instrument étaient multiples, connus et employés par les seuls grands lettrés. Vos abréviations actuelles ne sont, à côté, que jeux faciles de mémoire. Chacun d'eux était la construction complète d'une phrase, ainsi que vous le montre le bref aperçu que nous avons pu faire passer.

« Ces signes, tracés au pinceau sur la soie ou l'écorce de l'arbre "Kappro" (sorte de bouleau) à l'aide d'une liqueur indélébile, ne pouvaient disparaître que par le feu. L'encre en question rendant soie ou écorce indéchirable. Quelques bribes de ces écrits survivent peut-être encore, dans le trésor secret et jalousement gardé d'un temple, mais nul ne serait plus aujourd'hui capable de les déchiffrer. Moi-même en serais aussi incapable, sans une intervention supérieure qui me permette de vous traduire cette écriture qui émane de nos grands frères asiatiques afin que, pour partie, leurs instructions ne demeurent pas vaines. »

Le Pèlerin

Le comte de C., haut fonctionnaire ayant résidé pendant de longues années en Chine, devait à la fin de sa carrière rentrer en France. Il rapportait de ce pays, offerts par d'importantes personnalités, des cadeaux de grande valeur, dont un personnage chinois en céramique, présumé de l'époque Ming.

La comtesse de C., devenue veuve, assistant à une réunion, ma mère lui avait révélé un événement très important, qu'elle seule connaissait. Cette révélation la libérait d'un tourment qui l'angoissait depuis de longues années. C'est en remerciement que la comtesse offrit à ma mère ce royal cadeau : la statue du *Seigneur de Justice* en Chine. Nous devions plus tard le reconnaître sous le nom de Houg-Kang.

Parmi les dessins exécutés sous l'influence de notre père Houg-Kang, un très pur visage de femme, aux yeux bridés, semble sourire. Une grande sérénité s'en dégage. Ce visage s'entoure de volutes qui vont du bleu au rose, soulignées d'or pâle. Elles doivent exprimer pour la Chine des enseignements que nous, occidentaux ne pouvons déchiffrer. A l'envers de ce dessin, ma mère écrivit médiumniquement le nom de cette prêtresse : « Otsouka, danseuse sacrée. »

C'est au cours d'une séance mensuelle que ma mère, en état d'extériorisation, plaça ses deux index à la hauteur des yeux et étira ceux-ci, d'une légère pression vers les temps. Son expression alors était teintée d'exotisme. Les enseignements qui suivirent nous furent donnés par la parole directe. Ceux-ci étaient exprimés en chinois, avec le timbre de voix tout particulier à cette race. L'entité qui se manifestait était une femme, et la voix de ma mère avait pris un ton plus aigu. Cette transformation était étonnante. Les premiers mots furent dits en langue chinoise, ce qui, pour nous, restait incompréhensible. C'est alors qu'un de nos guides vint l'aider à se faire comprendre :

> « Otsouka, petite sœur de vous, vient aider pour bientôt mauvais jour, Protection beauocup de mon père Houg-Kang. »

Notre guide *le Pèlerin* nous parle ensuite directement :

> « Otsouka, prêtresse et danseuse sacrée de la Chine pri-mitive. (Otsouka, signifie, petite tige, entité ravissante, vous apporte son amitié fraternelle.)
>
> « Consacrée au temple de Kapouros (soleil Dieu) elle y vivait sous l'égide du grand prêtre Houg-Kang, père spirituel de la Chine. Toujours dans son orbe, le suivant dans ses déplacements, dans la célébration des rites, elle mimait ses prières dansées, dans toutes les cérémonies religieuses, invo-quant les Dieux contre les dangers climatiques ou des guerres, afin d'obtenir leur protection pour ses " frères et sœurs " de la terre, au bonheur desquels, elle avait consenti à sacrifier son propre bonheur.
>
> « Aimant les animaux, la nature, les oiseaux, les fleurs et les enfants des hommes, elle se donnait à tous. Familière avec les divinités champêtres, elle dansait pour obtenir leurs bienfaits, priait et dansait encore pour conjurer les maléfices des dieux redoutables et souvent vindicatifs des profondeurs

marines et des sombres cavernes, tourbillonnant avec ivresse devant Kapouros, dispensateur des joies de la terre, générateur des moissons, dieu essentiel de la vie.

« Humble et gracieuse " Petite Tige " dans sa mission terrestre, grande et rayonnante entité dans les sphères supérieures. »

Le Pèlerin nous donna ensuite un recueil des prières dansées d'Otsouka. Ces danses étaient accompagnées de paroles qu'une prêtresse sacrée du nom d'Onakri, chantait (Onakri, sœur spirituelle d'Otsouka, dont nous avons également le portrait). Ce recueil comporte une grande quantité de prières dansées et chantées. Par la danse adressée à « Kapouros », « dieu Soleil », essentiel à la vie, les anciens vénéraient toute la nature.

*
* *

Au cours d'une réunion chez des amis, Maman fit la connaissance d'une jeune femme : Sophie Edwards; celle-ci descendait d'une grande famille anglaise. Jolie, élégante, d'une éducation parfaite, elle vivait à Paris depuis de longues années. Ma mère et Sophie Edwards furent attirées l'une vers l'autre, sans raison apparente, et eurent la conviction inexplicable de s'être déjà connues.

Tout devrait bientôt les réunir, car Sophie était elle-même médium, depuis sa tendre enfance. En ceci, elle ressemblait beaucoup à ma mère, recevant également des messages de son guide, de ses proches disparus et de bien d'autres désincarnés. Elle fut invitée à l'une de nos réunions restreintes du lundi. Ma mère eut ce jour-là une révélation la concernant. Elle me pria, en état second, d'aller chercher les dessins médiumniques, puis sans hésitation choisit, parmi eux, un feuillet représentant une prêtresse entourée de voiles vaporeux s'harmonisant avec les enluminures et les signes orientaux rose et or. Ce dessin avait été exécuté depuis peut-être un an, en même temps que le portrait d'Otsouka. Elle le tendit, avec autorité à Sophie; ma mère venait d'avoir la certitude que cette dernière avait été cette prêtresse dans les temps reculés et c'est Houg-Kang qui vint confirmer, par l'intermédiaire de ma mère complètement endormie, la révélation concernant l'une de ses filles de l'ancienne Chine.

Nos réunions du lundi, comportant moins d'assistants, permettaient de recevoir un plus grand nombre de messages, sans pour cela occasionner plus de fatigue aux médiums. Nous savons par des communiqués précédents que trente cinq personnes apportent un poids de fluide plus difficile à supporter. Nous eûmes de très beaux messages reçus par Sophie, que nous appelions dorénavant Onakri. Malheureusement pendant la période de la guerre nos destinées furent disjointes.

J'eus la grande joie de la retrouver plus tard. Nous comprîmes que nous n'avions pas été séparées spirituellement. Notre chère Onakri, malgré les années écoulées possède toujours ce don merveilleux qui permet à tous ceux qui l'approchent d'acquérir la certitude de la survie de l'âme et de l'amour divin.

*
* *

Ce communiqué établit un parallèle entre les enseignements du père Houg-Kang et de Jésus, communiqué donné par *le Pèlerin*.

« Immobiles et lèvres closes, le sage transmettait aux " Choisis " dans le profond recueillement de la crypte sacrée, du temple de " Kapouros " les vérités essentielles, les entraînant à l'exercice et à l'ornementation du mental.

« Pour la masse des âmes qu'il était venu diriger Houg-Kang avait, dans ses enseignements publics, abondamment usé du verbe et des signes, afin d'imprimer dans les cerveaux et les âmes primitives de salutaires et attrayantes images.

« Pour les douze, admis par lui à parcourir à ses côtés la route évolutive et secrète, l'usage de la parole était inutile et devenait même, au bout d'un plus ou moins long entraînement, interdit.

« Le maître pénétrant dans leur esprit par une pression intime et sans cesse renouvelée, les mettait en face d'eux-mêmes, les attirant vers la connaissance suprême, en subjuguant leur mental, éduquant leurs sens, leur faisant atteindre le calme de la sagesse, les entraînant " au-delà du langage " car c'est, leur disait-il, dans le silence et seulement en lui, que s'accomplit l'union avec le Divin :

« Celui qui parle trop n'aura pas utilement parlé, celui qui, au long de son voyage terrestre se sera tu, ne sera jamais resté sans rien dire, car seul, sait et possède celui qui écoute silencieusement, mais dont la pensée féconde agit et se traduit par des actes qui sont des exemples. Ainsi donc, n'aurez-vous jamais à châtier votre langue et ne gaspillerez-vous pas les paroles du savoir acquis, car le berger, le bon berger distribue au troupeau les herbes bienfaisantes, mais l'agneau préfère manger dans sa main.

« Parlant à ses apôtres, à ses douze, Jésus devait, lui, user de la parole, réaliser des miracles presque quotidiens, s'emparer par des exemples frappants et des paraboles touchantes, de leur esprit et de leur cœur, afin d'y implanter les vérités qu'il apportait au monde et le monde ne l'a pas compris.

« Il était tout amour et charité, et bien peu en dehors des douze l'ont aimé. C'est qu'à cette époque, l'évolution stagnait, les humbles ne cherchaient pas au-delà de leur vie douloureuse, les heureux se vautrant dans les réjouissances de la fortune et des orgies, sans confiance dans leurs dieux de marbre, puisqu'ils n'admettaient au-delà de la vie que le néant.

« Mais le sacrifice de notre frère divin n'en est pas moins resté fécond et sa parole dépassera les siècles. Celle de Houg-Kang aussi et ses enseignements continueront de porter leurs fruits. Ils ont été fertiles bien plus tôt parce que l'évolution de la civilisation en Chine, à cette époque reculée d'une quarantaine de siècles *au moins,* était incomparablement supérieure à celle des autres points du globe.

« Les sages, les hiérophantes, les prêtresses sacrées, les prophètes y étaient honorés, respectés et aimés. »

Le Pèlerin

En faisant un rapprochement avec le communiqué du guide Henri concernant l'enfance de Jésus (placé plus avant dans le livre) et le communiqué ci-dessus de père Houg-Kang, traduit par *le Pèlerin,* il est permis de penser que Jésus, dans sa prime jeunesse, avait fréquenté la communauté essénienne, afin de recevoir les enseignements mystiques de celle-ci.

Déjà préparé, lorsqu'il se présenta au temple devant les docteurs de la loi, il devait les stupéfier par ses réponses et ses connaissances. On peut supposer que notre frère divin, pendant les dix-huit années au cours desquelles on perd sa trace, avait rejoint des êtres supérieurement initiés aux lois divines, le préparant ainsi au sacrifice de sa vie.

« Notre excellent ami, brillant érudit, l'écrivain Camille Creusot, dans son livre [1], nous conforte dans notre croyance. Je cite ici un passage de son livre correspondant exactement aux enseignements du guide Henri et de Houg-Kang.

« Se présentant au Temple devant les docteurs de la loi, n'est-il pas surprenant que Jésus soit resté soixante-douze heures d'affilée, interrogeant sans cesse un entourage médusé et lui répondant sans coup férir? Mon petit Jésus, à la sortie du Temple, était sûrement allé se promener en ville, dans les quartiers populaires et la misère entrevue formant un violent contraste avec les splendeurs du Temple et de son alentour, lui causèrent peine; son cœur saignait devant cette humanité lépreuse oppressante, ce spectacle l'avait irrité, et, surpris par ses parents angoissés, revenus à Jérusalem pour l'y rechercher, il répondit sèchement à leur réprimande : " Ne savez-vous pas que je me dois aux affaires de mon Père. " Mais eux " ne comprirent pas la parole qu'il venait de dire " (Saint Luc). Bizarre cette réplique dans le milieu essénien.

« Jusqu'à sa rencontre avec Jean-Baptiste, black-out complet sur la vie spirituelle et temporelle de Jésus! Saint Luc en quatre lignes étouffe dix-huit ans de la vie du Christ, sans aucune gêne, comme si, pendant ce laps de temps, Jésus, " au point mort " passé inaperçu, se serait contenté de manier la varlope ou d'entretoiser des madriers. Escamotant cette longue époque de la vie du Christ, notre évangéliste nous dit laconiquement : " Il redescendit alors avec eux à Nazareth " (mais la ville de Nazareth existait-elle lorsqu'il avait douze ans?) " et il leur était soumis. Quant à Jésus il croissait en sagesse, en taille et en grâce devant Dieu et devant les hommes. » Un peu trop bref ce communiqué.

« Est-ce Saint Luc qui a jugé opportun de faire mention de ces dix-huit années creuses, ou sont-ce ces quelques pères de l'Église qui ne tinrent pas à faire apparaître une filiation gênante? On se demande pourquoi l'initiation de Jésus a été tenue secrète. Quel intérêt l'Église avait-elle à laisser dans l'ombre le développement de sa formation spirituelle? Pourquoi cette censure volontaire,

1. *Passé et futur – Énigmatiques,* éd. Dervy-livres (Paris), ainsi que : *la Force cachée des nombres* et *Résurrection et survie.* Livres particulièrement intéressants.

masquant, non sans équivoque, les connaissances sur les mystères de la vie que Jésus avait acquises auprès d'initiés qu'il n'a pas plu à l'Église de reconnaître? Ne s'était-il pas déplacé par étape, dans les pays limitrophes en compagnie de ses gourous pour mieux approfondir la sainte science et séparer... le bon grain de l'ivraie? Autant de questions sans échos. »

Nous restons confondus lorsque nous pensons à la grande humilité de ces êtres supérieurs qui acceptent, seulement, comme identité, les noms de : père, de frère ou de guide.

Pour Houg-Kang, tout ce qui nous fut confié sur ses diverses identités, le fut par ses disciples et traduit par notre guide *le Pèlerin,* lui non plus ne nous révélant jamais la sienne. Il est vrai que si nous réfléchissons comment pourrait-il n'avoir qu'un nom puisque celui-ci change au cours de ses vies successives à mesure que changent aussi ses devoirs liés à l'évolution de la planète Terre.

C'est seulement en 1981 qu'à la faveur de l'évolution des connaissances scientifiques, nous comprenons combien les communiqués reçus pendant les trente années de médiumnité de ma mère préparaient notre conscient à devenir un reflet de l'homme du XXIᵉ siècle.

CHAPITRE 5

Le « Cahier d'amour »

En 1938 ma mère reçut pendant de longs mois des messages transmis par le guide Henri. Ceux-ci étaient obtenus pendant son sommeil et dans un désordre qui ne lui permettait pas d'en comprendre le sens.

Plus tard, elle devait recevoir l'impulsion de grouper et de numéroter chaque message, les uns en vers, les autres en prose ce qui, une fois classé, reconstitua toute une correspondance. Celle-ci relatait la vie de deux êtres jeunes, nobles et beaux ainsi que celle de leurs amis intimes ayant vécu sous le règne de Louis XVI et qu'un destin fatal devait séparer aux jours sombres de la Révolution, où la sinistre guillotine fauchait sans discernement ultra-royalistes, royalistes et libéraux portant particule.

Précédemment sur l'ordre de son guide, ma mère avait acheté du papier canson gris trianon, qu'elle dut couper au format écolier. Ce travail terminé, chaque feuillet fut décoré d'enluminures aux couleurs rappelant les miniatures persanes. Ces feuillets recto verso étaient tous d'un dessin absolument différent.

Ce travail avait demandé beaucoup de temps. Les mois passaient, la guerre vint interrompre la continuité de cette occupation qui ne devait reprendre qu'après la libération. Ma mère, dans le calme retrouvé de ses après-midi, avait repris la mise en ordre de ses documents. Chaque feuillet était choisi selon les événements décrits : les lettres heureuses s'harmonisaient avec les fleurs multicolores de l'encadrement et celles relatant les événements tragiques de la Révolution, avec une décoration sombre et triste. Ma mère traçait au crayon les lignes destinées à guider son écriture non médiumnique. Elle mit de longs mois à recopier les vers qu'elle avait reçus en quelques heures.

Je crois utile de donner au lecteur communication du premier feuillet d'introduction donné par le guide Henri, lui-même :

« Ces feuillets miraculeusement surgis d'un passé disparu retracent quelques rares et précieux instants du roman de deux âmes. Le ton léger, frivole, passionné, couvre des sentiments profonds, élevés, dont la ferveur fut encore élargie et purifiée par les larmes. »

Le guide Henri

Au cœur ami qui le lira

Ce « cahier d'amour » est en vers
Souvent négligeant de la rime
S'ils n'en paient pas toujours la dîme
Ils ne nous en sont pas moins chers

Vive l'amour et le vers libre
Tous deux le deviendront un jour
Le malheur aura bien son tour
Aimer, pleurer, n'est-ce pas vivre

Et puissiez-vous mon cher amour
Vous appuyer sur moi toujours!
Et ne jamais m'être arrachée
Mais, que sont ces tristes pensées?

Que toujours la joie et les ris
Fleurissent sur tes pas chéris
Ô, ma fraîcheur, ma tant aimée
Que de paix ta vie soit tissée.

Gilbert

I. *Histoire de Gilbert et Solange*

Le guide Henri va nous présenter la rencontre de ces deux héros, en 1780. Le feuillet choisi est décoré de fleurs très gaies :

« En ce mois de juin où les roses embaument, où la nature sous la poussée de l'été magnifie les jardins, Versailles est en fête!

« Illumination, grandes eaux, feux d'artifice girandoles, concerts, danses, musiques enivrantes...

« Sous la course éperdue des fins cailloux qu'entraînent les longues dentelles flottantes des robes de " grands soirs ", les allées bruissent doucement sous les pas des couples qui se croisent. Des groupes se forment. Dans l'un d'eux Gilbert, marquis de N., est présenté par Philippe Darbois, son ami qui l'accompagne, au marquis de Montréal et à sa jeune épouse. Profonds regards échangés, main fine sur laquelle on se penche...

« Deux âmes sont amenés au seuil de leur destin. »

Signé : Henri

De tout temps les humains ont donné plus ou moins d'importance à certains rêves dits « prémonitoires ». Les toutes premières pages de ce cahier d'amour sont le récit de l'un des rêves de Gilbert à l'aurore de son bonheur.

Rêve insistant

Ce rêve répété qui me trouble et m'enivre
Je le sais, je le sens mon cœur le pourra vivre
...
Un bois frais et touffu... cachée sous le feuillage
Une longue maison, charmante, sans étage
Quelques marches verdies puis un clair miroir d'eau
Une barque moussue, enfouie dans les roseaux
Un tout petit ruisseau... plus loin sous les ramures
Gambade en côtoyant la salle de verdure...
Là, gracile et coquet se dresse un pavillon
Petit temple d'amour. Un mignon cupidon

Semblant tombé du ciel est placé sur son faîte
Au travers du sous-bois, se profile, parfaite
Une diane en arrêt, svelte, longue, élancée
Comme prête à quitter la pierre, caressée
Par son pied souple et fin étroitement cambré
Mais d'un effroi soudain je me sens pénétré :
Un brusque changement, un décor d'automne,
Un vent violent mugit, tout mon être frissonne,
De cruels froissements ont déchiré l'azur
En bataillon serré, traçant un cercle sûr
Des oiseaux inconnus sous le ciel assombri
Se profilent soudain et poussant de longs cris
Traînent un grand vol lourd, les amenant vers moi
Leur approche toujours me cause même effroi
Leur bec est agressif, leurs serres sont puissantes
Leurs regards presque humains ont des lueurs méchantes.

Un sursaut, je reviens à la douceur des choses
Le cauchemar a fui. Mes yeux alors se posent
Sur un décor charmant que l'ombre des sous-bois
Offre aux yeux étonnés ou dérobe parfois :
Là tout près, sur un vieux tronc mort
Est posée une roue de marbre...
Autour, disposés sous les arbres
Des sièges laqués bouton d'or.

Et je sais, c'est là sous ces arbres,
C'est là, près cette roue de marbre,
Que ses pas viendront vers mes pas
Vers moi, qu'elle ne connaît pas.
Ce songe le vivrai-je encore
Et saurai-je enfin qui j'adore?
Car c'est un fait, oui, dans ce rêve
Jamais mon bonheur ne s'achève
Mais j'en suis sûr elle viendra
Et dans mes bras se blottira

Mais pourquoi donc ces oiseaux sombres
Troublent-ils de leur vol sans nombre
Et toujours mon ardent espoir?
La nuit descend vais-je la voir?

Ces vers sous la forme du rêve nous font pressentir les tragiques événements de 1789 que la France allait vivre. Ces noirs oiseaux au regard humain personnifiaient bien ceux qui allaient sévir avec tant de cruauté. Si dans son rêve Gilbert avait gardé le souvenir d'oiseaux de mauvais augure, des jours heureux pourtant lui étaient annoncés. Il allait les connaître.

Dès la première rencontre à Versailles, dans ce court poème son cœur laisse échapper son éblouissement, et c'est sur un feuillet particulièrement choisi en raison des couleurs chatoyantes de l'enluminure que ce poème fut transcrit.

Éblouissement

Après l'avoir tant espérée
C'est elle enfin, je l'ai trouvée;
Mon cœur avait donc bien raison
De toujours l'attendre. Son nom
Si, déjà, il n'était le sien
Je le lui donnerais, il contient
Dans sa douceur, celui d'un ange
Que déjà j'adore, Solange.

Le travail de copie très méticuleux auquel ma mère s'astreignait chaque après-midi devait recevoir sa récompense. Elle fut interrompue par un message du guide Henri, la concernant personnellement.

« Ce travail qui s'élabore me rapproche plus intimement de toi mon amie, car il m'est permis de te dévoiler un passé qui fut le nôtre. Toi mon Agnès et moi, ton mari sous le nom de Henri d'Orgès. Voilà pourquoi tu trouveras, dans la correspondance évoquée par Gilbert, nos deux personnalités fraternellement unies à Solange et Gilbert. Nous vécûmes les mêmes bonheurs et avions à subir les mêmes épreuves. »

Par cette révélation, ma mère et nous-mêmes comprenions alors son attirance très marquée pour les meubles de style Louis XVI qui, dans sa chambre, formait le cadre tel qu'elle l'avait désiré. Nous pûmes même lui trouver, chez un antiquaire de nos amis, un lit canné, gris trianon Louis XVI.

Le guide Henri sera donc le conteur témoin de cette belle

histoire. Les textes en prose sont donnés par lui. Voici donc un de ses premiers témoignages :

« Après plusieurs rencontres mondaines, soit à la cour, au bal, " au jeu du roi " à Versailles ou autre lieu de réunion, Gilbert, pour lequel le marquis de Montréal s'éprend d'une grande amitié, est devenu l'un des familiers de leur belle demeure, l'hôtel de Montréal. Ce dernier a, en effet, une estime toute particulière pour celui dont il apprécie le caractère noble et sérieux; il admire l'érudition dans tous les domaines de cette nature d'artiste. Il le devine généreux et bon, loyal et brave. Fervent bibliophile épris de belles et rares reliures, vieux manuscrits enluminés, ciselures, peintures anciennes et précieuses, M. de Montréal a souvent recours aux connaissances de son nouvel ami, à cette sorte d'infaillible instinct qui, immanquablement, le dirige vers la trouvaille merveilleuse.

« Il a, en connaisseur, visité son hôtel du Marais et aime à le surprendre dans son atelier. Et puis, Gilbert est musicien passionné, il joue du violon, chante... la jeune marquise aussi chante, joue de la harpe et du clavecin divinement...

« Le marquis lui-même est remarquable violoncelliste. Une fois par semaine, Philippe d'Arbois (ami intime de Gilbert fut le trait d'union entre le marquis, Solange et Gilbert lors de la première rencontre à Versailles) flûtiste distingué et une amie de Solange, la comtesse Rosie d'Avricourt, jeune veuve élégante et fine qui joue de l'épinette, se joignent à eux pour des concerts de musique de chambre.

« Parfois, en fin de soirée, Gilbert, de sa belle voix chaude et vibrante, lit dans une magnifique édition des toutes premières œuvres de Ronsard, quelques vers charmants du poète préféré de Solange. Et les veillées s'écoulent agréablement et trop vite au gré de deux cœurs, secrètement attirés l'un vers l'autre et qui luttent contre un sentiment que leur loyauté condamne; au gré aussi de Philippe et Rosie, qui ne cachent pas leur mutuelle entente, mais eux sont, l'un comme l'autre, libres de s'aimer.

« Et Gilbert souffre, Solange pâlit. Des aveux se murmurent que Solange repousse. Des billets s'échangent, des reproches aussi que Gilbert sait bien un peu mériter au sujet de certaines désobéissances! Mais l'amour demeure, certain qu'il est de gagner la partie.

« On s'essaye alors à la légèreté, au marivaudage, à des joutes où seul Éros reste vainqueur, car c'est bien pour toujours hélas qu'on aime sans espoir! Mais, le marquis, alors? Le marquis? malicieusement sous cape il songe... sa tendresse émue a deviné l'amour des deux jeunes gens, de ces deux êtres dignes l'un de l'autre, et voici venu, pour lui, l'heure de travailler au bonheur de cette enfant qu'il chérit, dont il est le parent et l'ami, qu'il a vu grandir près de lui et de sa sœur, puis épousée pour la protéger, elle et ses biens, contre d'odieuses convoitises et tenir ainsi la promesse faite aux parents de Solange, morts tous deux des suites d'un terrible accident de montagne.

« A cette époque, la fillette avait huit ans, lui cinquante. Elle grandit donc, aimante et tendre, entre deux êtres d'élite qui l'adoraient, s'appliquaient mutuellement, dans une atmosphère de beauté et de paix, à orner son esprit et son cœur. Dix ans d'une vie calme et de tendresse s'écoulèrent. A dix-huit ans, musicienne accomplie, douée d'une voix merveilleuse, éprise de littérature et de poésie, attirée vers les arts, intelligente et fine sans préciosité, délicieusement jolie, charitable et bonne, Solange était une jeune fille adorable.

« Pris entre son serment de jadis et ses scrupules actuels, le marquis, au seuil de la soixantaine, devant tant de jeunesse et de grâce, regardait comme une faute contre la vie et l'amour ce mariage entre lui et cette enfant encore ignorante des lois de la nature et des exigences du cœur, mais Solange ne voulut rien entendre, n'aimant que son grand ami, ce tuteur si bon auprès duquel elle voulait vivre, et le mariage eut lieu.

Le narrateur : Henri

Dans le calme de son atelier, Gilbert confie à son *Cahier d'amour* le sentiment profond qu'il ressent chaque jour davantage pour la jeune marquise.

Confidences

Vous ne savez pas mon amour
Combien je vous aime
Et c'est pourtant depuis toujours

Je vous ai tant de fois rêvée
J'ai passé tant d'heures à vos pieds
Que peut-être votre pensée

Rejoint, sans le savoir, mon rêve...
Lorsque vos doux yeux sont fermés

Car je vous adore et sans trêve.
Mes soupirs s'envolent vers vous
Si jamais vous alliez l'apprendre
Peut-être pardonneriez-vous...

Gilbert

« Cette page amoureuse, Gilbert l'écrit pour lui-même :
« Chaque minute de sa vie il l'offre en secret à celle qu'il adore et qui jamais ne sera sienne. Il sait que sa tendresse est partagée, que Solange aussi souffre et que l'adorable sourire qui l'accueille est une prière ardente de ne point parler. Sourire, tout près des larmes et si jeune! Comme d'une enfant qui craindrait l'amour et l'ignorerait encore.

« A l'insu de tous, bien à l'abri dans son atelier du marais, il termine un très beau portrait de la jeune marquise, en robe de mousseline blanche fichu volanté, croisé sur une gorge gracile, les beaux cheveux blonds sans poudre encadrant le doux visage. Tendrement penchée sur les rosiers fleuris, telle que plusieurs fois il la vit dans les jardins de l'hôtel de Montréal, elle semble demander pardon aux fleurs merveilleuses qu'elle chérit de les cueillir et son baiser se tend vers les frêles corolles. »

Le guide Henri

Je choisis parmi les poèmes que Gilbert adresse à Solange celui qui s'intitule : *Escarmouche.* A la lecture on comprend que maintenant les amoureux se prêtent à des joutes épistolaires. N'oublions pas que Ronsard était le poète préféré de Solange, et Gilbert s'appliquait, dans ce billet, par taquinerie à égaler celui-ci.

Escarmouche

Votre joli billet, de malice pétille
Et vous penserez m'avoir bien puni!
Mais, s'il m'était doux à moi d'être pris?
De ne tenir vos traits que pour tendre vétille
Me garderiez-vous, solide rigueur?

Point ne le croirais, vos yeux, trop rieurs
Que j'ai rencontrés malgré leur défense
Hier, « au jeu du roi » (oh! quelle imprudence!)
M'en ont dit plus long que ne voudriez!

Croyez-moi, nos amours seraient toujours nouvelles
Seule, en mon cœur demeureriez
Si vous laissiez aimer!
Ne soyez plus cruelle.

Vous êtes bien trop belle
Savez trop bien déjà, que vous suis à merci!
Alors, du « conseilleur » ne prenez nul souci.
Il fut amant changeant, si très charmant rimeur
Et puis en suis jaloux : il a votre faveur!

Mais, ne le crains point tant
Si mon avis est fin, mon amour est vivant
Lors, sans vergogne, ici, m'en vais lui empruntant,
Pour vous mieux désarmer, son langage d'antan
Vous redire : « Aymez-moi cependant qu'estes belle. »

Gilbert

Le conteur, notre guide Henri, reprend son récit :

« Le marquis poursuit son rêve, il fera annuler à Rome, une union jamais consommée. Si quelque difficulté surgit, il ira lui-même demander audience au Saint-Père. Le mariage aura lieu en toute intimité dans la chapelle du castel qu'il possède en Avignon. Son enfant chérie va bientôt être auprès de celui qu'elle aime. Cependant une mélancolie envahit le cœur du marquis.

« Solange partie, l'hôtel de Montréal sera bien grand et vide, mais le cher homme soupire, sa vue se trouble un peu. Mais cette conclusion n'a-t-elle pas été toujours dans sa pensée? Alors un soir, il ouvre ses bras aux deux jeunes gens éblouis par la promesse d'un bonheur qui leur semblait inaccessible. Des mois cependant s'écoulent encore. Les soirées de musique de chambre se multiplient. Dans cette attente d'un bonheur certain, la beauté de Solange irradie.

« Et puis, enfin, un soir, un pli armorié est remis au marquis. Quelque temps après, lui et Solange s'éloignent de Paris pour un déplacement de quelques mois... Depuis une semaine, Gilbert lui-même voyage. Il les a précédés en Avignon où il les attend pour la célébration du mariage qui va pour toujours l'unir à celle qu'il aime. Après quelques jours vécus au castel tous les trois partent pour Florence, la ville d'Italie préférée par le marquis et les jeunes époux.

« Trois mois d'un bonheur parfait passent comme un beau songe. Lorsque à quelques jours de distance, le marquis et Solange d'abord, Gilbert ensuite rentrent à Paris, leur vie apparente et mondaine n'a pas changé. Solange ne quitte pas l'hôtel de Montréal, fréquenté comme avant par le même groupe d'amis. Le cher homme que Solange et Gilbert aiment et respectent sera ainsi préservé du ridicule et des propos déplacés.

« L'esprit libertin de l'époque accepte plus volontiers l'adultère et la facilité des mœurs qu'il ne comprendrait la beauté et la noblesse du sentiment qui a entraîné le marquis. Seuls sont dans le secret, le Roi et la Reine, Philippe d'Arbois, la comtesse Rosie, les d'Orgès, d'Espau, amis de toujours et sir John, frère d'élection de Gilbert. »

Signé : le guide Henri

Maintenant laissons parler Gilbert qui, dans ces quelques lignes, exalte son bonheur et rend grâce à Solange :

Action de grâce

Sois bénie mon amour, pour ce soir adorable
Où ton cœur tendrement s'est penché vers le mien
Les jours peuvent couler, point ne seront capables
Après ce cher bonheur de rompre nos liens

158

Ne crains plus désormais, ni la mort ni la vie
Grondante autour de nous, ma tendresse infinie
Est pour toujours à toi et mon cœur est ton bien
Et pour l'éternité nos âmes sont unies

Gilbert

Puis il exécute un éventail qui accompagnera un autre poème du même nom pour dire à nouveau son amour pour Solange : *Sur un éventail.*

Gilbert possédait une résidence à la campagne qu'il appelait la « Maison de la rive ». Nous pensons que celle-ci se situait aux environs de Saint-Cloud qui, à cette époque, était encore éloigné de Paris. Cette demeure où Gilbert ne recevait que quelques amis intimes allait permettre aux jeunes époux, qui avaient hâte de se retrouver, de mener une vie en commun pendant quelques jours. Le marquis, qu'ils considéraient comme leur père, ne serait jamais oublié et invité à y partager leur bonheur. Voici le billet que Gilbert lui fit porter à l'hôtel de Montréal.

Mon cher marquis

« J'ai votre promesse, c'est bien entendu, demain, vers trois heures trente je vous enlève tous les deux pour une semaine d'au moins dix jours (sans préjudice de prolongation...). Nous serons rendus pour goûter.

« Toute la maison est en émoi et j'ai une peine infinie à maintenir l'ordre, tant à l'intérieur que dans les jardins. Estelle, noyée dans ses recettes, ne quitte plus fourneaux et lunettes; Jasmin et Norbert rivalisent de coquetterie et les yeux ont peine à supporter l'éclat fulgurant de leurs boutonnages...

« Les chiens sont tellement excités qu'aucun équipage ne peut s'aventurer dans notre entourage sans qu'ils se précipitent sur la grille, avec force tapage. La gente ailée fait une répétition à grand spectacle, c'est un concert étourdissant.

« Képly (le cheval) tout en faisant un brin de cour à Silvia (la jument) lui a dépeint l'adorable petite maîtresse à laquelle elle va bientôt appartenir. Cette fine Silvia est ravissante à la course et porte à merveille la tête; c'est une bête intelligente et très douce, un peu sensible de la bouche, peut-être, mais, avec la " main " de Solange, rien à redouter. Quelle écuyère que votre chérie, mon bon père, et que vous l'allez rendre heureuse!

« Je dis, comme à l'accoutumée, notre soirée de musique de chambre aura lieu, ici, comme devant, quintette au complet car nos amis nous rejoignent mercredi pour le déjeuner; nous ne saurions en effet, n'est-il pas vrai, nous priver de ces heures exquises et de notre mutuelle amitié?

« A demain, cher bon ami, je vous serre les mains avec ma profonde affection. »

Votre Gilbert

« N.B. : Je suis sûr que la " Maison de la rive " vous plaira, on y est tellement mieux qu'en ville. »

Des années heureuses s'écoulent. Une petite fille leur est née, les comblant de bonheur. Nous avons dans ce « cahier d'amour » de nombreux poèmes et lettres qui exaltent leurs joies renouvelées, relatant aussi différents voyages; en Italie, en Grèce ainsi que leurs intéressantes descriptions. Je ne pourrai porter à la connaissance du lecteur qu'une partie de ces documents trop conséquents car ceux-ci comportent deux cents pages. Néanmoins, je transcrirai ces messages d'une façon diversifiée en raison même des événements concernant cette époque heureuse et bientôt bouleversée.

Revenons à l'époque dont il est question dans ce cahier, c'est-à-dire peu après 1780. Si je choisis cette lettre concernant la venue de la tante Florence c'est afin de mieux faire comprendre la relation entre les lettres et les apports qui nous parvinrent pendant la période de cette correspondance suivie.

Ces apports concernant tel ou tel texte nous donnaient de l'Au-delà la preuve de la véracité du roman de Gilbert et Solange, qu'on aurait pu croire de pure fiction. Lorsqu'ils arrivaient c'était pour nous une joie renouvelée de voir leur identité comparée aux textes qui les avaient précédés. En admirant le joli médaillon peint sur ivoire représentant un portrait de femme aux traits ravissants coiffée d'un turban retenant une exubérante chevelure argentée, nous reconnûmes tout de suite la voyageuse annoncée dans ce poème.

Lettre écrite à Solange pour l'arrivée de cette tante :

Aimable arrivée

Chérie, cette aimable parente
Dont souvent je vous entretiens
Est à Paris. La mésentente
Entre elle et le Duc de Prévins
S'affirmant, ils ont décidé
D'un commun accord, la rupture.
Après neuf jours de voiture
Tante Florence est arrivée
Se moquant fort de la censure
Elle a semé jusqu'au dernier
Duègne et valets. Dans ses « paniers »
Souffle un joli vent d'aventure
Je sais très bien que vous ferez
Immédiatement sa conquête
Et je sais que vous l'aimerez.
Charmante, de l'esprit, coquette
Avec des cheveux ravissants
Autrefois de la cendre blonde
Aujourd'hui, des plis du turban
S'échappe tout l'argent du monde
Elle a des cheveux ravissants
J'ai découvert tout près du « cours »
Une douce et vieille demeure
Tante Florence tout à l'heure
En ma compagnie la vient voir
Sachant ses goûts, j'ai ferme espoir
Qu'elle lui plaira. Au retour
Si vous le voulez, mon amour
Elle et moi, nous vous viendrons prendre
Car pour te voir, ne puis attendre
Le soir du ballet, chez d'Evreux
C'est dit, nous venons tous les deux
A toujours, à tantôt, tu veux?

Gilbert

Bien d'autres objets encore prenaient à nos yeux beaucoup plus de charme, connaissant, par l'ensemble des lettres, leurs propriétaires : le portrait de la mère de Gilbert, de son père de sa sœur Claudie, celui de Solange au clavecin levant les yeux vers Gilbert qui la regarde. Également un petit biscuit représentant leur petite fille Flore encore bébé. Nous reçûmes aussi son petit hochet d'ivoire, garni de minuscules grelots d'argent.

Un certain dimanche de réunion mensuelle, je montrai les derniers apports reçus et lus les messages aux personnes groupées autour de ma mère. A peine les dernières notes du piano s'étaient-elles évanouies dans le silence, par nous tous respecté, qu'un temps très court s'écoula et que nous entendîmes les petits bruits précurseurs nous annonçant la présence de nos invisibles amis habituels. Ces bruits, ce jour-là, étaient particuliers. Nous percevions nettement un frou-frou de taffetas, nous semblait-il. Ce frou-frou se déplaçait dans la pièce. Notre oreille seule nous permettait de suivre l'évolution de ce bruit. Il se fixa devant la glace, longtemps, puis revint vers le fauteuil où ma mère venait de s'endormir, d'un sommeil médiumnique. Alors la voix de maman se fit entendre avec une intonation différente et qui nous parut un peu hautaine :

« Comment trouvez-vous ma toilette de grand soir? Mon turban, l'ai-je bien drapé? Mes cheveux sont-ils bien coiffés? Gilbert va venir me chercher, il faut que je lui fasse honneur. »

Immédiatement, je reconnus la tante Florence, je lui répondis :

« Tante Florence, comme c'est aimable à vous d'être venue nous voir! »

Je savais que, lorsque les visiteurs invisibles posaient de telles questions et de cette manière, il ne fallait pas les brusquer, afin de ne pas arracher brutalement le voile qui leur masquait la réalité de leur nouvel état. Il me fut répondu :

« Je n'ai pas le plaisir de vous connaître mais vous me plaisez. Que fait donc mon neveu. Ah! le voilà justement! »

Le bruissement de taffetas se renouvela, se déplaçant vers la porte double. Je regrettais de ne pas avoir eu le temps d'éclairer cette entité nouvellement venue parmi nous. La voix de ma mère changea et c'est Gilbert qui me consola en me disant :

« Tout est bien ainsi, car pour cette âme, le moment n'était pas encore venu d'expliquer son changement d'état à cette nature charmante, sensible, mais très superficielle; elle n'aurait pas supporté le choc de sa désincarnation. Vous l'avez très bien compris en lui parlant ainsi. Un réveil brutal à son nouvel état lui aurait occasionné un trouble néfaste retardant ainsi son évolution. »

Gilbert, patiemment, nous expliqua la métamorphose de l'être après sa désincarnation :

« Cette âme s'est éveillée d'un long engourdissement, sommeil réparateur après l'épreuve terrible de ses derniers moments vécus sur la terre pendant la Révolution. Ceci vous prouve, mes amis, que de ce côté du voile, le temps ne se mesure pas comme le vôtre. Pour certaines âmes fragiles, le temps est plus long que pour celles qui, déjà prêtes spirituellement, s'éveillent plus vite à leur nouvelle vie.

« Tous ici même, en admirant son portrait, à votre insu, avez projeté un lien d'amitié, pensées lumineuses entre elle et vous qui l'ont attirée vers votre groupe. Vous avez facilité son approche. Nous ne pouvions, nous, la rejoindre, étant sur des plans différents. A mon tour, je vais maintenant pouvoir l'entraîner, sans secousse, vers des plans en affinité avec des vibrations bientôt accessibles pour elle. Voilà chers amis un exemple sublimé de la fraternité, manifesté sur les plans supérieurs qu'un jour, vous aussi, vous atteindrez inévitablement. Remercions donc ensemble la grâce qui nous est accordée de nous retrouver spirituellement les uns les autres, grâce accordée par notre père divin, lumière irradiante, que nous possédons tous, souvent sans le comprendre, une divine parcelle... »

Gilbert, Solange et leurs amis étaient devenus, pour nous, presque des parents que nous aurions perdus et retrouvés. Nous vécûmes pendant cette période dans leur intimité. L'histoire de France nous était contée, les mœurs de cette époque détaillées, les instructions peu orthodoxes nous enchantaient. Nous nous promenions dans le temps en leur compagnie et ressentions les mêmes joies, les mêmes émotions et plus tard une grande compassion en prenant connaissance des épreuves mentionnées dans les lettres de Gilbert à ses amis.

Quant aux apports qui nous sont parvenus, éventails, boucles de ceinture, boutons décorés, miniatures, petits personnages en porcelaine, ce ne sont que des maquettes exécutées par Gilbert. Il aimait à se rendre chez des artisans et même aux académies afin de compléter ses connaissances. Ces objets n'avaient pas de valeur marchande mais finement travaillés, ceux-ci pouvaient être reproduits en matière noble pour le plaisir de ses proches et la joie de ses amis. Nous conservons avec beaucoup de respect ces apports qui n'ont pour nous qu'une valeur sentimentale. Peut-être ceux-ci ont-ils échappé au pillage ou aux démolitions d'anciennes demeures au cours des ans.

Les heures de félicité, hélas, ne durent pas toujours. Le croup, maladie difficile à soigner à cette époque, devait emporter la petite Flore, enfant de Gilbert et de Solange, à l'âge de trois ans.

Parmi les poèmes écrits à l'intention de leur petite fille, je choisis celui qui s'intitule : *Son hochet*. En même temps, le petit hochet de Flore, exécuté par Gilbert, nous arrivait par l'intermédiaire de Rateau :

Son hochet

Petit hochet de notre enfant
Fin joujou aux grelots tremblants
Je te baise à travers mes larmes

Les doigts fragiles qui t'ont tenu,
Ont pâli, glacé si menu
Desserré leur fragile étreinte

Les quenottes qui t'ont mordu
Au long de son sifflet pointu
Ne laisseront plus leur empreinte

Dans tes grelots aux sons ténus
Bien des fois, j'ai comme entendu
Passer ton enfantine plainte

Petit hochet de notre enfant
Frêle joujou, objet charmant
Je te baise à travers mes larmes.

Le feuillet comportant le poème qui suit est décoré recto verso de motifs différents, tous deux de fleurs blanches. Est inscrit au verso « août 1790, douleur ». Il annonce déjà les jours sombres :

164

Douleur

Notre ange a repris le chemin
Seigneur qui va vers ta demeure,
Nos pauvres cœurs tordus le pleurent
Cependant que son court destin
De ta bonté n'est qu'une preuve

Car ces doux êtres-là n'émeuvent
Que les cœurs qu'on peut émouvoir
Et nous n'avons pas le pouvoir
D'arrêter le flot dont s'abreuve
Tout un peuple altéré de justice et d'espoir

Si tu l'as préservé des plus sombres des soirs
Seigneur, en la prenant, sa petite âme heureuse
A franchi sans savoir le redoutable seuil
Et ne connaîtra pas les larmes ni le deuil
Seuls, nous supporterons l'épreuve douloureuse.

Mais, avons-nous touché le fond du désespoir?
Et quelle horrible défaillance
Soudain s'est emparée de moi?
Sous quel aspect, encore, me viendra la souffrance
De quel affreux courage aurai-je le devoir?

De nombreux événements relatés par Gilbert dans ses lettres adressées à ses amis, sont par leur quantité même, impossibles à transcrire, malgré leur grand intérêt. Je n'en choisis donc que quelques-unes notamment :

« La mort de Mirabeau. »

« Le départ de Paris de Solange » (2 lettres).

« L'arrestation de Solange. »

« La mort de Solange. »

« Le départ de Gilbert pour Isoletta. »

« Le tremblement de terre. »

« La mort de Gilbert » (donnée par le guide Henri).

Les enluminures de ces lettres, par leurs coloris, mauve, or vieilli, gris, blanc et noir, reflètent l'atmosphère pénible et douloureuse de ces moments. Le 3 avril 1791, pour Henri d'Orgès :

« Mon Cher Henri

« Je vous fais porter cette lettre en vous demandant de vous rendre à l'hôtel, afin de faire savoir à Solange, que je ne rentrerai que demain dans la matinée.

« J'ai trouvé votre billet hier et partage votre inquiétude, continuant à me débattre moi-même contre d'obscurs pressentiments que la disparition si soudaine de celui dont ce mot vous apprendra la mort ne peut qu'intensifier : le comte de Mirabeau est décédé, emporté par une attaque de goutte rhumatismale, après trois jours de souffrance. J'étais auprès de lui avec Cabanis et John qui a toujours manifesté pour cette nature intrépide et ce grand talent l'admiration que vous savez.

« Une foule nombreuse n'a pas cessé d'emplir la rue de la Chaussée-d'Antin et lui, dans les courtes accalmies que lui laissait son mal, nous disait : " C'est le peuple de Paris, j'ai vécu dans l'espoir de lui conquérir la liberté, il m'est doux de mourir presque au milieu de lui, bientôt il sera libre. "

« Sa pensée n'a pas cessé de s'occuper du sort de sa patrie, livrée aux factieux, et de la monarchie dont ceux-ci se partageront les lambeaux. — " On lit en ce moment mon discours contre le droit d'aînesse, le partage égal des successions entre les garçons et les filles. " — nous disait-il entre ses cris de souffrance — " Écoutez! c'est Talleyrand qui le lit et vous verrez que ce sera un entier succès. "

« A un moment donné lorsque, plus calme, un court instant, nous pensions qu'il sommeillait, il nous dit en souriant : " Ah! si j'avais vécu, j'aurais causé bien du tourment à ce pauvre Pitt, en déjouant ses secrètes intrigues. Il va être enchanté de cette conclusion inattendue! C'est dommage! Dire que je me sentais en puissance d'un siècle de courage. Le trône va rester sans appui... et quel projet insensé, le roi ne va-t-il pas mettre à exécution? Vous le savez Gilbert, vous qui de toujours l'avez désapprouvé? Quelle main va être désormais assez forte pour maîtriser, diriger le mouvement révolutionnaire qui peut contenir de telles promesses, de si belles réalisations? "

« Après ces paroles qu'il avait prononcées avec passion certes, selon son tempérament, mais cependant avec un calme relatif, il cria tout à coup de cette même voix, avec cette même colère puissante que nous avons tous entendue rouler comme un tonnerre du haut de la tribune et qui électrisait l'assistance. " Cannibales! les hommes vont descendre aux pires excès. "

« Il s'agitait, prêt, si nous ne nous étions unis pour le retenir, à sortir de son lit. " Cannibales! du sang, des assassinats, de la honte! qui empêchera cela? Des condamnations sans jugement, des femmes, des vieillards! La liberté ne doit pas être payée de ce prix... Laissez-moi passer, laissez-moi. "

« Nous avions une peine inouïe à le retenir et luttions désespérément contre toute sa force décuplée; essoufflé, maîtrisé il dit soudain : " Lui ira en carrosse encore, mais elle, si fière et brave... cette ignoble charrette... qui donc osera avilir ainsi la France... et tous, tous, ensuite qui s'entre-dévorent! et ensuite quelle ignoble boucherie, que de sang sans gloire! "

« Après cette terrible excitation son corps se détendit et il eut presque une heure d'un calme parfait puis, tout à coup : " Trahir de la sorte un idéal si beau! " Presque immédiatement et soulevé sans aide sur sa couche, les yeux agrandis et brillants d'un insoutenable éclat, il a murmuré : " Quelle merveille, ces fleurs, cette harmonie!... " Puis sa puissante face s'est apaisée, embellie d'une expression magnifique!... Peut-être déjà éloigné de nous, qu'entrevoyait cette âme? Quelles prémonitions l'assaillaient?

« Il part, à quarante-deux ans, sans avoir pu accomplir son idéal, assurer le bonheur et la gloire de son pays, asseoir la monarchie sur de nouvelles bases, faire reconnaître la dignité des classes travailleuses, le droit au bonheur et à la liberté, réaliser ce rêve de fraternité qui était le sien. Les amis de la liberté perdent en lui, l'homme qui, après l'avoir fondée, était seul capable de la discipliner. Ceux de la royauté, ceux de l'ordre, vont comprendre qu'ils viennent de faire une perte irréparable et nos amis restent bientôt sans appui, car il est évident que le mouvement révolutionnaire, n'étant plus dirigé par ce cerveau puissant, va devenir plus violent...

« En attendant que la nouvelle église Sainte-Geneviève

soit prête, le corps de Mirabeau va être déposé dans le caveau de l'ancienne, près de Descartes.

« L'assemblée a voté pour les obsèques des honneurs extraordinaires, à la mesure de son génie. Communication vient d'en être donnée. John et moi allons continuer notre veille jusqu'à demain matin huit heures, à moins que, d'ici là, ordre soit donné pour l'enlèvement du comte. Cabanis vient d'être appelé près d'un de ses malades.

« Je descends pour confier ma lettre moi-même à un porteur. La rue est encore pleine de ceux qui l'ont aimé, je n'aurai donc à craindre aucun retard et tous me connaissent. Mon esprit reste cruellement frappé de ce nouveau départ. Où allons-nous bientôt, mon cher Henri?

« Ma vieille amitié se réclame de la vôtre. »

Gilbert

Le conteur, le guide Henri, nous donne résumé du déroulement des événements :

« Depuis la disparition de Mirabeau, les meneurs s'en donnent à cœur joie. Dans les grandes villes l'excitation gagne : Bordeaux — Marseille — Lyon, etc. déversent dans la capitale la lie des étrangers dont elles regorgent...

« 20 juin 1791; fuite du roi, son arrestation à Varennes. Son retour humiliant au milieu d'une foule hostile et grouillante... Le fossé désormais s'élargit, qui de jour en jour se creuse entre le peuple français et la cour...

« 1er octobre 1791 – Bailly démissionne... Dans les alternatives d'espoir et de crainte des jours dangereux s'écoulent.

« 20 juin 1792. Émeutes. Le palais des Tuileries est envahi...

« 10 août 1792. Siège des Tuileries, renouvelant presque les jours d'octobre... espérant faire cesser le carnage des siens, s'il quitte la place, le roi et sa famille viennent se mettre sous la protection de l'Assemblée. En fin de débats, cette dernière offre à la famille royale un refuge honorable au palais du Luxembourg et vote un décret à cet effet, mais la Commune refuse de le ratifier et réclame pour elle seule la garde des " prisonniers " et qu'ils leur soient immédiatement remis. L'ombre de la grosse tour du couvent des anciens Templiers va les engloutir. »

Le guide Henri

168

Gilbert par ce poème prépare Solange à une séparation momentanée : (fin mai 1793).

Ultime prière

Je reçois ton billet mon enfant bien-aimée
Mais ne puis t'écouter; tu me dois de partir
Ne tremble pas pour moi; rien ne peut survenir,
Je le pressens, les jours de la nouvelle année
Nous verrons réunis, car la fidélité
Au malheur, au devoir ne me retiendront plus!
Nous avons tout tenté, avec d'Arbois, Fréjus
Caramant, d'Orgès, tant d'autres... Toutelame,
Non, rien ne se peut plus! Crois-moi, ô chère femme
Et quand je te dirai : « Voilà le moment est venu
Pars, je·te rejoindrai », ne me résiste plus!
Oui, je comprends tes pleurs, mais là-bas, tu seras
Tout près de notre enfant endormie sous les fleurs
Si tu m'aimes, consens, ce n'est pas un reproche.
Mais je sais désormais, ce péril là, très proche
Tu le sais, j'ai juré : je te rejoins là-bas
Très vite, quelques jours à peine... dans l'attente
Tu prieras pour nous tous ô ma chère croyante.

Gilbert

Après le refus de Solange, qui ne veut pas quitter son mari, voici la lettre pressante de Gilbert : (8 août 1793).

Mon cher amour, ma vie

Je t'en prie, calme-toi,
Ton cœur tremble, laisse tes doigts
Dans les miens, crois-en ma tendresse
Il faut partir, vois-tu, il le faut le temps presse
J'envoie, toute équipée, la berline au marquis
Chaque poste est prévu, rien ne reste à merci,
Dis-lui bien qu'il ne reste à s'occuper de rien
De rien, que d'être prêt, mon amie comprends bien;
Vous partez pour... là-bas, un peu tard, cette année.
Moi, je vous dois rejoindre à petites journées!
Je vous donne Norbert, c'est lui qui vous conduit

Jean-Pierre ne pouvant déjà quitter le lit
Auprès de lui, sera la place de Martine
A l'intérieur du porte-pli de la cantine
Se trouve le laisser-passer
Mon cher trésor rien ne doit retarder
Désormais ton départ...
Pense souvent à moi, espère, ma Solange
Nous nous retrouverons et peut-être un autre ange
Nous sera-t-il un jour donné, mais pars
Ton ami, ton époux comprends bien, nul retard.

Gilbert

Gilbert, étant étranger, peut, de ce fait, circuler dans Paris. Déjà plusieurs de ses amis sont arrêtés. Il tentera, par fidélité, d'organiser leur évasion, c'est la raison pour laquelle il retarde son départ, mais tient absolument à soustraire Solange et le marquis au danger toujours présent. Parmi les gens du peuple, certains lui sont dévoués et reconnaissants des bienfaits qu'ils ont reçus de lui. C'est donc sur leur aide qu'il fonde ses espoirs. C'est par le communiqué du guide Henri que nous apprenons l'arrestation de Solange.

« Solange et le marquis, accompagnés de Norbert et de Martine, ont, depuis trois jours, quitté Paris. En dehors de son projet de sauver ses amis, Gilbert occupe ses moments de solitude à régler ses affaires, des dons et dispositions vis-à-vis de ses gens, des pauvres auxquels Solange et lui viennent en aide, du sort de leurs animaux familiers. Pour cela, il reste la plupart du temps en dehors de chez lui, passant de longs moments chez maître Vaudemont, son notaire et ami, afin d'être prêt à toutes éventualités.

« Rentrant à son hôtel, il apprend qu'une jeune ouvrière est, à plusieurs reprises, venue le demander, suppliant que, dès son arrivée, on lui dise de se rendre à *la Fine Lingère* qu'il connaît bien, pour habile ouvrière toute dévouée à Solange.

« Et c'est alors que sa douleur s'exhale après avoir appris que cette dernière et Martine ont été arrêtées au seuil même du petit magasin, où pour quelques heures elles venaient se réfugier. Solange, n'ayant pu accepter de se séparer de Gilbert, avait en effet confié le marquis à Norbert qui devait

170

le mener au terme du voyage, le remettre entre des mains dévouées puis rentrer à Paris. Et toutes les deux, Solange et Martine, cette dernière refusant absolument de quitter sa maîtresse, prenaient le chemin du retour sans s'apercevoir qu'elles étaient suivies et dénoncées à l'heure même de leur arrivée... et Gilbert se sent impuissant et désarmé car toutes démarches s'avèrent inutiles.

« L'acte d'arrestation porte la mention : " Deux aristocrates (Martine fine et distinguée étant prise comme telle) s'introduisent dans Paris sous les ajustements de chambrières. L'une d'elles, ci-devant marquise de Montréal, est reconnue comme familière de la veuve Capet ". »

Le guide Henri

Solange ayant été amie intime de la reine, elle fut particulièrement surveillée et toute tentative d'évasion devait échouer, seuls quelques billets furent échangés grâce à la seule complicité d'un gardien moins cruel. Courageuse et très croyante, Solange fit promettre à Gilbert de ne pas attenter à ses jours, car, par cet acte, elle pensait qu'ils seraient séparés pour toujours. Dans sa douleur, Gilbert laisse échapper sa souffrance dans ce poème :

Agonie

Dans quelle affreuse nuit mon cœur va-t-il descendre?
Ne crains rien cher Amour, je tiendrai ma promesse,
Dans l'infâme charnier, ton doux corps n'ira pas
C'est sur mon cœur brisé, sur mon cœur, dans mes bras,
Que je te recevrai... Tu ne sentiras pas
Ô, pauvre ange adoré, mon ultime caresse
Le baptême sacré voulu par ta tendresse
En m'emplissant d'horreur calmera ma détresse
Peut-être!!! J'ai juré, tu dormiras là-bas!...
Combien de jours, ô mort, devrais-je encore t'attendre
Dans quelle sombre nuit, mon cœur va-t-il descendre?

Gilbert

Le guide nous fait le récit de la cruelle épreuve :

« La cruelle promesse faite à Solange, Gilbert la tiendra. Nous savons quelles amitiés, elle et lui avaient, par leur bonté et leur fraternelle compréhension, su se gagner dans le peuple.

« C'est donc parmi les humbles, au milieu même, des aides du bourreau qu'il trouvera les dangereux dévouements nécessaires à la réalisation de son projet : dissimulé sous l'estrade de l'échafaud il recevra le corps sanglant de Solange par la trappe, découpée dans le plancher juste au-dessous du panier sans fond, grâce auquel Solange morte tombera dans ses bras tendus pour la recevoir. N'ayant pu sauver sa vie, du moins sauvera-t-il son corps de la fosse commune.

« Elle dormira dans la terre qu'elle aimait près de leur petite Flore, sous les roses d'" Isoletta ". Sachant de façon certaine que rien ne se peut plus pour sauver la reine, encore plus strictement isolée des siens, depuis la dernière tentative, Gilbert va quitter pour toujours cette France qu'il aimait comme une seconde patrie. »

Le guide Henri

Au cours de leurs voyages heureux Gilbert avait voulu faire connaître et aimer à Solange la petite île « Isoletta » qu'il avait héritée de son père. Le lieu ne nous a pas été révélé. Celle-ci devait disparaître dans un tremblement de terre et violent raz de marée en 1808. Seule la date nous est connue.

« Trois années se sont écoulées, Gilbert toujours inconsolé partage son dévouement entre l'orphelinat de jeunes garçons qu'il forme et instruit, auxquels depuis quelques mois se sont adjoints trois petits aveugles, l'hôpital, magnifique création de son père, et la " maison des abandonnés ".

« Il est aidé dans sa tâche par les sœurs dévouées de mère Baptista et un homme jeune encore, ancien externe des hôpitaux de Paris, entré dans les ordres et sauvé du massacre des jours de septembre par maître Vaudémont qui l'a caché pendant plus d'un an, jusqu'au jour où il lui fut devenu possible de le faire s'embarquer pour Isoletta. Et ainsi se trouvèrent à la fois comblés la petite chapelle de l'île dépourvue d'aumônier depuis la perte du vieux prêtre contemporain de don Claude (ami du père) et l'hôpital récemment privé du bon docteur qui, depuis deux mois, avait également quitté son poste pour toujours, l'un et l'autre reposant désormais dans la terre fleurie d'Isoletta. Le cœur de Gilbert, déshabitué de toute joie, s'était ouvert sans réserve à cet envoyé, être d'élite dont il fit un ami.

« Et puis un jour, une lettre fut remise à Gilbert. John était vivant (ami d'enfance de Gilbert). »

Le guide Henri

Une famille « spirituelle » va petit à petit se constituer autour de Gilbert. Réponse de Gilbert à John son frère d'élection :

« Mon cher John

« L'attente de votre venue fait déjà l'objet de nos conversations et ainsi je fais faire à Dominique votre connaissance, et c'est un ami qui, avec moi, vous espère désormais.

« Ce n'est que six mois après mon funèbre retour ici que j'ai appris l'accident terrible dont vous avez été victime. J'ai su seulement par Vaudémont que vous aviez été ramené en Angleterre dans un état qui semblait désespéré, depuis cela, plus rien, aucune nouvelle... alors je vous ai cru parti vous aussi et mon désespoir s'est alourdi. Que de douleurs hélas! d'âmes chères disparues depuis Don Claude et notre petite Flore!

« Les d'Orgès, Henri d'abord et notre exquise amie, cette Agnès, si bonne et brave, lapidée, déchirée par une bande de forcenés, puis Rosie décédée à Londres ayant, à la nouvelle de la mort cruelle de Philippe, perdu la raison; le roi et ma Solange que je croyais sauvée, notre petite Martine arrêtée avec elle, morte, pour n'avoir pas voulu se séparer de sa maîtresse, et qui l'a non pas suivie mais précédée de quarante-huit heures dans la mort.

« Quelle âme de qualité habitait cette enfant, vous savez que j'avais à plusieurs reprises voulu l'établir et qu'elle ne soit plus de condition. Mais elle refusait toujours, ne désirant rien que demeurer ce qu'elle était près de nous. Nous l'aimions comme notre enfant, comme une jeune sœur. Avant ces terribles événements nous avions aussi vu partir d'Espau, blessé mortellement, comme plus tard, Philippe dans la rue, mais j'oublie mon cher John que vous étiez près de nous à la mort de d'Espanes et combien d'autres de nos amis, dont je ne sais s'ils sont encore de ce monde.

« Le marquis, cher vieil homme, n'ayant pu survivre au départ de Solange a été inhumé en terre de France, par mon fidèle Norbert que j'ai bien failli perdre aussi à la nouvelle de la mort de sa maîtresse à laquelle il avait voué une affection sans borne.

« Depuis quelques mois j'ai repris mes pinceaux et fait un portrait de Solange ayant Flore dans les bras et c'est si tendrement son cher regard, son doux sourire qui m'accueillent désormais lorsque je rentre du village où j'instruis mes orphelins et soigne les malades dans notre petit hôpital que je crois les voir vivantes, si jeunes et belles.

« Ma pensée rejoint souvent nos gens si dévoués dont plusieurs n'ont pas survécu à tant de drames : Pierre, Nanette, le pauvre vieux garde-chasse, Joseph le meunier, sa femme, la Louison que vous aviez sauvée John (John était un chirurgien renommé). Tous deux pris dans une bagarre, d'autres encore dont j'ai su le décès par Vaudémont. Ce bon ami a été incarcéré pendant près de deux mois, puis, remis en liberté grâce à l'intervention d'un commissaire du peuple et de plusieurs membres de l'Assemblée dont il gère les intérêts. Je vais lui écrire demain pour lui donner cette joie de vous savoir vivant et bientôt près de nous et lui dire que nous l'attendons pour un long séjour dès qu'il le pourra.

« J'ai su par lui que beaucoup de nos bêtes familières sont mortes de langueur, de chagrin, n'acceptant plus de nourriture, détails particulièrement émouvants.

« Chloé, dans la " Maison de la rive ", aujourd'hui propriété de Vaudemont, avait réussi à se faire oublier dans la chambre où il l'a découverte enfouie sous un amoncellement de robes préférées de Solange, enroulée dans les écharpes qu'elle était parvenue à décrocher.

« Pauvre fidèle et bonne bête, attendant jusqu'à la fin celle qu'elle chérissait éperdument! Peut-on nier que ces humbles créatures, privées de la parole, soient souvent plus proches de nous que bien des êtres humains que nous avons pu voir à l'œuvre? Pourtant, dans les heures atroces que j'ai dû vivre et que je vous dirai, j'ai rencontré parmi les plus humbles des cœurs dévoués, des mains rudes à l'étreinte fraternelle qui m'ont aidé et soutenu dans la terrible tâche que je m'étais juré d'accomplir et cela au risque même de leur vie, et de vous écrire ces mots, mon cœur déborde de reconnaissance et d'amour pour ces amis, ces hommes du peuple de Paris que j'aimais et qui m'ont payé de retour avec un courage et une audace incroyables.

« Ami cher, je clos cette lettre car voici l'heure du bateau. Préparez-vous un peu plus chaque jour à tenir votre promesse. Je prends vos deux mains mon cher John. »

Gilbert

Le guide Henri va refermer lui-même les pages de ce cahier d'amour dont il désirait nous faire partager les joies et les peines, ayant été témoin et victime de cette tragédie :

« 19 octobre 1808.

« Depuis longtemps John a retrouvé l'usage de ses jambes; le climat bienfaisant d'Isoletta a fait le reste et sa santé est redevenue parfaite. Douze années se sont écoulées depuis que les trois amis sont réunis. John a cinquante-quatre ans, Gilbert cinquante-deux, Dominique quarante-trois. Sous l'amicale direction de John, ce dernier a parfait, amplifié son bagage médical, abordé avec maîtrise la chirurgie et laissé se développer scientifiquement certaines facultés que son ami a découvertes en lui.

« L'hôpital ne sert plus guère, la santé régnant magnifiquement dans l'île. L'un des petits aveugles a recouvré entièrement la vue, pour un autre, la lumière et l'ombre commencent depuis un mois à lui devenir distinctes, le dernier semble être en bonne voie d'amélioration.

« Plusieurs des élèves de John enthousiastes et studieux promettent de devenir un jour des médecins éclairés, conscients des devoirs qu'entraîne la belle profession qu'ils ont choisie, médecins du corps et de l'âme aussi, parce que leur maître leur a donné des sentiments élevés, appris les paroles fraternelles d'amour et de compassion qui ramènent à l'espérance le pauvre être tordu par la souffrance et qui n'espère plus qu'en eux. Bientôt ils seront prêts à affronter les examens nécessaires à l'obtention de leurs diplômes, et pensionnés par leur bienfaiteur (John ayant joint sa fortune à celle inépuisable de Gilbert) pourront s'établir sur différentes villes de la côte et y fonder une famille.

« Depuis plusieurs années déjà, une moyenne de quatre ou cinq couples, unis dans la petite chapelle par l'abbé " Dominique " s'envolent nantis d'une dot vers le continent pour y vivre, soit d'un fermage pour ceux qui aiment la terre, soit de tel ou tel autre métier par eux choisi. Gilbert a en effet fait construire il y a huit ans, tout au bout de l'île, de grands et clairs ateliers afin que des ouvriers de différentes branches puissent venir apprendre à ceux des élèves que cela attire plus particulièrement, le travail du bois, des métaux, même précieux, du fer, de l'horlogerie, le tissage, etc.

« Parmi les protégés d'Isoletta, Gilbert forme trois jeunes hommes, essentiellement doués, attirés vers les arts et dirigés, l'un vers le dessin industriel, l'architecture, les deux autres la peinture, portraits, paysages, décoration murale et déjà, la chapelle s'orne d'une fresque représentant sainte Odile élevant un regard tout neuf vers le ciel, qui vient de lui rendre la vue et Gilbert est confiant dans l'avenir artistique de ces trois jeunes êtres qu'il enverra bientôt faire un stage à Rome, à Florence, ensuite en France pour y achever une éducation en si bonne voie déjà... Six autres de ses protégés se sont engagés dans la marine, sept dans l'armée de terre. Cinq autres dont trois jeunes filles munis déjà d'un important bagage intellectuel et scientifique sont partis, leur vie matérielle assurée, parfaite dans des écoles appropriées, leurs études. Six ont quitté leur maître pour entrer dans les ordres, quatre encore comme missionnaires. Huit des dernières filles de mère Baptista demandent à partir soigner et instruire les noirs, depuis longtemps libérés de toute servitude dans l'une des possessions lointaines de Gilbert.

« Bien vieillie, mère Baptista accepte enfin de se reposer, ne gardant plus auprès d'elle que deux pauvres filles qu'il serait impossible de dépayser. Parfois, se servant à son tour de l'une des petites calèches, elle rejoint sur la plage privée d'Isoletta, ses trois grands amis. Le calme de l'île est merveilleux.

« Perdus dans leurs souvenirs, aucun d'eux ne dit rien et Gilbert dans la contemplation émouvante et grandiose de l'embrasement de la mer, par un beau coucher de soleil, revoit Solange, auréolée de cette intense luminosité de feu, de bleu et d'argent qui faisait d'elle, au sortir des flots une irréelle et céleste vision...

« Une année s'écoule et doucement un soir, mère Baptista s'éteint; quelques mois plus tard, le cher vieux Norbert quitte à son tour ce maître qu'il a tant aimé qui vient de lui donner cette joie dernière de faire venir près de lui Jean-Louis, son fils et sa femme Jeanne et leurs trois petits afin qu'il les bénisse.

« Voici donc désormais les trois amis seuls et restant unis dans l'étude et l'amour de la science, des arts, de la musique et leur réciproque attachement. Souvent, le soir, Gilbert leur joue les airs que Solange aimait, ceux que son âme d'artiste et son aspiration amènent sous ses doigts; trois années encore s'écoulent que remplissent d'une douce joie les nouvelles qui leur parviennent de leurs enfants adoptifs, leurs succès, leurs visites à la saison des vacances pendant lesquelles, l'île résonne de nouveau des jeux, du rire joyeux des jeunes êtres qui les continuent.

« Au soir d'une journée qui avait été particulièrement étouffante, les amis se trouvaient réunis dans le salon de musique. Délaissant clavecin et violon Gilbert s'approcha de la harpe, muette, depuis le départ de celle qui en tirait de si purs accents et fidèlement demeurée sous son grand portrait. Ses mains en caressèrent avec tendresse les cordes que nuls doigts, pas même les siens, n'avaient depuis fait vibrer et, soudain la pièce s'emplit d'une mélodie étrange, poignante, comme une plainte se muant bientôt en un chant d'allégresse exprimant une telle force de joie et d'amour, que John et l'abbé, ne pouvant maîtriser leur émotion, entourèrent avec affection leur ami qui, prostré semblait maintenant comme absent de lui-même... Ils allaient se séparer pour la nuit, lorsqu'un vent d'une violence inouïe, accompagné d'éclairs aveuglants s'abattit sur l'île, cassant, broyant, déracinant les beaux arbres séculaires, arrachant volets et toitures; trois effrayantes secousses ébranlèrent le sol. Les trois amis se précipitèrent vers la partie des bâtiments réservée aux serviteurs et aux deux religieuses affolées, les entraînèrent au-dehors car les murs de partout déjà s'effondraient, mais nulle sécurité n'existait déjà plus. La mer grondante et déchaînée se précipitait sur le rivage, des vagues formidables montaient à l'assaut des terres, brisant, emportant tout sur leur passage.

« Deux autres secousses terribles ébranlèrent de nouveau Isoletta toute entière qui, éventrée, creusée, tel un navire faisant eau de toutes parts s'abîma dans les flots. Sur plusieurs centaines de kilomètres de longueur et trois en profondeur, la côte avait aussi été ravagée par le cyclone et bien des morts étaient à déplorer; d'insondables cavités déchiraient le rivage méconnaissable.

« Vingt-quatre heures après, la mer, calme et câline poussait doucement vers la plage, un homme épuisé, respirant à peine et cramponné encore à une épave bien inattendue, une harpe aux cordes arrachées dont le cadre, de par son étanchéité, avait soutenu sur les eaux le naufragé, l'abbé Dominique qui ne survécut que quelques jours au désastre.

« Solange et Gilbert s'étaient enfin rejoints. »

Le guide Henri

C'est avec une immense gratitude que je remercie nos amis de toujours du don merveilleux qu'ils nous firent de ce livre unique. Pieusement, avec mélancolie, je le range dans la petite commode ancienne, écrin qui fut le sien depuis que ma mère nous a quittées. Un jour peut-être, conquis par ce très beau travail d'enluminures, un éditeur de collections artistiques désirera-t-il le reproduire dans son intégralité?

II. *Cagliostro le magnétiseur*

Dans les pages qui suivent, nous illustrerons cet intérêt séculaire des humains pour l'irrationnel en transcrivant du *Cahier d'amour* diverses considérations sur le magnétiseur Cagliostro (nom d'emprunt), très en vogue au XVIIIᵉ siècle.

Gilbert nous donne son opinion dans la lettre qu'il adresse au marquis d'Espan :

« Mon cher Étienne,

« Je tiens très vivement à vous rassurer avant même votre départ. Il n'y a rien de commun entre ledit Cagliostro dont ce n'est du reste pas le nom véritable et le comte de Saint-Germain, dont je suis l'un des fervents admirateurs. Cette conclusion risquerait de vous faire perdre l'occasion d'une présentation réservée à de rares élus et pourrait blesser, s'il arrivait qu'un jour il puisse en avoir connaissance, un être admirable, tant par l'élévation de son esprit, sa noblesse d'âme, sa générosité que par son prestige.

« On a certainement voulu profiter de l'ignorance partielle dans laquelle, du fait de votre long éloignement de France, vous pouviez être, de nouveaux mouvements, de certaines présences.

« Les séides de ce déjà trop fameux Cagliostro sont nombreux. On ne peut nier qu'il y a dans cet être une extraordinaire force de volonté, de domination, mise au service d'ambitions destructives qui le doivent diriger vers un but, que je crois déjà trop bien définir. Je suis allé le voir opérer plusieurs fois, il est incontestable qu'il possède des pouvoirs émanant d'une source encore inconnue, mais qui sera, je le crois, un jour expliquée par la science, magnétisme que déjà l'on admet, mais aussi autre chose... Si vous le voulez nous pourrions, à votre retour de Nevers, aller ensemble à l'une des réunions publiques qu'il organise, car en ces jours troublés, il est bon de chercher à tout connaître, même et surtout, dirais-je, ces sortes de manifestations.

« Mais revenons au comte de Saint-Germain et retenez, mon cher Étienne, que je suis à votre entière disposition pour vous obtenir une audience à votre retour et je sais d'avance que vous serez conquis; il connaît tout, parle toutes les langues, savant chimiste, géologue, géographe, thérapeute, etc.; le charme de sa conversation en fait un être extrêmement attachant, unique; ami de tous les arts, c'est un merveilleux musicien, encourageant et soutenant les jeunes artistes, grâce à une fabuleuse fortune. Devant tant d'érudition, de générosité et lorsque l'on a pu, comme moi, constater ses pouvoirs dans presque tous les domaines comme on se sent démuni de ce qui fait la grandeur de certaines âmes!

« Dans les dernières années du règne du feu roi, il a séjourné en France par de longues périodes, tenu en très grande estime et considération par ce dernier, malgré les efforts de Choiseul pour le discréditer, celui-ci regardant comme dangereux, pour son autorité, l'intimité du comte avec le monarque et la confiance que la " marquise " elle-même accordait à ses conseils s'intéressant l'un et l'autre à ses travaux et recherches scientifiques, pour l'élargissement desquels le roi mit à sa disposition un appartement au château de Chambord.

« Je tiens ceci de la comtesse d'Adhémar qui, à cette époque, le connaissait déjà assez intimement. A cette même époque, du fait de la mort de mes parents, je vivais une grande partie de l'année sur nos terres de Provence, près de ma jeune sœur Claudie dont je vous ai souvent entretenue et dans les très courts séjours que je faisais à Paris, des propos touchant le comte auront bien pu être soulevés devant moi sans retenir mon attention. C'est donc à la comtesse d'Adhémar que nous devons d'avoir été présentés au comte de Saint-Germain.

« A notre avant-dernière visite il nous a ouvert son laboratoire; nous y avons vu des épures et dessins singuliers, des objets de formes inconnues à la grandeur de jeux d'enfants, des ébauches de véhicules à deux et quatre roues, taillés dans du bois, du métal et comportant parfois une sorte de cheminée. D'autres encore rappelant des silhouettes d'oiseaux, ailes grandes ouvertes également sur roues. Dans une énorme cornue, un élixir vert émeraude frémissait, formant des centaines de bulles irisées que le comte recueillit avec une spatule de bois et déposa sur une plaque de verre où elles se solidifièrent sous nos yeux prenant l'aspect de perles du plus bel orient.

« Dans la cornue le liquide vert semblait avoir doublé de volume, alors qu'il eut dû être plutôt diminué d'autant et devenait d'une luminosité extraordinaire. Le comte alors sonna et fit hermétiquement fermer les volets. Grâce à un système de poulie que nous n'avions pas remarqué, un long rectangle, qu'un tube de verre entourait, descendit du plafond, s'arrêtant à notre hauteur.

« Saisissant alors le bec de la cornue qu'il introduisit dans l'unique orifice du tube de verre, le comte souffla les candélabres. Un léger déclic, un éclair bleu traversant l'obscurité nous aveugla une seconde et lorsque nous ouvrîmes les yeux, nous pûmes nous croire en plein soleil, nul coin d'ombre ne subsistant dans la pièce. Le rectangle de verre avait disparu mais nous réalisâmes vite qu'au moyen de la poulie il était remonté au plafond dissimulé sans doute à l'intérieur de rainures ménagées à cet effet dans les ornements de la corniche.

« " Vous voyez-là " nous dit en souriant le comte, " l'éclairage de l'avenir, découlant pour partie de cette force naturelle que d'un geste encore hésitant, la science de nos jours essaie déjà de capter et dont je n'ai pu encore découvrir que quelques principes, par des manifestations fastidieuses assez risquées parfois et qui ne peuvent durer que quelques instants. Mais de ces manipulations réitérées, il ressort qu'un grand espoir est permis pour des jours assez lointains mais que nous verrons ensemble. Ces perles obtenues sous vos yeux dispenseront la vie et la santé dans des salles de souffrance où la misère, la douleur échouent; dans des humbles foyers, les taudis privés d'air et de lumière. Voyez plutôt. "

« En disant ces mots il brisa au-dessus d'un vase plat, à demi rempli d'un liquide aussi transparent que de l'eau, une mince poignée de bulles irisées.

« Aussitôt nous sentîmes l'obligation d'une profonde aspiration et nos poumons s'emplirent d'une brise parfumée des senteurs balsamique de l'air vif et pur de montagnes, des souffles du large et c'était délicieux. Le bienfait de cette démonstration se prolongea une vingtaine de minutes, après lequel nous restâmes encore imprégnés d'un indéniable bien-être.

« " Lorsque, dans de très courtes années désormais, je quitterai définitivement la France " nous dit le comte " je laisserai une quantité importante de ces globules entre les mains de ces saintes filles de la Charité qui abondent à Paris dans les maisons de secours et les hôpitaux. Mis en lieu sûr, mes manuscrits, notes et esquisses, je détruirai toutes traces de laboratoire et de recherche. Mais je ne vous donne pas deux cents ans, messieurs, pour que nous usions ensemble de découvertes à peine aujourd'hui rêvées par quelques chercheurs. A cette époque, nulle distance ne séparera plus le genre humain : la voix d'un être cher, son image même, traversant l'espace et les murailles pourra vous parvenir, la lumière inondera la terre; la musique, les ondes harmonieuses et bienfaisantes allégeront les obligations terrestres de chacun, offriront aux hommes des facilités inouïes de vie. Mais l'humanité sera-t-elle alors assez assagie pour user avec discernement de tant de pouvoirs mis à sa disposition? Je ne puis y songer sans crainte, sachant que la houle, qui va inévitablement la secouer bientôt, n'y suffira pas et qu'après ce cataclysme proche, d'autres et d'autres suivront, alors que, déjà des moyens terribles seront en sa possession, bienfaisants et destructeurs à la fois. "

« Il s'arrêta brusquement de parler, pressant son front de ses mains. A quel subit effroi avait-il failli céder? Jusqu'à quelle limite son esprit s'était-il laissé entraîner? Respectant son silence, nous nous penchâmes un instant sur un étroit sous-verre placé debout sur un meuble et que nous n'avions pas remarqué. Plusieurs phrases manuscrites, chacune séparée d'un trait, s'y succédaient.

« " Il y a plus de quatre mille ans " nous dit le comte qui nous avait rejoints " que ces paroles ont été données aux hommes et elles demeurent contemporaines, jamais je ne m'en sépare. Si vous le désirez, messieurs, copiez-les pour vous-mêmes, j'en garantis l'efficacité. "

« Ce que nous fîmes en le remerciant. Aussi, puisque par cette longue lettre la personnalité du comte vous devient un peu familière, je vous joins une copie dudit signet.

« N'est-ce point un être attachant mon ami que ce grand seigneur, vivant le plus simplement du monde au milieu de richesses fabuleuses, objets d'art, pierreries incalculables, et qui distribue ses biens aux déshérités dignes de secours, les refusant impitoyablement à ceux qui cherchent à l'abuser, ce que, d'un seul regard il décèle, car il lit dans les âmes.

« Comme, nous excusant d'avoir bien trop abusé de ses instants, nous lui disions adieu, son regard pénétrant se posa sur nous et esquissant " le geste ", il entrouvrit son habit... alors, une grande joie nous envahit et nous le reconnûmes...! et je sentis que, dès le premier jour j'en avais eu la certitude et Philippe de même.

« Voilà, mon cher Étienne, l'homme que j'aimerais pouvoir vous faire bientôt connaître. Il part ces jours-ci pour l'Angleterre et peut-être serez-vous de retour avant lui si vos projets s'accélèrent au mieux de vos désirs. Ne nous oubliez pas je vous prie auprès du cher Vidame et délectez-vous heureux mortels des merveilles qui l'entourent. A bientôt ami cher et toujours affectueusement vôtre. »

Gilbert

Ci-dessous le texte du « Signet » :

« Si tu cherches les responsabilités, si tu les acceptes, applique-toi à devenir parfait.

« Si tu prends part à un conseil, rappelle-toi que le silence vaut mieux que l'excès de paroles, que l'action réfléchie, appuyée sur la certitude du vouloir bien faire, porte toujours ses fruits.

« Remplis ton cœur de la joie des autres et prends soin que cette joie pour une large part leur vienne de ton amitié.

« Sois bon envers tes serviteurs car la maison dans laquelle ils seraient mal traités ne pourrait conserver le bonheur et la paix.

« Sois fraternel et doux envers le pauvre qui te tend la main. Sais-tu si tu n'as pas connu pareil dénuement?

« Aime les animaux, ils viendront à toi car ils savent. Applique-toi à mériter toujours leur confiance et leur attachement.

« Si tu négliges les dieux c'est que tu pressens " l'Unique ", tu ne chercherais pas si tu ne l'avais déjà trouvé : Il est en tout, partout et en toi-même, où Il t'attend! »

La signature du signet : Ptah-Hotep

Cette signature, aux caractères discrets difficiles à déchiffrer, a été recouverte par ma mère, sous l'impulsion de son guide, de légères teintes violettes et vertes, ainsi que d'une fine poudre d'or. Je dois préciser qu'à l'en-tête de ce signet, de même qu'après la signature, se trouvent trois points : les premiers forment par leur disposition un triangle pointant vers le haut, les seconds après la signature un triangle pointant vers le bas.

Dans ce passage le comte de Saint-Germain fait entrevoir à ses amis le devenir de la science qui est aujourd'hui la nôtre (deux cents ans se sont écoulés depuis ce texte). Il ne cache pas son angoisse devant les dangers qui guettent l'homme, faisant ainsi allusion au péril atomique.

DEUXIÈME PARTIE

LE SENS
DE LA
CONNAISSANCE

Les pages qui précèdent nous ont fait éprouver non seulement des émotions diverses, joie, étonnement, tristesse, mais aussi une foi immense dans un devenir spirituel.

Les communiqués qui vont suivre nous feront pressentir des événements tragiques, telle la guerre de 1939, des joies aussi, celle du débarquement par exemple. Ils nous avertiront aussi du danger du réalisme scientifique dépourvu de tout esprit philosophique qui amènera la découverte de la fission de l'atome et son utilisation dans la bombe atomique.

Nous mesurons maintenant la valeur des messages reçus en 1938 et 1945 et au-delà... Leur contenu nous apporte la réponse aux angoissantes questions que l'homme se pose depuis toujours : D'où venons-nous? Où allons-nous?

CHAPITRE PREMIER

Le sens de l'histoire

I. *Les années de Sacrifice (1939-1945)*

— *La mauvaise croix*

Dans le communiqué suivant, en date du 17 novembre 1938, Françoise, esprit qui vient de s'éveiller, n'a pu réussir à se manifester verbalement par incorporation. Elle va se servir, par l'intermédiaire du médium, ma mère, de l'écriture automatique pour prévenir les personnes du groupe des dangers qui guettent la France et l'Italie dans cette Europe qui courbe la tête sous la férule d'Hitler et de Mussolini, son comparse.

« Je suis Françoise, je suis mieux pour subir mon épreuve, par ce moyen présent que par celui employé précédemment.

« Quand était-ce? Je ne comprends pas la durée du lieu d'où je sors de mon rêve, mais n'est-ce pas, ce n'est pas éloigné de vous et de moi, il me semble bien. Quelle étonnante et merveilleuse chose!

« J'ai perdu la voix de mon corps et retrouve celle intense de mon âme! Et mon âme, accueillie et bercée par de fraternelles mains, découvre qu'elle ne s'est pas damnée et va, je le sens, mieux s'épanouir enfin en toute liberté et claire conscience.

« Je verrai et je vois, je comprends les mondes innombrables qui tourbillonnent, rugissent et se ruent sur d'autres planètes, sur la vôtre en ces années à venir, plus cruelles pour vous que jamais, si les forces bénéfiques n'arrivent pas à exercer leur bienfaisant empire.

« Livré aux forces de Pluton, votre pays tremblera et bien d'autres aussi, lorsque cette planète entrera irrévocablement dans le signe du feu, dans le Lion qui gouverne la France, l'Italie, les usurpateurs de pays sacrifiés, qui n'avaient pas jusqu'alors eu le courage de revendiquer un nom, à eux propre et qui ne savaient être ni Bohémiens ni Allemands. Préparez-vous à ces jours à venir que beaucoup parmi vous ne verront pas, par beaucoup de courage et de solidarité, par du sang-froid et de la fermeté, car il se passera alors des bouleversements qui dépasseront toutes vos prévisions actuelles.

« Les gouvernements changeront, des révolutions légitimes, si elles peuvent jamais l'être, mais sanglantes, des maladies inconnues éprouveront votre planète, afin qu'il surgisse de ces épreuves purificatrices une humanité régénérée et définitivement équilibrée, alors le maître actuel de l'Allemagne sera oublié. Il aura rendu compte lui aussi de ses erreurs et de l'égarement de son orgueil.

« Déjà le point culminant de sa carrière est dans le passé. Il va descendre l'autre versant, dont les aspérités sont douloureuses à l'ambition. Les forces occultes vont, chaque jour un peu plus, se détourner de lui. Son karma s'affirme lourdement, les astres ne lui seront plus aussi favorables, ses amis se détourneront de son destin terrestre et déjà ses partisans sont atteints dans la foi aveugle qu'ils avaient mise en lui et le peuple murmurera devant l'idole ébranlée.

« La mauvaise croix tombera, mais sa force demeure encore présente pour un temps. Image déformée et orgueilleuse de celle où le doux sauveur a consenti à mourir pour nous. Je la vois cette croix impure ambitionner d'occuper le faîte des temples de Dieu, mais ceux-là périront qui la voudront suivre dans cette ascension sacrilège.

« Mon pays d'adoption frémira aussi (Italie), son chef paiera de même son orgueil, mais moi, je me sens Françoise, française, françois, vieux langage de France, c'est doux, je me sens française, l'épreuve a été courte.

« Je ne me souviens plus, seulement mes enfants me tiennent par l'amour dans ce pays où je ne puis même plus réaliser le moyen de m'exprimer. Et mon cœur fervent se détourne de lui, honni soit-il pour sa pensée de défection envers cette patrie de France, retrouvée pour moi. Pour les années de vie terrestre que j'ai passées sur son sol, je vais prier afin que ses yeux se désillent et qu'il tende de nouveau à la France des mains fraternelles.

« Je vais prier aussi pour vous tous et j'espère que je reviendrai quand tous vous serez réunis. »

Signé : Françoise

— *Le mur de l'égoïsme et de la haine*

Le honteux traité de Munich avait stoppé les craintes d'une guerre que nous préférions ne pas entrevoir. Les mois passaient et les Français reprenaient confiance aveuglément. Néanmoins, dans nos séances, il nous était préconisé la sagesse, l'économie surtout, et nous étions de nouveau angoissés. Un dimanche d'avril 1939, nous confiâmes à nos guides nos appréhensions :

« Oui, je puis te répondre, mais ne ferai en somme que me répéter. Vous êtes tous à un moment d'une gravité exceptionnelle lorsque des peuples ont le malheur de tomber entre les mains d'ambitieux effrénés, avides de gloire tapageuse, au cœur et à l'esprit dévorés d'orgueil et que ces peuples ne trouvent pas la force de réagir et de se libérer, c'est qu'ils méritent de descendre les premiers échelons de la décadence, s'acheminant vers leur amoindrissement et leur fin.

« Malheureusement beaucoup d'autres peuples, tant pour leur propre préservation que par un sentiment humain de représailles en partie excusable, se trouvent souvent entraînés dans le même tourbillon.

191

« Chaque peuple a ses entités protectrices, mais parmi eux, beaucoup opposent une surdité volontaire, orgueilleuse. Comme cette instruction sera lue à votre prochaine réunion, nous vous recommandons de faire tous ensemble une élévation de pensée à la fraternelle et secourable approche de leurs protecteurs, car ces égarés dressent, entre eux et nous, le mur souvent infranchissable de l'égoïsme et de la haine. En ce moment pourtant et pour tous, les heures sont graves et le secours nécessaire.

« Qui ferme son esprit à l'honneur et à la justice, attire à lui les forces vengeresses, les puissances maléfiques et les projette malheureusement sur tous, car ces mouvements sont si puissants, si formidables, qu'une fois déclenchés, ils deviennent parfois indisciplinés et que leurs effets dépassent les prévisions de la puissante volonté qui les a mis en mouvement et peuvent dépasser le but, atteindre au-delà de l'objectif envisagé et causer de cruels désastres.

« Trois grands cerveaux dans la chair sont en conjonction avec les cénacles des maîtres de l'Orient, dont l'un des plus grands vient de rejoindre ici. Quoi qu'il en soit, nous espérons qu'une conflagration générale pourra être évitée ou *retardée,* car nous travaillons tous à préserver d'un *choc terrible* l'Europe entière.

« Votre père Houg-Kang agit, en ces jours marqués, pour préserver également de l'anéantissement définitif une partie de la Terre, dont l'heure n'est pas encore venue bien que l'ambition de certains tendent à cette injuste fin. Sa puissante et charitable élévation de pensée, nous vous l'affirmons, arrivera à son but et portera ses fruits. Beaucoup parmi nous sont aussi en mission près de frères angoissés, car d'autres planètes sont aussi en convulsion et se désagrègent.

« Courage donc, haut les cœurs! »

Signé : le guide Henri

A la lecture de ces derniers communiqués, on est obligé de se rendre compte que le passé, le présent et l'avenir ne font qu'un tout. Il est facile de comprendre qu'il est fait allusion, avant le conflit mondial, aux massacres des guerres, à la chute des chefs qui les ont entraînées, à la bombe atomique et, pour les temps actuels, les révolutions, les invasions et l'agressivité qui sévit dans le monde. Si avant le conflit, il nous était prédit, et la chute des responsables et leurs défaites, les guides voulaient ainsi stimuler notre courage et notre confiance afin, qu'autour de nous, il nous soit possible de propager cette confiance en la fin de ce cauchemar.

– *La victoire magnifique*

Ce fut la guerre, la défaite, l'occupation de l'Europe tout entière. Qu'il me soit permis de rapporter une expérience de lévitation au cours d'une séance qui se passait un soir de cette triste époque. Nous devions nous tenir tous par la main, afin de former une chaîne. Exceptionnellement nous devions, mon mari et moi, fermer le cercle avec maman. La chaîne ainsi faite, notre mère s'endormit aussitôt après la méditation. Dès qu'elle fut en transe, sa main quitta la mienne et celle de mon mari, nos amis en firent autant. L'obscurité fut ordonnée par un guide, puis un assez long moment se passe et lentement l'obscurité se fait moins dense. Les assistants commencèrent à se distinguer, puis petit à petit, une lumière translucide éclaire en faisceau lumineux toute la pièce. Cette lumière est comme animée et vibrante, d'une blancheur immaculée. Nous étions en admiration devant cette clarté. Au plafond, un disque de 50 à 60 cm de diamètre nous enveloppait de rayons lumineux. Nous sentions naître en nous des sentiments débordants d'une joie inconnue. A ce moment, la voix de maman se fait entendre et avec une autorité jamais égalée elle annonce :

Stalingrad ne tombera pas.
Cette date marque le recul
des forces noires. La lumière
blanche en est le signal.

Puis la lumière s'atténua, et sur le point de disparaître, je dis dans un élan incontrôlé : « Mon Dieu, faites que la lumière revienne encore une fois! » Le miracle fut accordé. Le faisceau de nouveau inonda de sa lumière resplendissante l'assistance et disparut à nos yeux émerveillés. Lorsque maman se réveilla, ses grands yeux bleus nous regardèrent étonnés de notre émotion. Nous lui racontâmes, par phrases entrecoupées, ce qui s'était passé. L'émotion qui persistait nous interrompait, alors l'un de nous reprit la phrase. Enfin au bout d'un moment, elle put comprendre ce qui s'était passé.

Je pense que nous, les six, nous ne pourrons jamais oublier cette soirée unique.

P.S. : Lors du message concernant la bataille acharnée qui se livrait devant Stalingrad pendant la guerre, tous les pays en craignaient la chute imminente. Nous en connaissions désormais l'issue. Les jours suivants donnèrent raison à la déclaration de nos guides.

Enfin, un certain jour de printemps 1944, la victoire approchait, la réussite du débarquement en Normandie nous fut annoncée par ce communiqué en date du 3 avril.

« Le Fils de l'homme est crucifié. Vous refusez la main fraternelle des sages et vous vous détournez de la grande voix qui s'efforce de vous émouvoir et cependant en remerciement des efforts consentis par tous ceux qui, malgré vous, travaillent à votre rachat et vous aiment, vous serez sauvés et la paix descendra sur l'humanité. Le plus grand désir de nos cœurs est que la leçon vous soit pour longtemps profitable et qu'au sortir de l'épreuve vos âmes se laissent attirer vers la vérité et l'amour.

« Déjà les entrailles de la terre frémissent, sous le dur travail du proche enfantement, sous la formidable poussée des forces blanches, et la mer jusqu'en ses insondables profondeurs, tressaille de joie parce qu'elle sait, qu'elle touche bientôt à son heure : l'eau, l'air, le feu, puissances terribles sont désormais conquises, enrôlées au service du bien.

« Regardez-les passer les ailes frémissantes chaque jour plus nombreuses, l'air qui les porte se fait plus léger et favorable, le soleil, feu du ciel, les revêt d'argent et invite bientôt les fleurs, aux couleurs de vaillance, à s'ouvrir.

« Les victoires vont se succéder, magnifiques, grandioses revanches d'une justice qui ne peut faillir, c'est sous un ciel haut et pur au bel âge de l'année, que s'exhalera de vos lèvres le soupir de la délivrance.

« Courage donc, pour des jours encore difficiles à venir, mais foi *invincible* en ceux qui, bientôt après, leur succéderont et qui contiennent la victoire promise depuis toujours. Et après, encore courage et dignité dans cette vie nouvelle et dangereuse que vous aurez à aborder et qui devra être le fruit sain et pur que tant de souffrances et de deuils auront payé. Ils seront délaissés et honnis ceux qui ne feront pas leur devoir d'amour et de reconnaissance. »

Le Passant

Cette victoire tant attendue, nous l'avions payée très cher. Nos morts des camps de concentration et ceux de la libération de notre pays nous adressaient ce poème à nous les vivants qui n'avions pas su éviter cette catastrophe mondiale.

Prière des morts pour les vivants

Seigneur, pardonnez-nous si, dans nos cœurs, le doute...
Voilà votre clarté! Voyez, nos cœurs sont nus
Indigents et fermés, leur pauvreté redoute
Votre profond regard et d'être reconnus...

Cependant, c'est pour nous que vous êtes venu
Dans votre humilité et dans votre tendresse
Les mains pleines d'amour, et comme un inconnu
Nous vous avons reçu! Cette tendre faiblesse...

D'un tout petit enfant ne nous a pas touchés...
Et pourtant, aujourd'hui, et dans notre univers
Nous vous cherchons Seigneur. Ô! protégez nos frères!
Éclairez leur esprit à l'erreur attaché.

Nous, qui sommes passés de ce côté du voile
Et qui, ne savons rien de tout votre infini
Voulons chercher pour eux dans le champ des étoiles
Celles qui sont les leurs!... Ils sont assez punis!

Nous, qui sommes pleurés de femmes à genoux
Pleurons ici, sur eux... Seigneur, il nous incombe
De violenter leur cœur, nous n'avons pas de tombe.
Dépouillés de nos cœurs, nous n'avons plus que vous.

Alors, nous vous prions pour que bientôt la terre
Se recouvre de fleurs, de fruits lourds et dorés
Que disparaissent enfin, de ces champs délivrés,
La mitraille et la mort et qu'enfin se desserre

L'étau qui les étreint... depuis longtemps ils souffrent
Seigneur, retenez-les au bord de nouveaux gouffres

Et que l'humanité sur le mal reconquise
Puisse jouir en paix des belles joies permises.

Donnez-leur le repos et donnez-leur l'amour
Amour, mot rayonnant, allons-nous te comprendre
Alors que tous, en bas, ne savent pas t'entendre
Et faut-il donc souffrir et puis mourir un jour.

Pour se fondre avec joie dans ta sainte lumière?
Amour... serait-ce toi le créateur des mondes?
Es-tu tout? es-tu Dieu? Source de joie féconde?
Alors pour les humains, entends notre prière.

Pour tous les égarés, pour les hommes nos frères,
Nous te prions : Amour, délivre-les du mal
Et fais que leurs enfants, tendre chair innocente
Ignore à tout jamais leur colère démente.

Suivent ces paroles du guide Henri, que ma mère prononça avec autorité :

« Cette prière des frères disparus dans cette dernière tourmente est pour chacun des membres du groupe. Donnez-la à chacun, afin qu'un amour mutuel, fait de charité et de compréhension, vous pénètre tous. »

II. *Causes et conséquences désastreuses de la guerre*

En 1946, un samedi après-midi, mon amie Lily Meslier et sa mère étaient venues à la maison. C'est que, d'une façon inattendue, une entité désira se manifester. C'était le guide Georges qui nous expliqua l'état d'âme de ce jeune garçon de 20 ans, qui disait se nommer Jack Sealry. Notre conversation s'était orientée sur les causes et les conséquences désastreuses de la guerre. C'est sans doute nos propos qui attirèrent ce jeune esprit.

« Il a vingt ans, il regrette d'avoir été l'instrument de la mort qu'il a répandue. Il a fait son devoir. C'est une lourde tâche pour nous de les entraîner vers cette vie qui leur paraît d'abord si redoutable. Je suis heureux d'avoir pu l'attirer vers vous. Ils ne sont pas tous aussi purs que cet enfant, il n'en faut que plus de pitié, sans distinction de race et de

196

patrie pour réveiller ceux qui, ici-bas, vivaient un rêve si lourd. Ce qu'ils appellent la mort est d'autant plus redoutable à ces dormeurs qu'il faut les arracher à l'effroi, la stupeur et à une douloureuse inconscience.

« C'est un des aspects de notre activité et nous pouvons être d'autant plus bienfaisants que nous connaissons le fracas des batailles que nous avons connu, l'horreur de la mort qu'on nous donne et de la mort qu'on donne, alors que tout dans notre être se révolte et s'indigne dans un sursaut du cœur et de l'esprit, qui lui seul peut aimer, comprendre au lieu de haïr.

« Redoutable dilemme qui se pose, hélas, pour trop peu d'esprits. Il n'est de lutte noble que dans les conquêtes faites sur le mal, sur le despotisme, sur l'erreur. Qu'un vaste mouvement de pitié franchisse les cœurs!

« Pitié pour les vaincus sans doute, mais aussi pitié pour les vainqueurs, car, il n'est rien de leurs gestes et de leurs sanctions qui ne se réfléchisse sur eux-mêmes, avec une puissance qu'on pourrait dire décuplée par le carré de la distance.

« Que vos pieuses pensées s'unissent donc en mémoire des victimes rassemblées et délimitées hélas par un cercle d'effroi!... Alors ce cercle se desserrera, vos prières et notre aide pourront leur être bienfaisants.

« Accordez aussi une tendre pensée à Jack, innocent mitrailleur. Ses ailes se sont brisées comme se brisent les rêves. "Ah! que n'étais-je là, l'ancien frère aviateur pour l'emporter à mon tour dans les airs et vers la lumière."

« Vous vous apercevez que c'est un aviateur désincarné qui s'est substitué au guide pour apporter son aide à cette âme souffrante. »

Signé : Georges

III. *L'union fraternelle des races*

Avant de transcrire les communiqués qui suivront et qui nous annoncent l'évolution qui tend à l'union fraternelle de toutes les races, reportons-nous pendant l'Occupation. Un de nos amis, professeur d'allemand, dut interrompre les cours qu'il donnait dans un lycée de Paris. Il était d'origine polonaise et de religion juive. Il ne pouvait donc regagner la Pologne qui était occupée. Il trouva asile, grâce à des amis, dans une chambre mansardée, étroite et sans confort. Il fut obligé de s'y cacher pendant de longs mois. Ne pouvant être inscrit normalement pour obtenir des cartes d'alimentation, nous l'invitions chacun à notre tour afin de lui adoucir cette vie de cloîtré. Heureusement, cette chambre mansardée se trouvait non loin de notre appartement de la rue de La Rochefoucauld, ce qui lui permettait, les soirs où il venait dîner à la maison, de faire un peu de musique avec mon mari.

Un après-midi, deux clientes venant essayer leurs chapeaux continuaient une conversation commencée pendant que j'étais encore à l'atelier. Celles-ci parlaient sans discernement de la situation qu'était la nôtre en 42-43, et particulièrement de l'arrestation des Juifs et de l'imprudence que commettaient certaines personnes en les hébergeant. En les écoutant, pendant que je faisais l'essayage de l'une d'elles, ma pensée rejoignait la petite mansarde où un homme de valeur se recroquevillait sur lui-même dans la solitude, se lamentait sur le sort des siens et se sentait diminué de dépendre d'autrui pour sa survie. Cette cliente disait ne jamais vouloir accepter le risque d'en héberger un. Cette réflexion me choquait, me bouleversait, sans que je puisse répondre. Pourtant ce soir-là, à notre table serait assis un Juif polonais! Je sentais quel défi nous lancions à notre entourage.

L'essayage terminé, j'étais enfin débarrassée de leurs pénibles commentaires. Comme je passais devant la chambre de ma mère, celle-ci me tendit un petit morceau de papier et me dit : « Je dessinais et brusquement j'ai dû déchirer un coin d'enveloppe pour écrire ceci. Je n'y comprends rien, regarde. » Sur ce coin d'enveloppe, un mot, un mot très long, composé de caractères différents, reliés les uns aux autres, pouvait compter une quinzaine de lettres. Puis maman eut l'expression que je connaissais bien, le regard au-delà du visible, elle prononça ces mots : « Un jour, tu en auras l'explication. Lorsque le temps sera venu. » Ce fut tout. L'espace d'une seconde. Puis elle redevint elle-même. Ce jour-là, quand allait-il venir?

C'est trois ans après le décès de ma mère, qu'un jour, je rencontrai chez mon coiffeur, une jeune femme qui connaissait le docteur Azoulay. J'en fus troublée sans bien savoir pourquoi. Je le connaissais de vue, l'ayant longtemps suivi à la télévision, dans l'émission, « La tête et les jambes ». Je savais également qu'il parlait quatorze langues étrangères et dans l'émission, il avait répondu à toutes les questions qui lui avaient été posées sur la Bible et avait ainsi gagné la coquette somme de cinq millions de francs. C'était en 1957.

Après l'émission, je me souvenais avoir dit à mon mari : « Voilà l'homme qu'il me faudrait pour traduire les écrits de maman. » La réponse de mon mari avait été peu encourageante : « Bien sûr, mais tu ne doutes de rien! » J'avais répondu aussitôt : « Et pourquoi pas? »

Quelques jours passèrent. Un soir, le docteur Azoulay, accompagné de cette dame, vint à la maison. Il me fut tout de suite sympathique. C'était un homme affable, de taille moyenne, les yeux pétillants d'intelligence, curieux de tout et d'une grande simplicité.

Il feuilletait avec intérêt les documents que j'avais étalés devant lui, sur la table. Son attention fut spécialement retenue par le petit bout de papier que je gardais depuis si longtemps, sur lequel était écrit un ensemble de lettres qui, pour nous, était resté une énigme. Je lui expliquai nos vaines recherches pour en comprendre le sens. « Mais chère Madame, si vous ne connaissez pas ces langues, c'est incompréhensible », me dit-il, tout heureux à la pensée de m'expliquer une chose qui, je le voyais bien, le surprenait lui-même. « La première partie est en latin : " Ne repousse pas l'étranger. Tu peux un jour être l'étranger. " La deuxième partie est en grec : " L'étranger est ton frère. " La troisième partie est en hébreu : " Car, par la couche, vous êtes tous frères. " Cette tablette est très intéressante. Jamais je n'ai vu un assemblage pareil! Votre mère était sûrement une âme d'élite et privilégiée pour recevoir des messages ainsi codés. »

Cette tablette est encore à méditer de nos jours. « Tous frères! » Bien sûr cela ne se fera pas aisément, ni tout de suite, mais se fera grâce à la « Foi » et à la « Compréhension ».

Il nous est parlé de l'intégration des Juifs ayant un état d'esprit moderne, des luttes fratricides entre l'islam et les occidentaux qui aboutiront à un énorme brassage de races, à une friction qui amènera plus de compréhension, préparant ainsi l'âge d'or de l'humanité.

– La formation de l'État juif

« Ce qui se passe fait partie de l'évolution inévitable et contribuera à intégrer les juifs en état d'évolution, c'est-à-dire ceux qui ont un état d'esprit moderne, à la civilisation chrétienne, et particulièrement à l'évolution spirituelle en général.

« C'est une scission qui va se produire ayant pour effet de ramener les Juifs raciaux, en un endroit de la terre qui leur est propre, et là, ils évolueront dans cet esprit racial beaucoup plus normalement qu'ils ne l'ont fait, étant dispersés. Les autres Juifs, par hasard ou ayant évolué, s'intègrent directement dans le progrès des états chrétiens.

« Ainsi va s'effectuer une sorte de triage nécessaire à mettre de l'ordre dans les idées et parmi les nations. Remarquez-le bien on tend davantage à se grouper par affinités intellectuelles et spirituelles, plus que par ses origines nationales.

« C'est cela le progrès puisque, en somme, déjà intervient beaucoup moins la question de frontière, tandis qu'une sorte de fraternité encore maladroite apparaît à l'horizon où vont se manifester tant d'idées nouvelles. Ces idées plus fortes que les actes puisqu'elles les engendrent et retournent au foyer qui les a générées, le monde de la pensée où tous ceux ayant quitté la terre se rassemblent après avoir abandonné les préjugés raciaux, religieux, nationaux, pour n'être plus que des esprits conscients de leurs pouvoirs, de ce pouvoir qui intervient dans le débat des hommes, dans leurs luttes qui inspirent leurs déterminations, qui groupent leurs affinités, séparent leurs hostilités. Ce sont des esprits de tous les âges, venus de tous les horizons sociaux, les chapitres les plus différents de l'histoire qui, eux aussi, groupés en nos régions par leurs affinités comprennent que les divergences qui séparent les hommes ne doivent pas exister, car ces divergences ne viennent que d'illusions où chacun se complaît en croyant détenir seul la raison. Et la raison, la justice, le réel et le bien peuvent se représenter par un vaste bouquet aux fleurs différentes mais qui, réunies, ont la grâce de toutes choses créées.

« Je parais certes raisonner à la Jean-Jacques. Croyez voir

200

à travers mes paroles un culte rendu à la nature tout court. C'est un peu cela la nature admirablement ordonnée même dans ses désordres apparents. Elle renferme, tout comme l'homme, des possibilités et des forces qui sont nées, qu'on le veuille ou non, de l'harmonie d'un vaste concert d'œuvres, qui ne renferme point de mal, de laideur et dont certaines dans l'enfance ne sont qu'apparemment inharmonisées. Elles n'apparaissent ainsi que parce qu'elles sont encore en deçà de l'évolution qui, pourtant, les attire, les happe et les emporte lentement au regard des hommes, mais rapidement au rythme de la vie dans un mouvement perpétuel dont chaque temps est supérieur au précédent, inférieur au suivant, grandiose malgré tout en raison d'un devenir perpétuel auquel il n'est ni terme, ni but et c'est cela la vie, le progrès. »

Un pasteur

— La fin des vieilles races

La médiumnité de mon amie Lily Meslier maintenant en pleine évolution, la vision venait quelquefois compléter l'audition, ce qui fut le cas pour ce message. Depuis quelques séances, un guide instructeur se nommant « Le Fellah » nous donnait des messages par le canal de ce médium.

27 janvier 1946. Amenée par le fellah, Lily Meslier se trouve, bien que consciente, transportée en terre africaine à en juger par le paysage qu'elle nous dépeint :

« Une porte ogivale dans un mur blanc crénelé, des indigènes au-delà, puis dans le quartier des bazars, un indigène portant un turban de couleurs vert et rouge est accroupi fumant le narguilé, rêveur et fataliste, la figure très marquée et aux tons de terre cuite. Il semble haineux et cherchant à atteindre Lily, lui jette le fond d'une tasse de café qu'il consommait. Ceci se passe au Caire.

« C'est qu'un mouvement formidable de révolte est en préparation dans tout le monde islamique; il éclatera à la charnière de l'Orient et de l'Occident et sera formidable car les politiques raciales récentes lui ont donné une force accrue et ces populations animées de mysticisme, pour qui la guerre est sainte lorsqu'elle prend cette forme de soulèvement,

201

traitent avec mépris la tiédeur religieuse, l'apathie des occidentaux. Cette révolte sera officieusement au moins favorisée par la Turquie.

« Là encore, dans cet Islam qui veut recouvrer la propriété de toutes les terres habitées par les populations indigènes, une séparation violente est en train de s'accomplir; ceci prépare de vastes migrations de populations telles qu'en vit le passé.

« De vieilles races sont appelées à disparaître, ce sont celles qui vont déjà s'amenuisant; les Celtes d'abord, les Latins, les Saxons voient leurs forces faiblir ainsi que le nombre de leurs masses, tandis que leur démocratie actuellement soutenue ne pourra plus longtemps résister aux assauts impétueux des races en plein essor, et leur prospérité, précipitée par la nature des choses et la violence des passions, passera rapidement; à leur tour ce sont les Slaves, dont le groupement hétérogène en voie de réalisation sous l'hégémonie russe ne pourra, non plus, résister à la revanche passionnée et cruelle de l'Orient et de l'Asie. »

« A tant de luttes que doit-il succéder? Rien qu'un énorme brassage de civilisations modernes ou antiques, de défauts ou de qualités violentes, toujours générateur de rajeunissement dans l'avènement d'une race nouvelle plus ample, plus nombreuse, absorbant la terre elle-même, appelée à vivre, à évoluer, non pas par un collectivisme impersonnel, mais par la fusion des multiples et changeantes personnalités en qui s'incarne le progrès personnel, concourant à un ensemble de perfectionnements poursuivis par tous.

« *Vous êtes appelés à connaître un tel monde au-delà de votre incarnation présente bien entendu.* Le pressentir c'est regarder déjà de plus haut et de plus loin les événements qui le préparent.

« Il est impossible bien entendu d'en préciser maintenant les détails qui eux procèdent d'un déterminisme directement issu des hommes et des femmes que vous êtes, mais il n'empêche que vous avancez tous sur des routes diverses vers le point de rencontre d'où rayonnera une véritable fraternité et son avènement est inexorable.

« De toute évidence les races, qui ont pu se maintenir dans le passé par l'attachement au sol, sont appelées à se

202

fondre, abolissant ainsi les races elles-mêmes pour laisser subsister une seule humanité, puisque nous avons maintenant des éléments d'interpénétration qui n'existaient pas. La culture d'abord favorise l'échange des pensées, ensuite la rapidité des déplacements qui ont facilité les échanges matériels et spirituels entre les hommes et, maintenant, une science qui leur est commune avec des découvertes qui s'imposent à tous. C'est logique donc inexorable. »

Notre jeune médium s'étonnait de rester maintenant souvent consciente depuis quelque temps pendant ses voyances. Explication lui fut donnée.

« Le corps et la conscience peuvent être là et l'esprit au loin, le corps et la conscience restent conscients. La révélation se fait à l'esprit libéré volontairement. La révélation se fait à l'esprit dégagé temporairement des emprises terrestres et corporelles tandis que l'inspiration est une illumination qui descend dans l'esprit. Dans la révélation l'esprit monte, dans l'inspiration la vérité descend. »

Signé : Le Fellah devenu chrétien par la Croix-de-Saint-André

– *La naissance de l'Age d'or*

Ce même après-midi, dès les dernières instructions reçues et signées Le Fellah, ma mère, le regard fixe, nous dépeint la vision qui se présente à elle : un paysage désolé à l'horizon sans limite. Seul émerge de ces ruines un escalier monumental rudimentaire comptant environ quatre-vingts marches. Sur les côtés, des gens montent avec des paniers sans anse, un genre de corbeilles. Cet escalier n'a ni palier ni rampe et présente guère de stabilité. En haut des personnages habillés de rouge et bleu se tiennent à gauche de l'escalier. Ils sont chargés de fruits. D'autres personnages se tiennent à droite habillés de rouge, de vert, de jaune et de noir, chargés eux aussi de fruits. Ces personnes déposent ces fruits dans les corbeilles de chacun des assistants. Fleurs et fruits de nos pays mélangés à des fruits et des fleurs étrangers. La foule porte des costumes de notre temps et toutes les classes semblent mélangées. Chacune accepte sans objection les présents des personnages désignés plus haut, certains prennent ensuite une route et s'en vont, d'autres s'obstinant à monter l'escalier vont trop haut, tombent et disparaissent. Un gros camion, ayant la forme d'un énorme coffrefort, se dessine alors. Une grande quantité de gens partis déjà sur la route reviennent vers ce camion et déposent dans l'intérieur quelques objets, tout en en gardant quand même pour eux. Ceux qui n'ont rien déposé de leur butin s'en voient dépossédés, ma mère les voyant devenus pauvres.

Puis ma mère voit alors un immense chantier auquel travaillent volontairement des gens de toutes classes, de tous métiers et lentement sur des bases qui semblent très solides s'élève un monument de forme bizarre, à la fois ancienne et moderne sur lequel on hisse des drapeaux; ma mère lit alors, péniblement sur le fronton, lettre par lettre et en grosses majuscules :

« Ainsi s'élèvera pour les âmes élues la cité nouvelle. Des ruines accumulées surgira le monument éternel. »

« FOI ET COMPRÉHENSION »

Pour que cet âge d'or s'établisse enfin il faut que la vie de l'homme considérée dans sa trajectoire religieuse, artistique et philosophique soit :

BEAUTÉ, CHARITÉ, AMOUR

Alors, il n'y aura plus de luttes ni opposition, mais union.

Les idées, pour divergentes qu'elles paraissent, se retrouvent initialement les mêmes à toutes les époques et, de vouloir les considérer séparément, on ne relève entre elles que d'apparentes divergences nées des complexes existant entre les âges et les milieux.

Ainsi, il y a unité de caractère aussi bien entre les personnages qui ont vécu l'âge des catacombes et la somptuosité dégénérescente de l'Italie que ceux qui ont traversé ces deux époques pour vivre au XVIIIe siècle du même enthousiasme successivement amplifié et adapté à une mission religieuse, puis au culte de l'art, puis au service d'une cause par les vibrations progressives de l'être émotionnel.

Il existe donc autant d'aspects de l'esprit qu'il existe de vies et autant d'aspects de la vie qu'il existe d'époques, mais leur ensemble synthétise l'âme du monde, comme il unifie les multiples incarnations de l'esprit humain dans la matière. Ainsi l'identité est absolue entre la manifestation de l'esprit dans la vie et entre la résorption de la vie en l'esprit. Ce mouvement d'échange alterné est une des manifestations de l'animisme divin qui conditionne directement l'être émotionnel par qui agit l'être physique. »

CHAPITRE 2

Le sens de la science

I. *La vie physique*

Pour nous donner un ensemble de connaissances, nos guides dirigèrent vers notre groupe un médium ayant un organisme psychique perméable à des messages scientifiques. Cette rencontre se fit dès le début de nos travaux, rue de La Rochefoucauld. Ce médium exceptionnel, Lily Meslier, nous a apporté son concours jusqu'en 1948, date à laquelle nous avons dû cesser nos séances mensuelles en raison de l'état de santé de ma mère.

Ce fut Lily Meslier qui reçut ce communiqué du docteur J.-C. Perrin en 1948. Nous ignorions l'existence de ce savant jusqu'au jour où sur les ondes, en 1950, nous apprîmes par la comtesse de La Rochefoucauld, le retour au Panthéon des cendres de ce savant français mort aux États-Unis, où il avait travaillé durant de nombreuses années...

« La circulation sanguine est déterminée par les contractions cardio-vasculaires et cette circulation sanguine détermine l'entretien et la génération des cellules de tous les tissus. C'est une vérité primaire dont on ne se pénètre pas assez. On se contente trop facilement d'observations superficielles faute de la rattacher à une cause première.

« La vie physique n'est pas une apparition spontanée, elle est la manifestation temporaire dans les formes données d'une énergie dont nous concevons peut-être maintenant le fonctionnement infini sans pouvoir l'imaginer dans son tout. Ce tout c'est la vie, son fonctionnement, les formes de la vie.

« Les vibrations d'un corps simple, rencontrant les vibrations d'un autre corps simple, déterminent des vibrations composées.

« Ainsi la chimie organique est en conjonction avec une chimie physique, car la combinaison et l'association ne sont possibles que par la rencontre des vibrations qui s'harmonisent. Lorsque des corps composés à leur tour se groupent, leur rencontre génère des vibrations multiples mais dont le pouvoir expansif s'atténue au fur et à mesure que les associations de corps se multiplient et que la masse moléculaire augmente. C'est pourquoi la matière, considérée dans ses formes les plus tangibles, objective aux sens, paraît opaque tandis que cette opacité disparaît, lorsque de fractionnement en fractionnement on poursuit à travers elle, l'origine de la vie qui l'a créée et qui l'anime. C'est en décomposant la matière, en séparant les corps, en dissociant les cellules qu'on trouve la puissance qui imprime son rythme prodigieux et dont la manifestation s'appelle présent, la potentialité futur, l'achèvement passé.

« Mais revenons au corps de l'homme; il représente luimême l'harmonieuse rencontre de corps qui se cherchaient pour en faire l'habitacle de l'intelligence, de la beauté, de la bonté. Cependant, la sottise, la laideur et le mal habitent souvent hélas, un corps constitué avec la même harmonie. En écartant l'influence exercée par le milieu, l'éducation, en reconnaissant que l'atavisme n'explique pas toutes les tares ou toutes les vertus morales, on sera bien obligé d'admettre qu'un composé de chaux, d'eau et de sel dans des proportions uniformes ne saurait déterminer capricieusement le mal, le bien et tout ce qui se rattache à deux oppositions cohabitant dans l'homme.

208

« Pour peu qu'on ne veuille pas se laisser dominer par l'apparence des choses dont il est plus facile de faire une affirmation hâtive qu'un sujet de recherche, dans ce louable doute scientifique qui propose à la pensée, aux recherches des hommes, des objectifs toujours plus lointains, on admettra, répétons-le, que ces objectifs même parfois audacieux cachent d'autres buts vers lesquels déjà de nouveaux pionniers tendent. Quels sont ces buts?

« A. La possibilité de démontrer qu'indépendamment de la matière organisée, il existe une matière organique mouvante, non pas traversée mais formée de courants d'ondes innombrables, qui se repoussent, s'attirent, tentent de s'essayer aux manifestations de la vie et y parviennent par un long cheminement créant des corps de plus en plus complets et des formes de plus en plus perfectionnées.

« B. La sélection par puissance, propriétés, qualité des ondes et courants qui se transposent ici, en forces magnétiques dirigées vers les objectifs élaborés sur des plans inorganiques.

« C. Le groupement des forces sélectionnées – ou l'exercice de leur puissance organisatrice de plans de vie infime sur le monde potentiel – imprime leur rythme de l'incréé au créé, rythme qui rencontre dans son voyage les éléments toujours plus concrets transformant l'énergie en matière.

« Je me suis laissé attirer par des profondeurs où mon esprit plonge avec effarement et je m'arrête devant cet insondable qui n'est tel que par le sentiment de notre aptitude à le comprendre absolument, et à l'expliquer et redescendant quelques degrés, l'échelle de nos découvertes, nous avons le bonheur de nous rencontrer avec des pensées qui, n'ayant pas de préjugés scientifiques ont cependant avec le même désintéressement découvert l'unité de leurs aperçus.

« Je salue vos instructeurs avec la même fraternité d'esprit, en penseur indépendant, religieux affranchi de quelque pesant dogme, philosophe, détaché de quelque arbitraire postulat, et en homme simple de cœur qui, instinctivement, a fait confiance, sans se tromper, à *l'esprit*.

« Certes le scalpel ne l'a pas révélé, et toutes les chairs meurtries qu'il rencontre et qu'il blesse attestent que leur vie n'est pas accidentelle, mais seulement la manifestation d'une force suprême par laquelle elles sont et disparaissent puisque cette disparition ne sera jamais expliquée sans l'évasion concomitante de l'esprit descendu dans la chair.

« J'étais un docteur chrétien, croyant en esprit et je suis heureux de ma survivance, non pas seulement à titre personnel mais pour faire aussi, suivant mes moyens actuels un acte persuasif dans ce papier modestement écrit en faveur de l'Esprit. »

Signé : J. C. Perrin

II. *Le secret de la vie*

C'est grâce à Lily Meslier [1] que le guide Georges put nous transmettre ce poème écrit en alexandrins qui nous livre le « secret de la Vie ».

La Vie

Elle émane de Dieu, qui, en faisant le monde
A mis de la tendresse dans l'atome et dans l'onde
Et cet influx d'amour crée l'éternel mouvement
Qui groupe les atomes pour en faire l'élément
Des formes innombrables qu'on nomme la matière,
En apparence opaque, tandis que la lumière
Baignant de vibrations les légères molécules
Infiltre sa vitesse entre les particules
Ce vaste tournoiement qui unit l'un à l'autre

---

1. Les quelques médiums débutants qui nous entouraient désiraient se développer auprès de ma mère afin d'enrichir leur bagage spirituel. Parmi ceux-ci, une femme, Lily Meslier, se révéla rapidement un instrument exceptionnel pour nos amis invisibles. Dès notre rencontre, un courant de sympathie s'établit entre nous. Lily Meslier et moi fûmes d'accord sur les possibilités d'un dédoublement de l'être humain lorsque je lui parlai des facultés médiumniques de ma mère. De son côté, elle me confia qu'il lui arrivait d'avoir des prémonitions qui se réalisaient souvent. En confiance avec moi, elle me dit aussi écrire des messages sous des influences surnaturelles qu'elle aussi appelait ses guides. Elle me proposa de me les faire lire. J'étais ravie de rencontrer une personne jeune, coquette qui s'intéressait à des sujets peu courants. Nous sommes devenues de grandes amies et le sommes toujours. Nous avons le même âge 78 ans et restons unies dans le même sillage spirituel. Elle écrit, sous forme de roman, un livre sur l'acheminement de l'homme au cours de ses vies successives.

La parcelle de l'humus et le grain de l'épeautre
Qui infuse la sève à travers les tissus des cellules
Qui naissent par un long processus,
Puis donnent les poussières, graviter les étoiles
Conjoindre les rayons, tissant de légers voiles
Qui dérobent à la terre le secret de la Vie
Et l'éternel Amour auquel on nous convie.

Cet influx d'amour, cette énergie vibratoire, ce pouvoir générant la matière, cette volonté organisatrice, ce dynamisme créateur dont parle Camille Flammarion, nous allons le trouver dans les communiqués qui suivent. Nul parmi nous n'avait de formation scientifique. Nous étions dans l'obligation de lire, relire, discuter ces instructions, ces cours que nous donnaient nos « professeurs » de l'Au delà. Chacun d'entre eux apportant avec humilité un supplément de connaissance qui édifiait pierre par pierre le monument des vérités inconnues pour nous. Je dois ajouter que notre médium Lily Meslier, une fois l'extériorisation terminée était très étonnée de ce qu'elle avait transmis, n'ayant fait aucune étude la préparant à ces données scientifiques. Je me dois de ne pas laisser ces instructions sous le boisseau où elles dorment depuis plus de trente-quatre ans.

Cette instruction, reçue en 1945, est dans la ligne du précédent communiqué.

> « Il faudra vous faire la part du symbole. Et je m'étonne même d'avoir jamais pu douter de la réalité des symboles religieux. Cependant, en suivant la méthode moderne, j'essaierai de les rendre plus démonstratifs.
> « Un tableau retraçant les rayonnements divers de tout ce qui est, vibre, grandit, se transforme sans mourir jamais. Tout vit en raison *d'une électricité transcendantale* et ce mot imparfait est le seul dont je dispose pour évoquer l'esprit animateur qui, par son rayon positif, modelant un état plastique négatif, détermine sur le plan physique une cellule électrique qui, animée d'une vie propre, rayonne par ses pôles et là, transmet la vie dont elle est issue de cellules en cellules dans le protoplasme, les tissus se forment et, de cellules

agglomérées animées d'un mouvement propre en un autre agglomérat de cellules, le mouvement grandit, se diversifie dans la multiplicité de ces transmissions qui se jouent de l'éther plastique. *Alma mater* disaient les anciens. Cette constitution s'opère donc par les mouvements vibratoires et tourbillonnants de chaque cellule dont est constitué tout être, toute forme qui se trouve elle-même emportée dans le mouvement vibratoire dont elle est issue. Ainsi vont vos personnalités, la matière dont vous êtes formés. Ainsi est votre esprit qui la subordonne à la vitesse acquise, se gradue et se meut dans les mouvements divins où elle est entraînée dans les influences aussi qu'elle reçoit à son tour, que reçoivent les corps au contact d'autres corps, les esprits au contact d'autres esprits, si bien que vous véhiculez si je puis dire des forces qui vous sont transmises et que vous réfractez.

« L'explication de cette action vibratoire sur les tissus, je vais l'abandonner pour un exposé pathologique (ici présent le docteur Théraud guide instructeur) mais je vous dirai encore quelques mots de cette action sur vos pensées, sur vos relations, sur vos affections.

« Vous avez chacun un rayonnement des zones de « nativité » et ce rayonnement appelé signe zodiacal bien que contesté par certains, tout en étant de même coloris, est différent par la graduation de ses nuances en raison de votre individualité propre. Toute onde, tout sentiment, toute passion est une longueur d'onde, une vitesse correspondante et il y a harmonie entre les individus là où il y a synchronisme entre les rayons qui gravitent autour d'eux.

« Ces rayons, ce sont les véhicules de la pensée, ils préexistent à l'individu, ils sont la structure de son évolution, ils peuvent les modifier par la manière de vivre mais ils n'en garderont pas moins leur mouvement d'ensemble, leur frontière harmonique qui personnifie chaque être.

« Donc, dans ce rayonnement qui préexiste l'individu, pour peu qu'il sorte de lui-même, perçoit non seulement les lignes générales de son destin mais aussi le plan de celles qui lui sont sympathiques, dont le rayonnement s'harmonise avec le sien. On a beaucoup parlé de la lecture de la pensée, elle n'a pas d'autres causes.

« On s'étonne de la faculté de la voyance, alors qu'elle

est naturelle; elle n'est que le sens, non encore développé qui permet de distinguer la vie en action dans un éternel présent, avec des potentiels illimités. Vous n'êtes encore sur cette terre, trop souvent chacun d'entre vous que des lueurs, des fluorescences, diffusant des tons opaques parce que lents, des diffusions lentes mais l'esprit dominateur avec l'évolution anime les vibrations plus grandes; les enveloppes qui sous les poussées de la lumière deviennent de plus en plus transparentes; alors les tons se purifient dans les radiations du corps physique et s'idéalisent sur le plan spirituel.

« Si vous pouviez admirer la magnificence de ces " manteaux " qui ne vous sont pas encore visibles, vous vous attacheriez alors avec une idéale coquetterie à embellir votre rayonnement au-delà de ce monde-ci, au-delà de tous les mondes bornés. L'esprit qui n'a plus d'entrave imprime avec plus de force et de grandeur les mouvements de la pensée. Il y a d'autres pensées, c'est un tournoiement merveilleux fait de toutes les couleurs ioniennes, qui, par la vitesse acquise, tel le disque coloré qui tourne à une vitesse vertigineuse, reproduit une immense vibration blanche, foyer de toutes les énergies. »

Ce communiqué faisant immédiatement suite au précédent, pendant une courte interruption nous posâmes la question : « Ne craignez-vous pas de fatiguer le médium en demeurant si longtemps? » La réponse nous fut donnée :

« C'est une erreur, chère Madame, je suis le docteur Théraud, je veille justement. A cet égard il y a des ondes nourricières! Cependant, nous nous excusons, nous n'avons pas de sténographe. Le temps nous est compté. »

Signé docteur Théraud

Du même docteur Théraud nous parvenait ce message qui complète le précédent et nous explique le processus de la réincarnation :

« 2 janvier 1947
« Nous ne disposons que de fort peu de temps. »

Explications abrégées au sujet du renversement des images, principe de l'appareil photographique, réfraction, renversement des images. Explication de leur redressement :

« La rencontre de deux forces opposées, l'une positive, l'autre négative, convergentes l'une vers l'autre vers un centre donné, il s'établit une rupture d'équilibre, donc ce que vous appelez un déséquilibre, d'où renaît l'équilibre par l'échange des forces, et c'est ce qui est le mouvement même de la vie qui détermine l'énergie, cette énergie universelle d'où procèdent aussi bien les développements d'une cellule que les décompositions organiques et les associations chimiques.

« Il ne faut pas confondre énergie et force. Pour nous, dans son sens absolu, la force est une manifestation du pouvoir. Elle se décompose en deux valeurs, par la rencontre de la force proprement dite avec les plans statiques, rencontre d'où résulte par la scission de la force qui produit, née d'elle-même, la force négative. Il faut donc pour qu'il y ait vie, qu'il y ait brisure, donc rupture d'équilibre dans la lutte déterminante à la fois et composante des deux forces qui, en opposition constante pour se retrouver en l'unité constante, déterminent la forme.

« C'est un principe qui peut être énoncé avec d'autres mots, mais c'est un principe, c'est-à-dire qu'il est générateur des lois dont votre monde physique ne considère, malgré le nombre de vos observations, que quelques-unes. Tout ce qui est au-delà des lois que vous avez groupées, constitue l'hyperphysique où s'élabore la structure encore impalpable à vos sens du monde matériel et de tout ce qui vit mais si, dans l'hyperphysique s'élabore donc votre monde, le processus de la vie s'y manifeste et donne à vos corps le moyen de se former en s'identifiant sur un plan qui lui est dévolu en même temps pour la transformer d'après les besoins de vos générations, les organes, les sens, les possibilités d'expression par l'organe cérébral et par la force physique.

« Je voudrais être aussi clair que précis pour vous expliquer comment la vie glisse et s'incarne, venant de l'universel dans le personnel et je crois avoir répondu ici aux questions que vous avez préparées et que je lis dans vos pensées : sensibilité au contact des hommes et suivant l'intensité de ces vibrations vous vous réaliserez pour l'avenir des organisations plus ou moins réceptives, créatrices, imaginatives, vous vous réaliserez avec une liberté conditionnée, conditionnée par la loi de cause à effet et la relation directe qui existera toujours entre ce que vous fûtes et ce que vous serez, ainsi vous vous élaborerez plus ou moins consciemment en ce qui concerne votre moi spirituel et plus inconsciemment encore en ce qui concerne votre moi physique, car il existe plus que vous ne pensez une certaine connexité entre l'évolution physique et l'évolution spirituelle.

« L'évolution physique, vous le savez se fait en vertu d'un atavisme, d'une ascendance, des habitudes, du milieu. L'évolution spirituelle, elle, s'accomplit en raison d'un caractère formé dans le passé dans la douleur ou par la joie, par une conscience toujours éveillée quant aux moyens d'étendre son pouvoir spirituel et de l'exercer en dehors de tout égoïsme.

« Dans cette évolution spirituelle, interviennent les dons personnels que l'on a conquis de haute lutte et qui ne se manifestent pas toujours évidemment aux yeux des hommes et l'homme lui, réceptacle de la vie animalement, inférieurement, par ses instincts et spirituellement par ses aspirations, cherche vie après vie, le plan d'incarnation qui lui est propre et, porté par une densité, un état fluidique propre à son évolution, il harmonise ses vibrations avec les influences cosmiques qui président à sa nativité.

« Alors, il se réincarne sous certaines influences choisies librement par lui, puis acceptées plus tard comme une fatalité et là, interviennent dans son bon ou mauvais destin, le jeu des influences bénéfiques ou maléfiques qu'il aura préparées en définitive dans une totale liberté entre le bien et le mal. »

Jean Théraud

L'entité ne se nomme pas dans ce communiqué, certains pourront peut-être reconnaître au travers de ses instructions, le grand homme de science qu'il fut :

« Deux termes dominent et divisent les hommes. L'esprit et la matière. Les uns ne considèrent et n'admettent que chacun des deux termes, d'autres croient en leur coaction et ces trois aspects du credo humain ont tendu à transposer dans le monde des formes la réalité trinitaire de l'être. »

L'entité explique qu'un arrêt est nécessaire à cause des difficultés opposées aux messages par nos inquiétudes personnelles et générales. Nous avions l'impression qu'un professeur nous rappelait à l'ordre. Puis le communiqué reprend :

« J'ai été un scientifique, mon nom est encore présent à la connaissance des hommes. J'ai toujours par goût et par vocation aimé la recherche. J'étais croyant mais était-ce éducation familiale ou formation scientifique, je me défendais de la possibilité de ces contacts que vous avez établis.

« J'admettais les phénomènes, je n'en ai pas dégagé la genèse parce que, si, obscurément, j'en réalisais l'évolution, je ne pouvais pas, étant donné ce que j'étais, établir une loi de cause à effet, entre ces ondes que l'on captait et le pouvoir qui les générait, ce pouvoir existe dans le monde des principes, d'où se dégagent les lois desquelles se dégagent les causes, dont résultent les effets et par des mutations successives et coordonnées de la matière, le phénomène pris dans son sens imprévu, voisin parfois du surnaturel a lieu à l'étonnement des hommes, alors qu'il a été déterminé par un enchaînement naturel de faits aboutissant à une manifestation non moins naturelle, mais les hommes ne reconnaissent pour telle que lorsqu'ils peuvent la comprendre et établir en ordre inverse le processus qui l'a déterminée.

« Je vous livre là, le résultat de méditations personnelles devant des faits que j'ai provoqués sans m'en expliquer l'origine. Je connaissais après coup, les moyens physiques de les provoquer, mais ce que je ne connaissais pas c'était pourquoi ils se produisaient et ce pourquoi, je l'ai trouvé, non pas absolument, il n'y a pas d'absolu mais partiellement dans un aspect de cette vérité scientifique si âprement recherchée.

« Dans cet aspect de la vérité que je découvris quant à mes recherches passées et à mes réalisations si actuelles, gît, grosso modo, le fait que *la matière considérée autrefois en tant que substance n'est en réalité qu'une énergie, une énergie innombrable, multiforme, originale dans chacune de ses parties dont la synthèse de la vie physique.*

« Mais me direz-vous, si la matière est synthèse d'énergie, comment se peut-il que la vie spirituelle s'opposant à la vie physique, puisse être elle aussi, ainsi que vous le conceviez, animisme? Je réserve, à la prochaine réunion que vous aurez, le développement de la deuxième partie de mes explications.

« J'ai été heureux de l'hommage rendu non à moi, mais à mes travaux. Je suis content d'avoir été un ouvrier de la pensée dans ce monde et je dois encore à la discipline qu'on peut obtenir des ondes de vous avoir apporté ce message.

« Je suis entouré de personnalités qui veulent bien s'intéresser à la manière de manœuvrer ces ondes et s'en servir afin de surmonter des difficultés qui existent vraiment pour un temps assez long et qu'il est utile de vaincre pour que vous ne soyez pas trop privés de l'échange de nos pensées. »

III. *Les dangers de l'atome*

L'esprit évoque ensuite l'avenir lointain de notre humanité et nous met en garde contre l'utilisation de la fission de l'atome.

« Ces forces en transformation continuelle accumulent et polissent un agglomérat fulgurant en perpétuelle ébullition et nous savons maintenant que c'est ici la progressive formation d'un monde futur sur lequel la vie se manifeste spontanément en raison même des fautes et des crimes perpétrés par les vieilles humanités à bout de souffle.

« Ainsi chaque jour, nous avons le bonheur nouveau de nous instruire et de découvrir en nous une facilité nouvelle de comprendre mieux, encore compréhension n'est-il pas le mot approprié, car les merveilles entrevues nous écrasent par la simplicité d'où elles découlent en grandeur!

« C'est l'introduction méthodique de nos esprits dans un monde où, livrés à nos seules impulsions, nous ne pourrions faire que des incursions hasardeuses et bien improductrices. Ce monde qu'on nous entraîne à concevoir sera formé d'atomes *indissolublement* reliés entre eux, tout en restant individuels et défendus les uns des autres et leur fusion même, brutalement provoquée, se trouvera impossible à accomplir et totalement à l'abri des néfastes ambitions et de la rage intensive des hommes nouveaux ou régénérés, dont nous pourrions être un jour. Mais, du temps qui est le vôtre à cette vie, que de malheurs pourront être consommés. »

Il fait ici, une allusion à une disparition partielle de notre planète.

« Si, par la destruction des projets criminels, vous avez pu être protégés à temps dans cette partie de la terre, qui est votre pays d'Occident, d'autres peuples subissent en ce moment même les terribles effets d'une invention meurtrière à un point que vous ne pouvez imaginer par la souffrance qu'elle inflige, au-delà de la vie, et pendant de longues heures : dans cette bataille de molécules, d'atomes ennemis, de parcelles enchevêtrées! (allusion à la bombe d'Hiroshima).

« L'être créé ne doit pas dépasser une certaine limite de connaissances et ces forces déchaînées, mais non pas encore maîtrisées, seront difficilement dirigeables vers le bien et l'utile, malgré l'espoir que de fallacieuses promesses de progrès à outrance et de vitesse vertigineuse, masquant d'affreux et destructifs résultats, essaieraient de faire entrevoir, car on ne peut asservir sans risque ces tourbillons agglomérés, cette radio-activité, ces atomes affolés, arrachés brutalement à l'ordre établi. Tout cela, et nous insistons, aveugle, heurte, embrouille, s'interpénètre dangereusement et ce qui *est de la vie* ne peut plus, ainsi violenté, semer que la mort.

« Quelle puissance, quel génie, quelle plénitude de moyens devra posséder le cerveau capable d'assagir ces forces indomptées et nous entrevoyons que, dans sa pitié infinie, la grande lumière prépare un nouveau berceau pour les âmes qui survivraient à tout cataclysme possible que peut déchaîner l'orgueil humain dans de proches années à venir.

« Pour conquérir sans chute la liberté, le pauvre bonheur des hommes, une paix définitive, il faut établir une rampe douce et nons pas ébranler les fondements d'un monde; l'orgueil de découvrir et d'inventer n'atténue pas le crime scientifique envers l'innocence, et la suprématie ne peut suffire à tout et, de même qu'on n'a jamais pu fermer la porte aux révolutions en comprimant l'indépendance de l'esprit humain, on n'empêchera pas la force inébranlable qui crée la vie et qui la supprime de faire le geste qu'elle jugera nécessaire et l'homme ne peut se rire des lois de la nature qu'en esprit.

218

« (Il y a une grande heure que je tiens votre main, mon amie, mais cela m'a été permis, parce que, pendant de nombreux jours je ne viendrai.) – Ceci est en aparté pour le médium –

« La fraternité mobilise nos bonnes volontés et le groupe doit s'unir à d'autres pour influencer de fanatiques et d'ambitieux pygmées et sauver de leur furie des innocents qui ne peuvent rien pour leur préservation.

« Dieu permette que, demain, bientôt, les forces mauvaises soient désarmées et qu'enfin le calme descende sur la terre. Le grand maître Houg-Kang y travaille de tout son pouvoir, avec ses fils choisis, car c'est préserver son pays, cette Chine menacée que de venir au secours de ses ennemis, frères égarés (Japon) encore incompréhensifs du véritable patriotisme, qui ne peut que renier un criminel et inutile suicide coupable d'assassinat. Que vos pensées et vos prières nous rejoignent et secondent nos efforts, chers amis. Les âmes ne font qu'une famille et doivent s'entraider et s'unir plus intimement encore aux moments des grands dangers.

Mon amitié fraternelle. »

Gérald.

IV. *Les dangers du réalisme scientifique*

Après la joie du débarquement, la libération de l'Europe, ce fut encore le matérialisme qui domina l'après-guerre. Aussi le guide Gérald, qui fut un pamphlétaire dans une de ses dernières incarnations en Angleterre, nous met-il en garde contre le réalisme scientifique de notre époque. Il préconise l'amour du Beau, l'amour du Bien pour nous sauver des graves dangers de la science atomique :

« La loi divine de compensation intervient dans tous les grands bouleversements qui secouent les mondes innombrables faisant parfois des succès remportés par les êtres qui peuplent les mondes, surgir leur perte. Dans cette guerre, où pendant des mois qui firent des années, les ennemis exaspérés ne s'apercevaient même pas des dangers qui se préparaient, plus d'un clair jugement s'est souvent obscurci et spécialement dans la guerre sous-marine qui ne se peut en rien comparer à celle que j'ai connue pendant quelques pauvres années, découragé par les rigueurs et l'injustice d'un chef qui atteint lui aux plus hautes destinées et qui, je le reconnais, servit glorieusement ma patrie.

« Allons voici que de nouveau, et pour une légère friction sur le cuir tanné de votre Gérald, réapparaît le piètre marin désabusé, l'humoriste à la langue acérée, épris de liberté, seul bien appréciable pour qui gagnait alors sa vie en pliant l'amour de son indépendance, sa fierté native, aux jeux difficiles de l'esprit sur commande de l'épigramme de la gaieté forcée et des exigences professionnelles. Quelle cruelle lutte au milieu des jalousies, que d'aridité dans ces premières années que j'ai d'abord maudites, ardemment aimées ensuite, car je les ai aimées passionnément.

« Ce métier, avec ses enthousiasmes, ses périlleuses satisfactions, ses luttes journalières qui convenaient à ma nature combative et j'ai aussi aimé l'art, sous toutes ses formes et déploré de voir l'espace étriqué qu'on lui accorde. Le peu de soutien consenti aux artistes et cela surtout dans les états démocratiques! Quel est en effet le double écueil des démocraties?

« L'excès d'utilitarisme et l'excès de réalisme scientifique, le premier exaltant l'utile aux dépens du beau, de l'idéal. Le second, sa préoccupation des vérités purement scientifiques et immédiatement utilisables aux dépens des spéculations de l'esprit, dont les résultats hautement utilitaires échappent au premier examen. Que ne se souvient-on des exemples données par les anciennes démocraties qui, elles, connaissaient déjà cet état de chose : le remède au réalisme industriel est le culte désintéressé de l'*art*. Ce qui combattra le réalisme scientifique est l'étude de la *philosophie*. Je vous rends à vous-même, je ne puis écrire, j'ai beau changer de crayon, à bientôt et pardonnez. »

Je donne exactement les termes du communiqué de notre ami qui tient à expliquer que ses crayons sont usés. Ces écrits s'étaient faits la nuit, comme il arrivait souvent. Ma mère endormie et seule ne pouvait remédier consciemment à un échange de crayons. Notre fidèle commissionnaire Rateau vint à son secours, à l'aide d'un stylo pris sur le bureau de mon mari!!! Je reprends la suite du message de Gérald :

« ...mais voilà j'ai pu remédier à ma privation d'ustensile, grâce à Rateau, le bon compagnon qui remettra où il l'a pris l'objet du larcin. Un crayon tendre vaut mieux pour ce moyen expérimental, que j'emploie ici. Mais enfin, je rends grâce à l'ami, brave garçon dévoué et ingénieux...

« Je disais donc que ce qui pourra combattre le réalisme scientifique c'est l'étude de la philosophie morale, esthétique, sociale, c'est-à-dire fraternelle et noblement désintéressée. De beaux exemples ont cependant été donnés, que trop n'ont pas désiré suivre.

« Musique et philosophie ont été le fond de l'éducation grecque, car ces deux mots contiennent tous les arts : poésie, éloquence, sculpture, dessin, peinture, danse, enchantement de l'esprit et des sens, art véritablement libérateur parce que délivrant par périodes nécessaires, certaines âmes plus spécialement attirées des servitudes de la vie terrestre.

« Parce que j'ai parlé un peu librement de certains excès du siècle, ne pensez pas que je sois ennemi du progrès et des nobles découvertes de la science. Non! mais l'homme n'est pas un animal qui construit des machines et les vend, qui découvre un explosif ou numérote des microbes. Il ne doit pas être cette machine, mais teinter ses efforts et ses découvertes de spiritualité. Attribuer une large place à la littérature nationale, aux arts dits d'agrément et qui sont nécessaires aux nations actuelles, et je répète musique, dessin, philosophie, car la science dépourvue de tout esprit philosophique se cantonne dans une étude particulière et devient indifférente à tous autres efforts et ce particularisme aboutit obligatoirement à une sorte d'égoïsme d'éteindre toute ardeur et en enfermant l'esprit du savant dans une étroite cellule inaccessible à l'idéal, à la loi de charité et d'amour qui dit : " Tu ne tueras point " et nous voyons alors, la science, ainsi cantonnée, devenir une limite, une diminution pour cet esprit habitué à n'estimer plus que la mesure et l'expérience.

« Dans le groupe que nous formons ici, chacun travaille à la perfection de l'autre et je dois beaucoup, à mon bon et cher compagnon Zyndalle. Beaucoup aussi à celui que nous aimons tous ici et qui a été un grand Français et que nous appelons Phébus, parce qu'il est lumière, qu'il rayonne la bonté et le dévouement. »

* *
*

Malgré ses dons multiples, l'organisme de ma mère était nettement réfractaire aux incursions scientifiques (explication donnée par le guide Henri). Néanmoins, elle put capter quelques rares messages. Celui-ci est l'un d'entre eux, reçu en 1946. Avant de vous en donner le texte, je dois vous relater l'extraordinaire façon dont il a été reçu.

Ma mère, entourée de nous tous, dès le début de la séance s'endormit rapidement. Elle demanda un bloc de papier et un crayon. Elle traça sur la première feuille sans l'aide des yeux, médiumniquement, des circonvolutions, puis sur les pages suivantes un texte se rapportant aux dessins.

C'est alors que notre surprise fut grande, car tout en écrivant, elle nous dictait un poème qu'elle recevait par audition. Cette double manifestation se produisait pour la première fois et ne se renouvela jamais. Il faut bien comprendre que deux entités habitaient en même temps le médium.

Dans le dessin débute le texte du message. Je vous donne donc la description de celui-ci, que nous pourrions appeler « croquis d'un plan ». Ces figures pour nous restent encore hermétiques!

... Trois disques de tailles différentes sont dessinés sans hésitation, d'un trait parfait. Sur le plus grand disque, dans le haut, un léger trait concave démarque le nord, puis l'inscription médiumnique : « Prenez cela pour la Terre. » A gauche de la « Terre » des traits de crayon simulent un geyser dont le point de départ semble être un cylindre formé de deux cercles; l'inscription nous donne : « On appelle celui-là le rond de serviette » puis, en bas à droite, deux cercles empiétant l'un sur l'autre avec pour inscription : « amas de blocs ».

A gauche et en retrait du disque « terre » se trouve le deuxième disque. A l'intérieur de celui-ci des traits de crayon simulent également un geyser et ne comportent que le terme : « geyser ».

A droite du disque « geyser » et éloigné de la « terre » un

troisième disque, beaucoup plus petit est relié par un trait au disque « geyser », puis traversé par ce même trait qui, lui, plus loin, se termine en dehors de ce troisième disque, dans le vide par un signe convexe formant crochet ouvert. Ce même signe est reproduit à l'intérieur du troisième disque mais concave.

Dans l'espace vide, entre ces trois sphères des pointillés tracés en tous sens expriment le vide. Le texte : « Tout ceci c'est vide » – un peu à gauche – « là aussi, mais un vide compact qui supporterait le poids des corps et des bâtiments ».

Le texte continue en dehors du dessin : « ...car si nous projetons parfois des blocs non encore soudés les uns aux autres, il ne nous arrive nul bruit de chute en profondeur. Ces blocs viennent de planètes ébranlées et pulvérisées pour partie par la désintégration des atomes qui se soudent au hasard s'accolent entre eux ou viennent augmenter le volume d'autres planètes, au risque de rompre l'ordre et l'équilibre établis et de provoquer des perturbations que les provocateurs ne peuvent prévoir. Des possibilités de bienfaits cependant sont contenues dans chaque recherche de l'esprit mais l'ordre grandiose de la nature possède des réserves de forces défensives qui resteront toujours insoupçonnées des humanités créées et quand le chercheur croira, au bout de quelques années, avoir établi une sécurité définitive, un retour de flamme se produirait, débridant des forces inimaginables que même l'organisateur de l'univers ne pourrait maîtriser.

« La science est une chose tellement belle, cependant, et noble et tant parmi nous l'avons passionnément aimée, mais il ne faut pas la dépasser. Nous frappons en vain aux portes des laboratoires, l'orgueil et l'ambition de dominer paralysent les efforts et la crainte où nous sommes, d'user d'armes terribles aussi, contre celles dont disposent déjà ces fous, car les résultats de chocs semblables sont imprévisibles. Deux seuls et puissants facteurs sont pour nous, contre le déséquilibre collectif, mais que nous ne pouvons dévoiler que comme espoir seulement n'en ayant pas le droit.

« Que vos pensées fassent une chaîne de protection par le monde, pensées de soumission, d'humilité, d'amour, une liaison spirituelle destructrice d'illusions orgueilleuses. »

Signé : Reisioval

Malgré notre impatience de prendre connaissance de ce qui avait été écrit si étrangement, nous restions dans le recueillement. Le réveil de ma mère, ce jour-là, fut un peu plus long qu'habituellement. Après avoir essayé de comprendre la signification du dessin, nous lûmes le communiqué, assez peu rassurant pour l'avenir, la signature nous intriguait n'ayant jamais reçu de messages signés de ce nom : Reisioval!

C'est alors que notre petit Rateau glissa à l'oreille de maman :

« C'est pas bien compliqué, que Mme Jeanne prenne la dernière feuille et la place, face à un miroir. »

Cette remarque nous amusa, car elle prouvait que Rateau, même sans se manifester, assistait à nos réunions toujours prêt à servir les « grands » ainsi qu'il appelait nos guides et les petits que nous étions. Obéissante, je me plaçai devant la glace qui était au-dessus de la commode. Quelques amis aussi curieux que moi m'avaient rejointe. Nous pûmes lire et prononcer d'une même voix « Lavoisier ».

Par cette signature voilée, nous constations une fois encore, la grande humilité de nos guides instructeurs.

V. *Toute science mène à Dieu*

Nouveau communiqué poursuivant plus avant son instruction, toujours par l'intermédiaire du médium, Lily Meslier.

« Or, à considérer les mutations de ce que vous dénommez la matière, une essence de plus en plus subtile se manifeste et la radio-activité des corps commence à la mettre à jour en révélant leur rayonnement.

« Celui-ci se traduit par une énergie aux volitions innombrables suivant les corps, les milieux, les combinaisons. Les instruments de laboratoire qui ont révélé son existence ne permettent pas cependant, actuellement, de démontrer qu'il existe au sein des radiations connues des émissions plus subtiles encore et en raison inverse de leur invisibilité, plus puissantes que tout ce que vous connaissez en fait d'énergie. S'il vous était possible d'analyser encore en les séparant les énergies inconnues, vous en découvririez de nouvelles et vous toucheriez là, à *l'impondérable* en lequel réside pourtant le *monde des causes.*

« En ce monde des causes vous êtes amenés, que vous le vouliez ou non, à faire vivre une volonté organisatrice que vous ne pouvez mieux expliquer que par le mot " esprit ". Il s'ensuit donc que l'énergie générant la matière, par l'émission de ses volontés diverses infinies, multiformes en est le père créateur lointain des formes et générateur toujours présent de l'action.

« La conclusion qui se dégage de ce bref examen est que la matière en somme n'existe pas. La matière, prise, je l'entends bien, en son sens d'autonomie, d'indépendance de substance incréée.

« En effet, cette matière que les formes nous rendent sensible est, vous l'avez appris, le substratum de l'action formée par le désir. Vous savez que l'homme qui envisage une œuvre se la représente et la réalise suivant les plans de son esprit; une chose tangible dès lors existe, faite sans doute avec des matériaux que la nature a mis à sa disposition et dont l'existence est elle-même représentative des désirs supérieurs d'une volonté omnisciente que les hommes ne peuvent dénier au divin. Nous touchons là au point le plus aigu des discussions humaines : Dieu existe-t-il? Poser une telle question implique en toute bonne foi, la réponse que Dieu ne peut pas être absent de la vie, puisqu'il est la vie elle-même.

« *Il est cette vie* dans tout ce que nous voyons et comprenons, mais il est aussi la vie dans tout ce que *nous ignorons* et ne distinguons pas. Il est si vaste qu'il déborde non seulement nos problèmes mais qu'il absorbe l'Au-delà lui-même et les inconnus sans fin qui lui succèdent. La réalité de Dieu a trois formes, elle est : religieuse et c'est la forme controversée aujourd'hui par la raison, pourtant la raison est la seconde forme de la réalité de Dieu, elle ressort directement de la logique à l'examen des choses matérielles et humaines. La troisième réalité de Dieu est d'ordre philosophique. La religion et la raison ont concouru à expliquer Dieu, à sentir Dieu, à croire en Dieu.

« Dieu étant donc la vie dans toute son expression et avec toutes les modalités de cette expression, à travers l'illusion de la matière est donc un tout unitaire qui, en émettant (pour me servir des mots humains) des ondes différentes parce que poursuivant des objectifs différents, nimbe l'univers de forces jaillies de lui-même, mais qui se heurtent, s'entre-croisent, se confondent, se séparent pour que, de leur fusion ou de leur dispersion, naissent d'autres ondes modifiées, transposées aux volitions différentes se subdivisant toujours, reprenant de nouvelles énergies à leur foyer propulseur, les transmettant en les coordonnant et d'une si prodigieuse dispersion naissent les ondes et les corpuscules, les corps avec leurs cellules dans un brassement prodigieux et avec une richesse d'expression venue de vitesses différentes, de vibrations multipliées au ralenti par rapport les uns aux autres et ces rencontres au sein de l'animisme finissent par produire ce que vous nommez la matière, évidemment une matière qui existe au regard des hommes et qui, je vous le répète est une illusion au regard de l'absolu pourtant de vastes champs universels, harmonieusement, la vie apparaît. Il a fallu les rencontres les plus heureuses de polarités différentes pour que des corps se créent, s'organisent et à leur tour remplissent leur rôle.

« Un rôle consistant à rayonner et absorber, de là, naquirent les forces centripètes et centrifuges support et mécanisme de l'univers et raison de sentir et d'exprimer de l'homme : recevoir, donner, donner recevoir, émettre son rayonnement pour le meilleur et pour le pire, être sensible à son tour, à toutes les ondes qui passent, pour le mieux et le moins bien, et cependant... (je me sers là encore de termes relatifs) mieux, moins bien qu'est-ce donc? sinon que des sensations et des aspects passagers dans une fraction de vie. Cependant la recherche du bonheur, de la paix intime étant le propre de l'homme et même son devoir, il appartient que toute fraction de vie vécue, si infime soit-elle, concoure à un absolu parfait où l'humanité s'intègre.

« Recevoir, donner, nous revenons chers amis à ces deux buts de la vie. Faites-vous une joie de donner et de transmettre ce que vous recevrez et ce que vous recevez c'est aussi bien notre aide fraternelle que les apports des hommes. Comme toutes les vibrations constitutives de la matière vous vous mêlez à eux, mais alors que les règnes inférieurs subissent les côtoiements, vous, hommes conscients sensibles à l'existence de Dieu qui sommeille en vous, sélectionnez vos pensées et que le coude à coude quotidien ne transmette jamais de vous que le meilleur pour vaincre le pire. »

L'entité lut la curiosité dans la pensée de chacun de nous à son égard et, pour ne pas prolonger notre attente, il nous donna le nom de sa dernière incarnation : Branly.

CHAPITRE 3

Le sens
des rapports humains

I. *La violence*

Ce message, donné en 1947 au cours d'une séance mensuelle, devient vraiment pour nous d'une cuisante actualité. Quels cris d'alarme nos guides ne nous jetaient-ils pour préserver notre avenir : cet hier qui est devenu un aujourd'hui où la violence règne à la surface de toute la Terre :

> « Vous tous, qui, dans la chair vous coudoyez sans vous reconnaître, êtes, que vous le vouliez ou non, une seule et même famille, souffrez du même mal, du même impérieux et torturant tourment qui, chaque jour, pèse plus lourdement à vos épaules et cela par votre faute et votre aveuglement, parce que vous vous détournez de la source pure et fraîche qui est à portée de vos lèvres, vous entoure et à peine voilé, s'offre à vous.

« Je connais et comprends vos angoisses présentes créées par le tourbillonnement d'incohérences qui vous ébranle et vous déroute. Mais vous vous délivreriez vite de cette funeste emprise si vous cherchiez à vous libérer de la crainte, que pour certains j'appellerais de la peur, et qui paralyse en vous le courage de vivre envers et contre tous, de vivre et d'accueillir la joie, toujours jeune et nouvelle, divine et merveilleuse et qui, fraternisant même avec la souffrance et l'angoisse déprimante peut de son souffle béni chasser de votre esprit toute lâcheté et vous donner l'espoir même, au sein de la pire détresse et foi en votre destinée : certitude que le secours est en marche et viendra si vous faites l'effort nécessaire pour qu'il puisse se réaliser car, ou bien la joie est un leurre, ou bien elle est accessible à tous et si vous écoutez son appel, vous devez la rencontrer. Ne serait-elle même qu'un redressement, une courageuse acceptation des risques que contient votre existence présente, que rien de plus grand, de plus secourable ne pourrait vous être offert. Mais ce secours que nous vous promettons ne viendra pas comme un don spontané; cette joie ne fondra pas sur vous, comme la retombée éblouissante qui ne choisit pas son point de chute de l'éclatement d'une fusée de jour de fête, non.

« Vous devrez mériter l'un et l'autre, tendre toutes vos forces et volonté et comprendre que ce n'est point parce que vous êtes malheureux que vous devez perdre toute joie, mais bien plutôt que si vous vous débattez dans cette grande misère, c'est uniquement parce que vous l'avez perdue, ce qui n'est pas la même chose.

« A vous donc d'attirer le secours, de la retrouver cette joie et, avec elle le sens de l'infini, la certitude de la continuité de la vie, la conviction absolue que beaucoup de beauté restent encloses dans l'apparente laideur; à vous, d'offrir aux autres ces consolantes convictions, de partager entre vos frères ces richesses que nous vous apportons et qui ne seront jamais diminuées d'avoir été partagées. Donnez-les aux incroyants, aux malades, aux déshérités, à ceux comblés des fausses richesses de la terre qui les laissent plus démunis que celui qui vous tend la main. Projetez sur eux cette joie dont le maître Jésus a dit, en quittant les hommes, il y a bientôt deux mille ans qu'il vous " la laissait " celle dont débordait

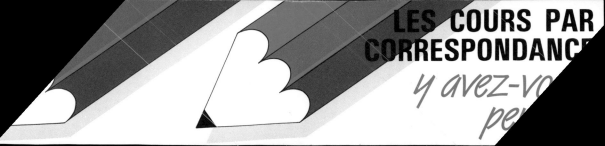

LES COURS PAR
CORRESPONDANCE
y avez-vo
pe

...

- Obtenez un diplôme d'études
- Améliorez votre compétence
- Augmentez vos connaissances

12 mois par année

Plus de 150 cours vous sont offerts.

Pour en obtenir la liste, écrivez à la:

Direction des cours par correspondance
600, rue Fullum
4e étage
Montréal
H2K 4L1

Pour tout renseignement:

Montréal:
873-2210

Ailleurs au
(sans frai
1-8

son âme et que son geste a répandu sur le monde terrestre dans un jaillissement qui venait de bien au-delà : de la source éternelle et sacrée de l'amour ineffable. »

Le guide Henri

II. *La lutte des sexes*

Le guide Georges essaie de nous faire comprendre qu'il n'y a pas supériorité de l'homme sur la femme, mais complémentarité. L'erreur de notre époque est d'accepter le duel entre l'homme et la femme.

« Pourtant cette action de l'esprit sur l'être émotionnel ou psychique, et du psychisme sur le plan physique ne s'opère pas avec la même intensité vibratoire dans le principe masculin et dans le principe féminin.

« En ondes plus allongées et plus puissantes, cette action vibratoire de l'esprit arrive dans l'homme au plan physique d'où elle rayonne tandis qu'en la femme, ce rayonnement spirituel en ondes plus courtes et plus rapides, arrive moins parfaitement aux sensations, la femme gardant l'essentiel de ce rayonnement dans son être émotionnel ou psychique.

« Ceci explique la différence de nature entre les principes masculin et féminin ainsi que les facultés mâles plus spécialement sensorielles avec une intellectualité mieux adaptée aux conditions physiques, tandis que la femme, elle, par son psychisme plus vibrant est intuitive par excellence et émotive jusqu'aux plus charmantes raisons du cœur.

« L'homme, parfois aussi, affectivement se trompe, mais cela procède chez lui des sensations plus que du sentiment pur. Alors, pour lui sous le choc des forces extérieures, sous la violence des passions, brisé, assoupli par elles, commence le cycle régénérateur de la souffrance qui, en le repliant sur lui-même refoule son rayonnement dans l'être psychique où s'élaborera son inspiration dans la sublimation.

« A ce stade de son évolution et enrichi des connaissances de la douleur et de la vie, il participera, par une émotion infiniment plus subtile que dans sa nature sensorielle à l'échange des vibrations qui s'opèrent sur ce plan avec la plus pure âme féminine. Alors se révélera à lui l'amour qui, désormais, n'abandonnera plus sa conscience dans son refoulement vers l'obscure matière et dans son ascension vers le lumineux esprit.

« C'est ainsi que s'unissent à jamais deux âmes par l'intime fusion de leur être divin, réalisée par une émotion partagée lorsqu'elle est capable de les emporter ensemble aux cimes de la beauté de la charité et de l'amour. »

En écrivant ces dernières lignes, je ne puis m'empêcher de songer au « Cahier d'amour » à Solange et Gilbert qui, par leurs souffrances et leur amour partagés, se sont rejoints à jamais.

CHAPITRE 4

La présence de Dieu dans le monde

« Chers amis je me sens malhabile devant des mots qu'il faut choisir et ce choix est déconcertant car ce que je veux exprimer est plus haut que les mots et les dépasse.

« C'est une sorte de souffrance que de me servir du langage articulé pour essayer de vous faire comprendre la réalité puissante, impérieuse, une réalité qui demande à se réaliser en vous, pour votre paix, votre bonheur intime pour « l'avenir de votre esprit », après que vous aurez vécu ici-bas, avec un courage plus léger, plus joyeux.

« Certes, le courage ne vous fait pas défaut, mais il est austère, il est raidi, âpre, parce que vous avez une conscience physique de votre effort, et en voulant vous inspirer le courage joyeux, qui relève toujours de la paix intime, j'essaie moi-même de faire un effort considérable pour vous faire comprendre que ce courage joyeux est la grâce qui réside dans la connaissance de Dieu qu'on porte en soi.

« Il est ici une étincelle, là un flambeau, mais toute comparaison gardée, il est toujours le Dieu vivant qui se manifeste et, que vous ne savez pas, ni ne pouvez pas toujours reconnaître à l'instant où il parle le plus fort, où il chante en vous l'hymne d'allégresse qui couvre toujours le glas de désespoir, quel que .soit ce désespoir! Dieu, ainsi que Jésus vous l'annonce, est en vous. Il est le Père, vous êtes ses fils, ses filles, la chair et le sang que vous tenez de vos créateurs physiques sont quand même la chair et le sang nés des volontés divines. Les père et mère physiques que vous respectez détiennent, eux aussi, un Dieu présent, toujours et à jamais en dépit des disparitions et des renaissances.

« Présence de Dieu transmise de famille en famille, dans les nations à travers les mondes.

« Présence de Dieu par laquelle je puis ici m'exprimer.

« Présence de Dieu par laquelle vous êtes, ici, conduits sans bien le savoir par lui-même.

« Présence de Dieu : les objets et les choses que l'homme a créés parce que Dieu le voulut!

« Présence de Dieu aussi : les angoisses qu'il vous faut refouler et vaincre pour sortir de la vie, moins petits que vous n'y êtes entrés.

« Présence de Dieu qui crée en vous une étincelle comparable à celle produite par le choc de deux silex.

« Présence de Dieu! les oppositions qu'il permet puisque lui seul est puissant, lui seul est créateur.

« Je pourrai vous parler de la présence de Dieu dans les cailloux qu'on brise, dans la fleur qu'on froisse, dans l'air qui emplit vos poumons, à plus forte raison présence de Dieu, lorsque dans des assemblées comme celle-ci, vos pensées se reportent vers ceux qui vous ont précédés de l'autre côté du voile. Dieu est présent dans le monde visible et invisible malgré la difficulté de communications qui s'établissent entre eux.

« Comment déceler, comment sentir cette présence de Dieu? Dans la solitude d'abord; dans le tête-à-tête avec soi-même; sous la lampe allumée, ou dans l'obscurité, dans le silence toujours! Le recueillement vous fait sentir assez rapidement la palpitation de votre moi. Votre conscience s'aiguise, les objets autour de vous s'imposent moins à vos sens. Par contre les images internes subjectives vous révèlent la vie sans forme incréée et pour cela rayonnante, parce que non

234

brisées par les formes. Cette vie que nous appelons Lumière! Lorsqu'elle étincelle en vous, au centre de vos méditations, vous vous sentez plus légers, vos sens eux-mêmes s'amenuisent. Il vous semble, à cet instant, que vous sortez de vous, que votre esprit se fond en communiant avec l'univers; alors, c'est là un fait remarquable, ce renoncement inconscient au moi incorporé est accompagné merveilleusement du sentiment puissant d'être intégralement avec toutes ses facultés, tout son pouvoir libéré des contraintes de la chair, confondu dans l'immense, le sans-borne, tout en gardant sa personnalité.

« Je ne sais, mes chers amis, si vous avez réalisé cette expérience, mais à coup sûr, pour qui la tente avec simplicité de cœur, non pas pour décrocher des étoiles, non pas, avec un fallacieux orgueil, mais simplement en aimant son Dieu, cette pratique observée chaque soir, très peu de temps, vous libère des chaînes, des coutumes auxquelles vous êtes asservis et qui sont toujours une contrainte.

« Nous ne parlerions pas ainsi si vous étiez des néophytes, car ces expériences iraient à l'encontre de notre but. Nous pensons donc que vous pouvez vous livrer à cet exercice, auquel bien des hommes de pensée doivent inspiration et direction.

« Ainsi l'on s'éloigne d'un monde qui vous tient captif, et l'on accède à l'antichambre du monde où la vraie vie vous attend dès le seuil.

« Connaissant cette vie, pénétrés de la vérité qu'il n'y a pas de mort, que l'excellence et le parfait résident en Dieu, que l'erreur même est un aspect incompris de la vie, alors vous vous réfugierez avec confiance dans cette Vie qui vous nimbe au-delà des formes de ce que vous croyez être le mal et des états passagers qui sont d'autant de degrés à gravir éternellement pour en atteindre d'autres. »

Signé : le Passeur d'âmes

ÉPILOGUE

I

Le dimanche du 10 octobre 1948, jour de notre réunion mensuelle, j'allai ainsi que tous les matins embrasser ma mère, dans sa chambre à son réveil. Depuis quelque temps sa santé nous inquiétait, sa tension artérielle nous préoccupait. Le régime prescrit par le docteur était bien supporté par elle. Les manifestations auxquelles nous étions habitués en dehors des réunions mensuelles se faisaient plus rares. Cependant, nous n'étions pas abandonnés de nos guides, leurs présences se manifestaient par de petits bruits, de très courts messages ou poèmes nous étaient donnés la nuit pendant son sommeil.

Or, ce matin du 10 octobre, je trouvai trois pages couvertes d'une large écriture médiumnique et signées de plusieurs de nos guides. Toute heureuse de ma découverte, je m'assis à côté de ma mère sur le bord de son lit et commençai à déchiffrer le message.

Dès les premières lignes je sentis ma gorge se serrer, mes yeux se voiler. Ma mère m'écoutait comme une enfant sage, étonnée du contenu de ce message. Quant à moi, j'étais consternée à la pensée d'apprendre à mes amis que ce serait aujourd'hui la dernière réunion permise! Voici donc ce dernier communiqué :

« Chers amis, chers enfants

« C'est avec une réelle tristesse, dont l'acuité nous prouve à quel point nos sentiments demeurent encore très humains, que nous venons vous dire que la réunion de demain sera la dernière qui vous verra groupés, attentifs, remplis, pour la plupart d'entre vous, de cette bonne volonté qui faisait notre joie et notre récompense.

« Notre instrument principal, après le choc brutal qui la laisse pour plusieurs mois fortement ébranlée et qui aurait pu avoir de très sérieuses conséquences, est momentanément devenue inapte à toute extériorisation profonde, nécessaire aux manifestations des grands êtres, dont nous avons été souvent porte-parole et dont l'un entraîné par son immense amour pour les humanités souffrantes et égarées là par deux fois réellement habitée.

« Chacune de ces approches bienheureuses produit une déperdition brusque des forces physiques de l'instrument en transe, suspend pour quelques secondes ou accélère les battements du cœur, circonstances que, dans son état actuel de santé, nous ne voulons pas provoquer de peur d'un accident toujours possible, d'autant qu'en ce moment elle ne pourrait sans risque supporter le poids que trente ou trente-cinq personnes assistantes dégagent dans un espace devenu trop étroit, et où la diversité des fluides émanant, tant de vous tous, vivants, que des présences invisibles, que vos pensées, vos ardents désirs attirent, parfois même à votre insu et que, fraternellement attendris, nous voyons se pencher sur vous, entourer de leurs bras vos épaules lasses, murmurer à votre cœur des consolations, des paroles d'espoir, des affirmations magnifiques de *revoirs certains* et d'amour fidèle.

« Ces âmes qui nous ont rejoints qui, parce qu'elles ont fait des efforts pour le mériter, peuvent déjà presque sans aide s'approcher fugitivement encore de vous et vous entourer, n'en perdront aucunement la possibilité malgré la suspension de ces réunions que nous aimions, suspension dont, maintenant, vous comprenez le motif.

« En effet, même si notre instrument ne devait pas participer au travail commun, comme instrument actif, elle ne pourrait plus supporter le poids d'une atmosphère traversée de tant de fluides différents, s'entrecroisant au-dessus de sa personnalité psychique.

« D'autres groupes vont vous solliciter, où vous pourrez trouver de bons enseignements et vous y rendre plus utiles en propageant ceux que vous avez reçus ici, vous en pourrez faire profiter ceux, moins avancés que vous sur la route qui conduit vers la lumière sans ombre.

« Nous vous avons spirituellement enrichis chers enfants, à vous désormais de donner sans compter et avec ardeur aux plus démunis que vous pourrez rencontrer, aux plus souffrants, aux plus désolés, mais ne vous dispersez pas en allant de groupe en groupe. Sachez choisir avec clairvoyance, découvrir où, seuls se manifesteront le *sincère et le vrai,* le désintéressement, l'altruisme le plus parfait, où vous pourrez encore entendre de belles instructions susceptibles d'orner toujours plus vos âmes, qui ne sauraient désormais plus se contenter des seules nourritures terrestres.

« Il vous faudra vous sentir baignés ainsi que vous avez pu l'être ici, d'amitiés sans détours, touchantes et fraternelles faites de droiture et de simplicité dans une atmosphère absolument dépourvue *d'orgueil* et de susceptibilités, pierre d'achoppement des meilleurs groupements.

« Certains parmi vous peuvent maintenant essayer leurs moyens, leurs forces et voler de leurs propres ailes en se référant aux nombreux enseignements donnés par nous tous et par les autres guides qui les ont soutenus dans d'autres réunions précédemment fréquentées par eux avant de venir ici. Vous formerez donc de petites réunions intimes en choisissant un instrument sincère et bon, désireux de servir avec simplicité, de se donner sans réserve et sans vanité pour le seul amour des âmes.

« Ne soyez pas peinés, chers enfants, je vous en prie, et notre amie non plus. Des liens impossibles à rompre continueront à nous unir car nous ne vous quittons pas et que la belle affirmation à la fin de nos réunions vous soit un sûr garant de l'absolue certitude de cette promesse " à toujours ". Soit que la joie ou la peine provoque un élan de vos cœurs vers nous, cet appel nous attirera immédiatement tout près de vos âmes, car nous les avons prises en charge jusqu'à leur dernière envolée.

« Et puis, d'ici quelque temps nous pourrons vous laisser un moyen de protection, puisque ainsi qu'il l'avait voulu faire à une époque également pleine de menaces et d'épreuves possibles, notre père Houg-Kang fluidifiera de nouveau un nombre important de bâtonnets, petits cierges protecteurs, courtes prières et appels vivants qui vous seront distribués selon vos besoins pour vous secourir dans le danger moral ou physique; défense puissante contre vous-mêmes, qui chasseront de vos cœurs la faiblesse et le doute, vous aideront à remonter la pente glissante du désir, feront tomber de vos yeux les écailles qui les obscurcissent, débusqueront les mobiles cachés parce qu'inavouables, trop souvent, et qu'une fois embourbés dans la faute vous maquillez par faiblesse du faux amour propre en bonnes intentions. Des heures cruelles peuvent de nouveau vous accabler, mais au moins puissent-elles jamais, chers enfants, s'alourdir pour vous de regrets torturants ni de remords.

« Pour plus d'efficience, ces bâtonnets seront cette fois tronçonnés de leur empreinte chimique et devront s'allumer à une flamme vivante, mais ils ne pourront être préparés qu'une fois notre instrument en meilleur état de santé, afin qu'il puisse supporter un long travail nocturne nécessaire, c'est-à-dire, seulement vers les premiers jours de l'année nouvelle.

« Nous espérons être en mesure de pouvoir vous les faire distribuer. Restez assurés mes enfants que pas un de nous cessera jamais de vous chérir fraternellement, et c'est par cette affirmation, une fois encore renouvelée, que nous terminons ce dernier entretien, car nous restons vos frères et avec vous toujours.

« Courage, volonté ferme de progresser dans la foi, la recherche du bien et du beau dans l'oubli de vous-mêmes, dans l'amour de votre prochain, amour que nous n'avons jamais cessé de vous prêcher et dont l'autre nom sublime est charité. Tous vos grands amis étendent au-dessus de vos fronts, leurs mains pour vous bénir et nous vous redisons de leur part et de la nôtre. A toujours. »

Signé : Père Houg – Gaspard – Gilbert – le Guide
        Henri – le Pèlerin – le Passant – le guide
        Georges – et tous, et tous...

Nous serions presque tentés de prendre pour un adieu ces dernières recommandations de notre Gaspard, mais maintenant cet « à Dieu » prend son véritable sens :

A toujours

Bonnet blanc, blanc bonnet
N'est pas toujours le même
Que vous importe amis, si la parole est d'or?
Nous vous aimons toujours, nous vous aidons quand même
Dieu nous permette à nous de revenir encore!
Vers l'indigent toujours que votre cœur se penche
Sur la rose superbe, aussi sur la pervenche
Dieu déverse ses dons de bonté et d'amour
Suivez l'exemple saint, enfants, aimez toujours.

Gaspard

Notre « Jardinier des âmes » concrétise dans ce dernier poème son passé, son présent, son futur en un feu d'artifice triomphant, il nous laisse pour nous aider à continuer notre route, ce viatique d'amour fraternel.

Certitude

Sur la route des jours, l'espérance soutient
La pauvre âme incertaine,
C'est une sœur fidèle, dont la main forte et tendre
Allège le fardeau, lentement amassé
Par de lourdes fautes défuntes
Et quand revient demain
Nous sentons la charge cruelle
Progressivement s'alléger,
Sur le chemin montant notre pas s'affermit, plus aidé
et plus sûr.
Par toutes les voies de la terre, ô, compagne fidèle

fille du « tout amour », ton pas m'a devancé
sur les joies ingénues de mon adolescence
les pâles griseries de mon cœur exigeant,
fraternelle tu t'es penchée
devant les désespoirs de mon âme amoureuse
déçue dans ses désirs tu sus me pénétrer
d'une paix douce et calme,
dans ton regard serein, ton regard deviné,
pendant des jours si lourds, si pleins, parfois morbides
j'ai puisé le courage, chastement tu m'aidas,
muant en amitiés charmantes, éternelles,
de terrestres amours, qui n'auraient pu combler
ce besoin d'absolu envahissant mon être.

Ange, femme, rayon, souffle embaumé, lumière
mes yeux en se rouvrant t'ont reconnue ma sœur,
et, c'est bien que ta flamme est d'essence divine,
ineffable flambeau, étincelle incréée,
merveilleuse promesse enfin réalisée,
qu'au seuil nouveau du devenir
pour des jours inconnus, faits de joies et de peines
tous, nous te retrouverons prête à nous accueillir.

Le Jardinier des âmes

Ici se termine notre pèlerinage, précédées par la radieuse présence de ma mère, nous voici arrivées au terme du voyage.

Son séjour sur la terre s'est achevé il y a vingt-sept ans, le 2 octobre 1954, depuis cette date, pas un seul jour ne s'est écoulé sans que son nom ne soit prononcé par ma sœur Anne et par moi-même... pour tout... pour un rien... un objet que nous déplaçons, qu'elle aimait... un apport dans sa vitrine rappelle à notre souvenir tant d'inexprimables choses... la première fleur du jardin fraîchement éclose vient se placer tout naturellement près de son portrait, déposée par l'une ou l'autre de nous deux... une visite inattendue m'entraîne à parler d'elle. Comment pourrait-il en être autrement puisqu'elle vit en nous par cet inextinguible amour.

Le culte des anciens prêché par notre père Houg-Kang, nous le perpétuons, nous marchons d'âme à âme, sur le chemin qui nous entraîne vers la résurrection! C'est à vous, amis lecteurs, que je dois d'avoir écrit ce second livre. Dans vos lettres chaleureuses tant de questions m'étaient posées auxquelles je n'ai pu répondre que partiellement.

Cette correspondance échangée, devenue plus intime en raison de nos affinités spirituelles a, pour beaucoup d'entre vous, scellé une amitié fraternelle. Ce précieux héritage dont je ne suis que la dépositaire, je l'ai partagé entre vous tous.

Désormais vous serez, si vous le voulez, les « Enfants de la Terre » de notre père Houg-Kang, les protégés de nos guides instructeurs, les frères choisis de notre « Jardinier des Ames » et les amis de notre Rateau.

Là sera la joie que je vous devrai! « La joie qui demeure », et qui n'a d'autre nom que celui d'« Amour ».

II

Mon petit atelier est mon domaine personnel, les heures s'y écoulent plus vite que partout ailleurs. L'été, un rideau de troènes me protège du soleil et, l'hiver, son feuillage toujours vert comme dans un nid me confine.

Un après-midi de printemps, je travaillais dans mon atelier et j'avais égaré ma gomme. Je la cherchais depuis un bon moment sans la trouver. Ma sœur était venue me rejoindre dans l'atelier et, me voyant ennuyée, me dit : « Ne perds pas ton temps davantage. Avec la voiture, j'en ai pour cinq minutes. Je descends à Palais t'en chercher une, j'en prendrai même deux par précaution. » (Palais est le port et la capitale de notre Ile.)

— Non, non, lui dis-je, c'est bien fait pour moi, je suis trop désordonnée. Elle a dû rouler dans un coin, sans doute, mais je ne sais pas où! Je vais à la cuisine chercher de la mie de pain, ça me rappellera l'école. Tu te souviens?

Je voulais faire un dessin qui devait être aussi grand que la table. Celle-ci était donc débarrassée entièrement. C'est un détail qui a son importance pour la suite. Mon projet était de réaliser une légende, celle de la naissance de Belle-Isle. Ce dessin servirait de décalque, afin de la graver sur une plaque de terre non cuite qui deviendrait, après cuisson, une plaque murale décorative. C'est un laborieux travail mais très beau lorsqu'il est terminé. Cette année, je ne pourrais plus envisager un tel travail, il est beaucoup trop pénible, il faut que je m'en tienne à des objets moins importants et je le regrette bien.

Revenons à ma gomme. Ce jour-là, je n'en étais qu'au croquis, mon papier Canson devant moi et ma mie de pain à portée de main. Le personnage que j'allais dessiner représentait une fée, robe vaporeuse s'envolant au vent, au-dessus de la mer. Elle se détacherait sur un ciel menaçant surchargé de nuages qui annonceraient l'approche d'un cataclysme. Un raz de marée se préparait! Des fleurs s'échapperaient de sa couronne, décrochées par une de ses mains; l'autre tenant la baguette magique allait bientôt transformer les fleurs tombées dans la mer en chapelet d'îles dans le golfe du Morbihan. La plus grande en serait le joyau, Belle-Isle la bien nommée.

Toutes deux silencieuses, ma sœur attentive, moi concentrée, je dessinais. A un certain moment, voulant effacer un trait au crayon malheureux, je tends la main vers la mie de pain. Je la saisis et tout à coup, dans l'intérieur de ma main, je n'avais plus que ma gomme. La mie de pain était toujours là, un peu plus émiettée. C'est tout.

Dire quel effet je ressentis au contact de ma gomme, je ne peux le traduire facilement. Un frisson me parcourut, semblable à une légère décharge électrique.

– Ah! par exemple, c'est ma gomme, mais c'est ma gomme!

Et l'idée me vint immédiatement à l'esprit :

– Il y a du Rateau là-dessous, ce n'est pas possible autrement.

Et c'était bien lui, car il a renouvelé plusieurs fois ce genre de manifestations. Elles avaient le don de nous rendre joyeuses toute la journée.

Je pense que Rateau aimait cette légende, elle s'apparente aux manipulations qu'il réalise, lui, avec une baguette invisible.

Si nous étions des observateurs sans préjugés, attentifs aux signes qui jalonnent les méandres de nos destinés, nous pourrions en comprendre les mystères. C'est notre manque de curiosité qui nous laisse dans l'ignorance de comprendre que visible et invisible s'interpénètrent pour le bien, comme pour le mal plus exactement pour le bonheur ou le malheur de l'être humain. Pour cette amie J. R. ce fut le bonheur.

Il y a deux ans, je recevais une lettre d'une lectrice habitant Nice. Désemparée par le contenu de mon livre, cette lectrice me confiait vivre une période cruciale de sa vie et me demandait ceci : « Ce que vous avez écrit, Madame, est-ce de la science-fiction, de l'imaginaire ou un roman fantaisiste? » Dans cette lettre, j'ai ressenti un grand désarroi. Je lui répondis immédiatement que tout ce que j'avais écrit était un véritable témoignage. Si elle voulait avoir plus de détails sur notre vie familiale et spirituelle, elle pouvait se rendre chez une de mes amies, habitant justement Nice; celle-ci nous avait très bien connues puisqu'elle assistait à nos réunions rue de La Rochefoucauld, et qu'elle était médium elle-même et d'une sincérité parfaite. Ce qu'elle fit aussitôt, car elles habitaient à deux cents mètres l'une de l'autre.

Et là, le résultat de leur rencontre fut sensationnel. J'avais prévenu mon amie Sophie E. par téléphone que je lui adressais une lectrice. Je ne connaissais par personnellement Mme J. R., mais celle-ci me semblait malheureuse. Mon amie la reçut chaleureusement. Au cours de leur conversation, notre famille fut évoquée, et elle confirma tout ce qui était dans mon livre. En fin d'après-midi, elle lui décrivit une dame âgée qui se tenait debout près d'elle, ainsi que la silhouette d'un homme jeune, penchée sur elle. La dame tenait un petit chien dans les bras et détailla les taches particulières sur l'oreille de l'animal. Tout émue Mme J. R. venait de reconnaître sa mère et son mari, ainsi que le petit chien qui avait appartenu à sa mère. La silhouette du mari était plus floue, car il avait été tué en 1940, et je pense, moi, qu'il était plus dégagé de la terre et déjà plus spiritualisé, tandis que sa mère n'avait quitté le plan terrestre que depuis six mois.

Sophie E. et J. R. devaient se revoir. Elles devinrent des amies. Pour J. R. le voile de l'incompréhension s'était déchiré et ma lectrice est maintenant une femme complètement transformée, elle ne ressent plus la solitude, car elle fait partie du groupe spirituel de mon amie Sophie.

En 1981, quelques jours avant la Toussaint, car à cette époque il fait encore très beau à Belle-Isle, elle était venue passer quelques jours près de nous. Pendant son séjour, nous passions des après-midi ensemble et la matinée je travaillais dans mon atelier, afin de n'être pas trop en retard dans mes commandes. Ce matin-là, jour de la Toussaint, je travaillais et je pensais à son départ qui devait être le lendemain. Tout en modelant un personnage, je pensais à nos guides et je me disais :

« Puisque c'est la fête des saints, ce n'est pas un jour triste, et dans un élan fraternel, je prononçais à voix haute :

« Ce qui me rend mélancolique, c'est qu'il n'y a pas eu un petit signe pour Jacqueline R. avant son départ. Elle aurait été si contente! » Et je travaillais concentrée sur cette pensée.

Parmi les objets que je fais dans mon atelier, un gros canard se trouve sur ma table d'exposition. Je l'avais garni ce matin-là de mimosa et j'avais placé une rose au milieu. L'effet était très heureux. De temps en temps, je le regardais avec plaisir. Mes mains s'occupaient et mes pensées se succédaient. J'en étais là de mes réflexions, lorsque Jacqueline R. vint me chercher pour le déjeuner. Elle m'embrassa et toutes deux nous regardâmes le canard tout fier de ses fleurs fraîches. Quelle ne fut pas notre surprise de voir à l'extrémité d'une branche de mimosa qu'un pinceau y était suspendu. Son poids inclinait légèrement la branche. Nous restions muettes toutes deux. Je cherchais à comprendre. Quelques instants avant, je l'avais regardé il n'y avait rien. Le bouquet était comme tous les bouquets!

C'était d'un effet extraordinaire ce pinceau suspendu dans le vide tenu par un imperceptible retour de fil de fer qui fait en somme un corselet autour des poils de martre, car c'était un de mes pinceaux. Il avait été pris sans doute par Rateau, dans le bocal où je mets mes pinceaux la tête en l'air. Je me demandais :

« Pourquoi ce pinceau, plutôt qu'un autre objet? »

Tout à coup, c'est Jacqueline R. qui comprit l'importance du pinceau et me dit tout émue :

« Vous ne le saviez pas, Jeanne, mon mari était artiste peintre! »

Au même moment, l'espace d'un éclair, se forment en moi des mots que je n'ai pas pensés, les voici :

« C'est mon pinceau que je t'apporte. Tu es toujours pour moi la rose et les petits grains de mimosa représentent toutes les pensées d'amour que je t'envoie. Ce pinceau, c'était pour se faire reconnaître et avec quelle délicatesse, lui prouvant que la mort ne les avait pas séparés.

C'était une fidélité réciproque puisqu'elle ne s'est pas remariée.

246

La réponse à mon souhait s'était réalisée et ce jour de la Toussaint a été pour nous un jour de joie complète. Jacqueline partit le lendemain heureuse, emportant son pinceau.

N'est-ce pas merveilleux, cet amour par-delà la mort?

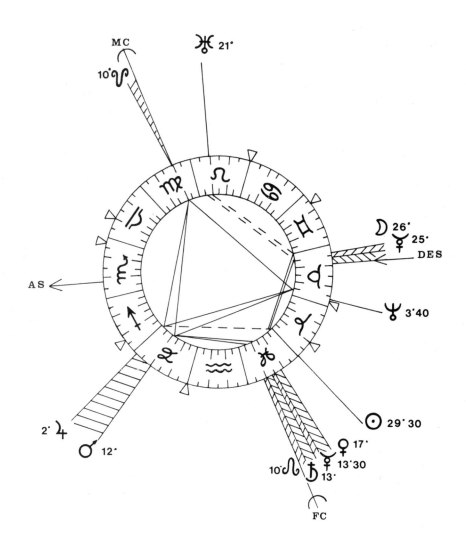

Thème astrologique de Pauline Decroix

Souvenons-nous qu'il y a quarante ans, nul parmi le commun des mortels ne se souciait de savoir sous quel signe zodiacal il était né, et pourtant sans approfondir la phrase tout établie et répétée naïvement : « Il est né sous une bonne étoile »... ou bien encore, « une bonne fée présidait au jour de sa naissance », ces dictons avaient un sens naïf, mais profond. Nous pourrions presque dire que du plus simple au plus savant l'éveil d'un intérêt certain pour l'astrologie se constate chaque jour.

Une de mes amies, Marie-Thérèse Bienfait, auteur de travaux d'astrologie, a bien voulu accepter d'établir le thème astrologique de ma mère. En termes simples, elle nous entraîne vers le champ des étoiles... Je l'en remercie profondément et lui redis toute mon admiration pour ses travaux qui apportent à tous ceux qui la sollicitent une connaissance supplémentaire des constellations de l'Édifice divin.

Pauline Decroix est née en Vendée, à Montaigu, le 19 mars 1877 à 23 heures.

Les êtres nés sous le signe des Poissons ou marqués par Neptune – Neptune est le maître des Poissons – ont le pouvoir de s'identifier au cosmos, aux sphères des planètes. Si en plus, l'élément eau est dominant dans leur thème, le monde cosmique apparaît dans sa fluidité, dans sa totalité, il est ressenti comme une symphonie musicale et des êtres désincarnés peuvent se révéler dans l'intériorité du sujet. « Dans les visions, dit R. Steiner, on perçoit d'abord un monde d'images, puis la musique des sphères enfin un monde d'entités spirituelles. »

Mais cette expérience hors du commun passe par une abolition du moi, elle suppose un don de soi véritable. Certains natifs des Poissons, en s'identifiant aux autres, les sentent vivre en eux-mêmes. C'est par le renoncement à leur moi qu'ils arrivent à compatir, à comprendre autrui et à l'aider.

A un plus haut degré, comme le révèle le thème de Pauline Decroix, les « Poissons » deviennent les médiateurs entre nous et le monde des morts pour répandre une .activité bienfaisante sur notre humanité. Pauline Decroix est fortement marquée par le signe des Poissons. En plus du Soleil nous trouvons dans ce signe :

Vénus, la planète de l'amour,

Mercure, la planète du mouvement des échanges,

Saturne, la planète qui cloue l'homme sur la croix de la matière.

Remarquons que dans ce thème, Saturne est angulaire à la pointe de la Maison IV, maison du début et de la fin de la vie. Comme tous les êtres humains, Pauline s'incarne avec Saturne. En quittant le monde spirituel elle s'enferme dans la prison d'un corps physique.

S'incarner c'est se soumettre à la pesanteur de la terre, c'est jouer le jeu de la matière en s'adaptant au temps. S'incarner, c'est aussi se percevoir et s'accepter séparé des autres par les corps. S'incarner, c'est découvrir la face invisible de la planète Saturne et son sens spirituel. C'est enfin y lire le sens de notre destin personnel inscrit dans nos origines.

Saturne nous apprend progressivement les lois de la matière et enfin la loi douloureuse et ultime du détachement de cette matière. Il devient alors la porte qui s'ouvre sur les mondes spirituels, il en est le seuil. Dans le thème de Pauline, Saturne à la pointe de la Maison IV, aurait pu signifier « isolement, abandon ». Par chance, il se trouve en Poissons, le signe des métamorphoses; ainsi, il se fait le meilleur allié de Pauline, lui donnant la rigueur pour franchir ses limites sans se perdre. Saturne agit comme un filtre; l'unité et la cohésion de la conscience ne sont pas détruites comme dans la plupart des états médiumniques.

Les planètes en Poissons sont en Maison IV, elles évoquent dans le domicile du Cancer. L'être vient au monde dans cette maison avec un héritage et une mission. Maison doublement importante dans le thème de Pauline Decroix, c'est là que débouche le nœud lunaire nord.

Nous savons par l'astronomie que la Terre se meut autour du Soleil dans le plan de l'écliptique. Par rapport à celui-ci, le plan dans lequel la Lune chemine a une inclinaison de plus de $5°$. Les deux plans se coupent en deux points que l'on nomme nœuds lunaires nord et sud.

Ces nœuds lunaires sont en astrologie les extrémités d'un axe par lequel communiquent l'invisible et le visible. L'invisible vient du nœud sud et débouche sur le visible par le nœud nord. Les être reçoivent une aide spirituelle par le nœud sud. Ils expriment ou non cette aide dans le visible, tout dépend des aspects que font les planètes avec ces nœuds.

Dans le thème de Pauline Decroix, le nœud sud est sur le Milieu du Ciel (M.C.) Maison X, maison de la vocation, et qui se trouve en Vierge, signe du dévouement. On sait, par la fille de Jeanne, comment elle a réalisé sa vocation. Elle est donc inspirée par le monde spirituel et s'exprime dans le visible par le nœud nord, à la pointe de la Maison IV, c'est-à-dire dans sa propre maison où se tenaient les réunions médiumniques. C'est chez elle qu'elle échange son âme à celle d'artistes désincarnés qui, par son intermédiaire, nous livrent un complément de leur œuvre. Le nœud nord est conjoint à Saturne et à Mercure. L'aspect de ces deux planètes donne un sens psychologique et philosophique qui, en Poissons, devient connaissance cosmique.

Les planètes en aspect du Soleil sont valorisées. Dans ce thème, il existe un sextile $(60°)$ du Soleil à la Lune, qui donne un équilibre, une continuité intérieure, une aisance dans les rapports avec les autres.

Pluton, planète de l'inconscient est également en sextile du Soleil. Cet aspect facilite le passage des images de l'inconscient au conscient solaire. Par cet aspect, l'Esprit peut développer le germe de la conscience qui mènera l'être vers la liberté intérieure.

Il existe un autre aspect au Soleil, c'est le carré (90°) qui vient de Jupiter. Cette planète correspond au symbole du dieu de l'Olympe. Il impose ses lois aux hommes, « lettre » sclérosée des lois qui est d'essence cosmique. Elle ressent ce monde de l'intérieur, elle est en communion avec les rythmes cosmiques dans lesquels vivent ceux qui ont quitté notre terre. Elle est aussi en communion avec toute vie qui croît, grandit, meurt. Vivre, c'est accéder, pour elle, à une conscience solaire indépendante. C'est ce qu'indique le carré de Jupiter au Soleil.

Le Soleil se lève à l'horizon dans le signe du Scorpion. La plupart des planètes sont sous l'horizon, lequel est déterminé par l'axe ascendant-descendant. L'ascendant signe la personnalité, le descendant correspond aux autres, ceux avec lesquels on construit une œuvre commune.

Par son ascendant Scorpion, Pauline a ressenti le lien étroit unissant les forces de vie et de mort. Son thème nous rappelle la chute de l'Esprit (l'Aigle) dans les profondeurs de la terre par le Scorpion. En effet, le maître du Scorpion, Pluton, se trouve en Taureau, signe de terre.

En Maison VII (la maison des autres, des partenaires), nous trouvons Lune et Pluton conjoints en Taureau; les autres sont donc représentés par Lune et Pluton. Pluton est maître de l'ascendant Scorpion, sa propre personnalité. La Lune, c'est la femme, c'est elle-même, sa partie inconsciente. C'est donc par son propre inconscient qu'elle accède à Pluton, à l'inconscient collectif.

La Lune est maître du Cancer qui se trouve en Maison VIII. Maison VIII, monde de l'Au-delà, monde de mort et de résurrection du Scorpion. Le dialogue est facilité avec cet autre monde :

par la Lune et Pluton en Maison VII,
par la Lune maître de la Maison VIII,
par l'ascendant Scorpion.

Mais que rencontre-t-elle dans l'invisible? Des guides qui l'encouragent, la conseillent. Mais c'est par ses propres forces (Mars, premier maître de l'ascendant, l'identifie à Jupiter) qu'elle trouve sa voie. La Lune qui la représente est au carré de la planète de l'indépendance, Uranus. Cette dernière est en Maison IX, maison de la pensée philosophique, religieuse ou spirituelle. Lune, l'inconscient personnel, se trouve confrontée à l'exigence de cet autre seuil qui est Uranus, à la voie étroite de cette planète qui est fenêtre pour accéder à la vaste mer de l'inconscient collectif.

Astrologiquement, Pauline se révèle un grand médium. Aux valeurs Poissons, aux signes d'eau (ascendant en Scorpion) à la Lune en maison VIII, nous ajouterons Neptune, cette autre planète d'inconscient, maître des quatre planètes situées en Poissons, et en trigone de Mars qui est le premier maître de l'ascendant. Mars lutte au profit de l'invisible, pour Neptune. Celui-ci est également en trigone à Jupiter, cette planète qui permet d'exprimer concrètement l'invisible par des rites, par des formes religieuses, par l'application des lois cosmiques. Or Jupiter est important dans ce thème. Il existe en astrologie une loi toujours vérifiée : quand le maître de l'ascendant est conjoint à une planète, il s'identifie à cette planète. Ainsi Jupiter (celui qui donne forme) au même titre que Mars (le combatif) signe la personnalité. Il y a lutte (Mars), non seulement en faveur de l'invisible (Neptune) mais pour amener cet invisible au visible (Jupiter).

Les guides de Pauline ont laissé de multiples messages recueillis par les filles de la médium. Leur enseignement est clair. Il s'étend à toute l'humanité. Ils nous aident à accomplir le destin que chacun de nous s'est choisi, à reconnaître les signes qui jalonnent notre vie et ne sont pas des hasards mais l'enchaînement logique de nos actes. Ils nous aident à trouver notre propre vérité, à nous la faire découvrir quand une force inexprimable montant de nos profondeurs semble nous submerger. La vérité pointe en nous quand souffrance et joie se fondent en un point aigu qui nous soulève au-dessus de nous-même. Cette démarche intérieure était possible à Pauline grâce à son ascendant Scorpion qui lui faisait ressentir à quel point l'amour vrai et désintéressé est lié à la destruction des exigences du moi.

Se croire en liaison avec le monde spirituel est souvent l'effet d'une illusion. C'est un piège que Lucifer, l'ange de lumière, tend aux hommes orgueilleux. Pauline n'avait ni orgueil ni égoïsme. Elle vivait l'amour. Chez elle, pas d'illusion, mais une force de jugement qui est la base de sa personnalité. Le jugement vient de la conjonction de Mercure et de Saturne en sextile de Mars maître de l'ascendant. L'identification de Mars à Jupiter donne à Pauline l'enthousiasme nécessaire pour faire sentir aux autres ce qu'elle perçoit en elle.

Au-dessus des dons de médiumnité, Pauline possède le véritable amour qui permet de ressentir l'autre dans sa joie comme dans sa souffrance. L'amour c'est Vénus. Dans ce thème, elle est en Poissons, donc dilatable à l'infini, chargée de l'énergie de Mars (Vénus sextile à Mars). De plus, la maison dans laquelle se trouve Vénus est la Maison IV, celle de l'incarnation : Pauline a une mission claire, répandre l'amour, cet amour aux aspirations illimitées qui dépasse l'humain et qui est le seul lien entre les hommes. Par sa force de cohésion, l'amour contrebalance la tendance desséchante de l'intellect. Vénus est silence pour se faire écoute. Par la proximité de Saturne, elle peut aller vers le détachement de soi. Par la conjonction à Mercure et Saturne, elle devient lucidité face aux consciences. Elle aide les isolés à renouer avec le monde spirituel. Maîtresse d'elle-même par la vigilance de Saturne, elle peut s'effacer sans se perdre dans l'autre. Elle dépasse les relations d'amour d'avec les vivants pour se mettre à l'écoute de ses guides qui parlent par sa bouche.

Ainsi son âme grandit en s'effaçant.

Vénus représente aussi l'art, cet autre lien avec les mondes spirituels. Les guides utilisent les dons artistiques de Pauline, montrant comment l'art prend sa source dans les mondes spirituels pour s'imprimer dans notre monde matériel. Pauline nous a laissé de véritables chefs-d'œuvre de peinture aux teintes merveilleuses et lumineuses. Ses amis de l'Au-delà ont aussi guidé ses doigts sur le clavier du piano ou, sur le papier, pour y inscrire une mélodie. Des poètes disparus, par sa main, nous ont transmis de nouveaux textes. Parmi eux nous reconnaissons Francis Jammes, son style, son rythme, la simplicité de ses images.

Lavoisier, lui-même, ce grand physicien guillotiné pendant la Révolution, a utilisé sa main pour nous transmettre un message scientifique. Sa signature au bas du texte ne peut se lire que dans un miroir. Ce détail peut s'expliquer en comparant le thème de Pauline Decroix et celui de Lavoisier. Ce dernier est né le 26-8-1743. Nous n'avons pas l'heure de sa naissance. Le Soleil dans le thème de Lavoisier est en Vierge ainsi que Mercure et Saturne. La Vierge s'oppose aux Poissons, signe solaire de Pauline également occupé par Mercure et Vénus. On peut imaginer l'effet de miroir des planètes de la Vierge se reflétant dans l'eau des poissons.

Pauline et Lavoisier possèdent la même conjonction Lune-Pluton dans les signes opposés du Scorpion et du Taureau. Lune, l'in-conscient personnel de chacun, perçoit les vibrations de l'autre par l'espace commun de l'inconscient collectif Pluton. L'intuition de Lavoisier est également importante : conjonction Lune-Pluton en Scorpion, en trigone de Neptune au Cancer. Nous pourrions, à partir de cet exemple, poser l'hypothèse d'une relation profonde entre l'inconscient collectif alimenté par le monde des esprits.

Pauline, avec l'aide du monde spirituel apprend à connaître le destin des hommes. Elle sait que les malheurs sont la conséquence des faiblesses. Elle accepte son destin, sachant que c'est la chose la plus difficile qui soit.

Nous trouvons peu de conflits dans le thème de Pauline, donc pas d'agressivité, pas de projection destructrice d'elle-même sur les autres, mais une paix intérieure. Pauline ne connaissait pas la peur de l'avenir, l'instabilité qui en est la conséquence, ni l'angoisse née de la peur de la mort.

Avec Steiner, elle aurait pu dire : « Nous devons déraciner de notre âme la peur et l'horreur devant ce que l'avenir nous réserve. L'Homme doit cultiver la sérénité de ses impressions et de ses sentiments vis-à-vis de l'avenir et envisager ce qui peut arriver avec une égalité d'âme absolue, en pensant que c'est la sagesse absolue qui l'envoie. »

Par le signe des Poissons, Pauline domine l'espace qui sépare les êtres. Elle part de l'infini neptunien, là où les âmes ne sont plus séparées par les corps, là où elles s'interprètent dans une plénitude spirituelle. Là, Pauline s'épanouit à l'infini dans son rôle de femme. En amenant au monde visible ce qui existe à l'état de germe dans le monde invisible, Pauline se fait messagère de l'amour, ce vers quoi nous tendons tous, et devient mère universelle.

Pour remplir cette mission, pour être mère, Pauline doit d'abord se ménager un espace intérieur dans lequel les images du monde physique puissent se refléter. Ces images sont colorées (Vénus), vivantes (Mercure), leur mouvement part du bas vers le haut (Uranus) pour s'élargir et se fondre dans une vision communautaire (Neptune). Une loi structure l'ensemble, c'est la loi d'amour. Ceux qui ne la vivent pas sont dépossédés en arrivant au seuil gardé par Saturne.

Ceux qui veulent dépasser ce seuil sans s'y arrêter ne le peuvent.

La loi de Saturne, intériorisée depuis la chute originelle, s'impose à l'âme orgueilleuse qui doit à nouveau se précipiter vers le bas, vers la terre, lieu d'apprentissage des lois humaines et cosmiques.

L'escalier est ascension. Il relie l'invisible, l'Esprit, le haut, avec le bas, les apparences, la matière. Les gens montent. On sent leur regard tourné vers les hauteurs, vers « le Plus ». Des couleurs habillent les personnages. A gauche, c'est-à-dire dans les zones de l'inconscient, certains sont vêtus de bleu. Le bleu est la couleur la plus profonde, la plus immatérielle. Le bleu, c'est l'azur qui ouvre sur le rêve, sur la nuit, sur l'inconscient, sur le flou. D'autres, toujours sur la gauche, sont habillés de rouge. Le rouge tranche sur le bleu. Il est le feu, celui des transformations, de l'alchimie, de l'œuvre au rouge. Il est l'amour ardent, il est conquête. Le rouge est attribué au dieu Mars qui ravit Vénus à son époux Vulcain.

A droite, dans la conscience, les personnages sont habillés de rouge, de vert de jaune et de noir. Nous quittons le bleu imprécis de l'inconscient mais le rouge subsiste. Intermédiaire entre le rouge et le bleu, ces deux couleurs inaccessibles, le vert est une couleur d'eau, humaine, rafraîchissante, à la jonction du conscient et de l'inconscient. Les nymphes vénusiennes sont peintes en vert d'eau.

La vie monte de l'essence de l'inconscient par le feu et se matérialise dans l'existence, dans le conscient, par le vert. Dans le Yi-King, le rouge passe au Yang, masculin, au vert, yin, féminin. Rouge et vert sont couleurs complémentaires. L'enfant regarde le rouge et voit le vert et vice versa. L'adresse qui fixe le vert peut voir apparaître une vibrante frange rouge. Une source lumineuse derrière un objet rouge projette sur un écran une frange verte autour de l'ombre de l'objet. Le rouge flamme est donc passage de l'inconscient au conscient où il devient solaire.

Mars, ce 16 février 1936, arrive en conjonction du Soleil, auquel on attribue la couleur la plus ardente, le jaune. Couleur d'éternité, couleur de l'or, couleur des épis murs qui s'inclinent vers la terre sèche de la « Vierge », les moissons, les fruits murs parlent déjà de l'automne, de déclin. En ce jour, Neptune est à $16°$ de la Vierge, face à Vénus du thème natal en Poissons. Le tableau de la vision évoque à la fois la Vénus dominante du thème par ses verts, ses corbeilles de fleurs, Neptune par le bleu de la vierge et les corbeilles de fruits de la fin de l'été.

Neptune signe également les échanges de fleurs et de fruits que se font les personnes de toutes les classes et de tous les pays. Dans le thème de Pauline, le nœud sud par où vient l'invisible est à 10° de la Vierge donc proche du Neptune du Jour... Ce Neptune est également en trigone du Neptune natal, le trigone favorise la vision que l'on peut qualifier d'annonciatrice.

Uranus, à 2° du Taureau, arrive à la conjonction du Neptune natal. Uranus est maître du Verseau, du futur, de l'ère vers laquelle nous montons. L'ère du Verseau sera une ère de fraternité mais aussi d'individualité. Il n'est plus question de se déposséder complètement. Chaque personne humaine a sa valeur et doit se préserver et se nourrir après avoir déposé le surplus de ses richesses dans le récipient commun, représenté dans la vision par un camion.

Tous ces gens travaillent à l'édification d'une œuvre commune sans distinction de race ni de classes. Cette œuvre paraît être la construction d'une société nouvelle, basée sur deux forces : La foi en l'humanité (Neptune) et la compréhension des personnes (Uranus).

Marie-Thérèse BIENFAIT

TABLE DES MATIÈRES

DEUXIÈME PARTIE
Le sens de la connaissance

Achevé d'imprimer
en septembre mil neuf cent quatre-vingt-trois
sur les presses de l'Imprimerie Gagné Ltée
Louiseville - Montréal.
Imprimé au Canada